Anselm Grün

Einfach nur leben!

Genehmigte Lizenzausgabe für Verlagsgruppe Weltbild GmbH, Steinerne Furt, 86167 Augsburg
Copyright © Verlag Herder GmbH, Freiburg im Breisgau
Textauswahl und Einführung: Ludger Hohn-Morisch
Layout: Dr. Alex Klubertanz
Realisierung: Ulrich Grasberger
Umschlaggestaltung: Verlagsgruppe Weltbild, Augsburg
Umschlagmotiv: Porträtaufnahme Pater Anselm Grün © Vier-Türme Gmbh, Verlag, Münsterschwarzach
Bildnachweis: Alle Abbildungen von Anselm Grün: Micha Pawlitzki, Augsburg; Abbildung von Kloster
Münsterschwarzach: Vier-Türme-Verlag, Münsterschwarzach; Weitere Abbildungen Münsterschwarzach:
Grasberger, München; Abbildungen Kapitelaufmacher: www.pixelio.de, Rainer Sturm

Gesamtherstellung: Offizin Andersen Nexö Leipzig GmbH, Zwenkau
Printed in the EU

978-3-8289-5057-3

2012   2011
Die letzte Jahreszahl gibt die aktuelle Lizenzausgabe an.

Einkaufen im Internet:
www.weltbild.de

Anselm Grün

Einfach nur leben!

Anthologie

Weltbild

Inhalt

Zur Einstimmung 6

Lebenskraft Sehnsucht

Wandlung 10

Es schwindelt mir, es brennt 11

Auf neue Freiheit hin 12

Der verlorene Stern 13

Glücklich sind die im Geist Armen 14

Wer erlöst mich, hier und jetzt? 16

Die ehrlichste Eigenschaft 18

Ein offener Himmel 20

Liebeshungrig 22

Behalt das Herz des Wanderers 24

Glücklich sind die Friedensstifter 26

Jetzt im Augenblick sein 28

Ausgespannt – zwischen Diesseits und Jenseits . 29

Ein Frosch im Brunnen 30

Enttäuschung hält wach 31

Ewig hin- und hergerissen 32

Die Sehnsucht spüren 33

Tore zum Leben 34

Worauf ich hoffe 36

Die Kraft der Hoffnung 38

Anregungen für persönliche Rituale 40

Quellen vollen Lebens

Klare Quellen 44

Suche deine eigenen Quellen 46

Wieso fragen Menschen nach dem Sinn? 51

Warum lebe ich eigentlich? 53

Habe ich einen Auftrag in dieser Welt? 54

Soll ich mein Glück suchen? 56

Ist Glück immer nur eine Momentaufnahme? ... 58

In die eigene Tiefe steigen 60

Ich und andere 63

Liebe und Partnerschaft 65

Im Herzen die Liebe 67

Wie kann ich vergeben? 68

Wie die Liebe unser Leben prägt 70

Leben spüren 75

Bin ich wirklich frei? 76

Kann man sich auf etwas verlassen? 78

Mich auf mich selber verlassen 80

Angst – Quelle des Lebens 81

Angst oder Vertrauen? 83

Sorge um meine Kinder 84

Die Botschaft von der Versöhnung 86

Glücklich sind die Barmherzigen 88

Glücklich sind, die nach Gerechtigkeit dürsten . 90

Nicht zu vereinnahmen 92

Sinn und Orientierung 94

Mein Tagesablauf 98

Die heilende Erfahrung der Liebe Gottes 102

Lebenswerte, Lebensweisen

Der volle Pott 106

Zu mir stehen 107

Die Annahme des Schattens 109

Der Vergleicher 112

Unser unantastbarer Wert 113

Die eigene Würde 114

Der wahren Freude auf der Spur 115

Freudenbiographie 116

Zur Freude gehört auch die Trauer 118

Lust am Leben 119

Dann wird das Herz weit 120

Schauen, was trägt 121

Urvertrauen 122

Wunden heilen 124

Versöhnung leben 125

Sich mit sich selbst versöhnen 126

Dinge besser anpacken 128

Wie gelingen Beziehungen? 129

Kein Wein, keine Liebe 131

Feuer in der Seele 132

Brüchige Liebe 133

Die Liebe spüren 134

Grenzen setzen, ohne zu verletzen 135

Die Macht der Liebe 136

Rituale der Zweisamkeit 138

Dankbarkeit macht den Menschen aus 139

Überfordert 141

Heilsame Unterbrechungen 142

Den Tag segnen 144

Warten weitet das Herz 145

Zeiten der Stille

Leitmotiv: Der innere Raum 148

Der Raum der Stille 150

Im Einklang sein 151

Kann Gebet etwas bewirken? 153

Das Abendgebet 155

Das Herzensgebet 156

Die Macht des Gebets 158

Das Sehnsuchtsgebet 159

Die Spur meiner eigenen Spiritualität 160

Mein göttlicher Kern 162

Zeiten von Stille und Ruhe 163

Die Erfahrung der Natur 165

Spiritualität und Glaubensfragen 167

Glaubensräume 169

Der Sprung ins Weite 170

Im Schatten seines Baumes 171

Selbstfindung, Selbstvertrauen 172

Der Weg der Achtsamkeit 174

Der Weg der Meditation 177

In der Zelle bleiben 179

Die Augen aufmachen 181

Ausbruchsversuche 182

Gottesgeburt im Menschen

Wenn es Gott gibt: Wo ist er? 186

Gegensätzliche Bilder von Gott 188

Wie ein Brunnen 190

Warum kann ich Gott nicht spüren? 191

Ein Stachel der Liebe 192

Verwandlung durch Liebe 194

Eine tiefe Stille in mir 198

Versöhnung mit der eigenen Lebensgeschichte 200

Einander Freude machen 202

Binde deinen Karren an einen Stern! 204

Annehmen, loslassen, eins werden 206

Mein Personkern 209

Rituale als Gegenpole 211

Strecke dein Herz aus 213

Die Wüste wird ergrünen 214

Der Liebe unendliche Fülle 215

In der Nacht wächst die Sehnsucht 217

Ich bin bei dir in deiner Nacht 218

Wo das Geheimnis wohnt 219

Träume werden wahr 220

Das heitere Licht 221

Der Geschmack von Liebe und Frieden 222

Gott träumt den Menschen 224

Geburt in der Fremde 225

Das Kind in der Krippe 226

Heiligabend 227

Das innere Kind 229

Boten der Lebensfreude 230

Gespür für Transzendenz 232

Stille Nacht, heilige Nacht 235

Das Neue ist schon da 236

Die Liebe ist in mir 237

Zur Einstimmung

Glück – Ansichtssache? Mag sein. Aber sicher hat es seine Wurzeln im Herzen des Menschen: Ich entscheide mich, glücklich zu sein oder nicht. Ich gebe mir die Maßstäbe vor, niemand sonst. Niemand und nichts kann und soll mich glücklich machen, außer ich selbst. Wie anders sähe manches »Schicksal« aus, würde ich zu dieser Prämisse aufwachen! An jedem Tag kann es geschehen. – Ideen, Impulse, Weichenstellungen können die Texte dieses Buches sein. Von Anselm Grün geschrieben, mit Herzblut: aus der Quelle seiner Art der Lebens- und Tagesgestaltung, aus der Quelle vieler menschlicher Begegnungen als seelsorgerlich zugewandter Gesprächspartner und aus der für ihn wohl entscheidenden Quelle, die er selber »Leitmotiv vom inneren Raum der Stille« nennt. Diese Trinität der drei Quellen zeichnet all seine Bücher aus und ist wohl auch der Schlüssel ihres immensen Erfolgs über viele Jahre. Man möchte fast fragen: Wer kennt ihn nicht, den Benediktinermönch aus Münsterschwarzach, ihn und seine Art, eine dem Leben zugewandte, unverkrampfte, authentische Spiritualität mit sensiblem psychologischen Gespür mit dem und in dem zu verwurzeln, was geistige Menschen heute umtreibt. – Wie sieht er das denn selber? Seit kurzem ist es in den »Stationen meines Lebens – Was mich bewegt, was mich berührt« zu lesen. Hier eine Leseprobe zu Anselm Grün als Autor und Menschen.

»Ich bin dankbar für den Erfolg und für die Resonanz meiner Bücher, weil ich spüre, dass sich die Menschen nach einer Spiritualität sehnen, die nicht bewertet und moralisiert, sondern in eine christliche Erfahrung führt. Aber der Erfolg ist für mich keine Versuchung, stehen zu bleiben, sondern eine Verpflichtung weiterzusuchen. Bücher zu schreiben bedeutet für mich, mich immer wieder auf die Suche zu machen und mich zu fragen: Was heißt das wirklich und wie kann ich es so sagen, dass es für mich stimmt und dass die Menschen es verstehen? Es ist einfach meine Überzeugung, dass die christliche Tradition, katholisch wie evangelisch, etwas Heilsames ist, etwas Therapeutisches und etwas, das den Menschen gut tut. Und es ist mein Ehrgeiz, immer wieder zu zeigen, dass Spiritualität gut tut.

Ich habe nie die typische Welt draußen kennen gelernt, denn ich habe außer in der Familie stets im Internat und in Klöstern gelebt. Ich war nur auf Reisen woanders, aber nie länger allein. Ich habe auch nicht das Bedürfnis, das Leben der anderen Menschen auszuprobieren. Ich bekomme die Welt in vielen Gesprächen mit und versuche, mich da einzufühlen. Und die Tatsache, dass die Leute meine Bücher lesen, zeigt, dass sie sich verstanden fühlen. Ich bekomme viele Briefe mit Anfragen zu Kursen oder Gesprächen. Da begegne ich der Welt und versuche einfach, die Welt wahrzunehmen, wie sie ist. Natürlich habe ich nie das Leben eines anderen erlebt, der in einer großen Firma arbeitet und dabei ständig unter Druck steht. Das kann ich nur in der Begegnung wahrnehmen und versuchen, mich da hineinzufühlen. Aber ich glaube nicht, dass man alles erlebt haben muss, um es verstehen zu können. Auf der anderen Seite hätte ich sicher nicht alle diese Bücher geschrieben, wenn ich nicht selbst Krisen erlebt und Selbstzweifel und Traurigkeit erfahren hätte. Besonders zwischen dem 27. und 35. Lebensjahr hatte ich eine Zeit, in der ich sehr mit mir gerungen habe. Ich kann zwar nicht sagen, ich hätte Depressionen erlitten oder die totale Verzweiflung erlebt, aber ich habe durchaus in die Abgründe meiner Seele geschaut, und das hat sicher mein Leben auch ein Stück aufgebrochen und fruchtbar gemacht, sodass mein Schreiben eben nicht so distanziert ist, sondern einfühlsam. Ich schreibe stets auch für mich selbst und gebe mir eine Zusage und Ermutigung für meine eigenen inneren Gefährdungen. So kommt in meinen Büchern beides zum Ausdruck: die Erfahrung der eigenen Krise und die Sensibilität für die Probleme der Menschen.

Freude empfinde ich immer, wenn ich Menschen begegne, die mir erzählen, dass sie durch ein Buch oder einen Vortrag von mir oder durch ein gemeinsames Gespräch neu leben konnten. Freude habe ich in den Gottesdiensten mit Jugendlichen erlebt, in denen einfach das Leben getanzt wurde und Freude ausgebrochen ist. Aber manchmal sind es auch die ganz stillen Momente, in denen ich im Einklang mit mir selbst bin. Da bin ich dann glücklich. Glück ist ein großes Wort. Ich bin dankbar für mein Leben und bin sehr oft auch glücklich. Aber Glück ist nicht etwas, woran man sich festhalten kann. Ich kann nicht ständig mit einem glücklichen Lächeln rumlaufen. Aber ich bin dankbar für mein Leben und dafür, dass es fruchtbar geworden ist, und in dem Sinn bin ich auch glücklich.«

Das werden Sie als Leserin oder Leser dieses Buches, das Sie gerade aufgeschlagen haben, sicher spüren. Als Herausgeber habe ich bei der sorgsamen Auswahl der Texte insbesondere auf fünf große Themen bei Anselm Grün geachtet, die wie rote Fäden seine Werke als Autor durchziehen: Lebenskraft Sehnsucht – Quellen vollen Lebens – Lebenswerte, Lebensweisen – Der innere Raum – Gottesgeburt im Menschen. Als Leser ging es mir immer mal wieder so, dass ich spürte, wann Anselm Grün seine Bücher schreibt: meist in den Stunden vor (normalem) Tagesbeginn. Da sind Klarheit drin, Ruhe, Unmittelbares, Tiefes … Es freut mich, dass wir uns ab und an auch persönlich begegnet sind.

Ludger Hohn-Morisch

Lebenskraft
Sehnsucht

Das Wesen des Menschen besteht darin,
seine Seele auszuspannen
zwischen dem Diesseits und dem Jenseits,
zwischen den beglückenden und zugleich
enttäuschenden Erfahrungen dieser Welt
und der Sehnsucht nach absoluter Liebe und Lebendigkeit.
Nur indem ich das tue, komme ich wirklich zu mir selbst.

Wandlung

Sehnsucht ist der Anfang aller Wandlung. Und dies ist etwas ganz anderes als Veränderung. Die Veränderung ist etwas für Macher, Planer und Aktivisten. Wandlung wird nicht gemacht: Sie geschieht. Wandlung will nicht die Dinge in den Griff bekommen, Fehlerhaftes abstellen oder mit Gewalt vermeiden. Sie arbeitet nicht mit Getöse, sondern bedächtig und leise. Denn was wächst, macht keinen Lärm.

Wenn wir gelassen akzeptieren, was wirklich ist, und nichts verdrängen, dann kann das Wunder geschehen, von dem viele Märchen erzählen. Dann erleben wir plötzlich und ohne unser Zutun das Erlösende, das Befreiende, das Andere. Da wird aus dem Frosch ein Prinz und aus dem Aschenputtel eine Prinzessin. Da kommt der arme junge Mann über Nacht zu unermesslichem Reichtum. Da wird das unscheinbare Mädchen zu einer wunderschönen Königin. Der Kuss des Prinzen weckt Dornröschen aus ihrem Schlaf und schenkt ihr ein neues, glückliches Leben.

Die Märchen wissen, dass es für das Leben kein Rezept gibt. Umwege und Irrwege sind nicht ausgeschlossen. Es gibt kein Programm und keinen Meisterplan. Wir können nichts tun. Ein anderer tut es an uns. Wandlung geschieht in der Begegnung, in der Liebe. Der wohlwollende Blick des anderen verwandelt uns. Wenn uns die Liebe begegnet, gehen wir erneuert daraus hervor. Ein anderer Mensch kann etwas aus uns herauslieben, was vorher verborgen in uns geschlummert hat. Liebe weckt in uns eine Kraft, die uns unser eigenes Geheimnis entdecken lässt.

Wer sich auf den Weg macht, dessen Sehnsucht wird gestillt.

Aber auch die Bibel ist voll von solchen Geschichten, die Verheißungen sind: dass das Meer zu trockenem Land und zu festem Boden wird. Dass aus einem harten Felsen plötzlich Wasser strömt, ein Stein zur Quelle neuen Lebens wird. Dass die Wüste plötzlich blüht, dass ein Dornbusch zum strahlenden Ort göttlicher Gegenwart wird. Dass wir in unserer Armseligkeit zum Abbild der Herrlichkeit werden.

Nicht wir vollbringen dieses Wunder. Gott tut es an uns. Wir müssen nur der Spur unserer Sehnsucht folgen, die uns zu ihm zieht, und uns ihm hingeben. Wer sich auf den Weg macht, dessen Sehnsucht wird gestillt. Er wird den Segen erfahren.

Es schwindelt mir, es brennt ...

Nur wer die Sehnsucht kennt, / weiß, was ich leide! / Allein und abgetrennt / von aller Freude, / seh ich ans Firmament nach jeder Seite. / Ach! Der mich liebt und kennt / ist in der Welt. / Es schwindelt mir, es brennt / mein Eingeweide. / Nur wer die Sehnsucht kennt, / weiß, was ich leide!«

Dieses Gedicht Goethes gehört zu den bekanntesten Texten der deutschen Literatur. Der Dichter drückt die Sehnsucht eines Menschen aus, der unter der Trennung von dem Menschen, den er liebt, leidet. So schaut er auf zum Himmel, bald hierhin und bald dorthin. Er wird schwindlig vom Schauen. Und es brennt in seinem Innern. Indem Goethe seinen Zustand schildert, sucht er die Gemeinschaft mit dem Leser.

»Nur wer die Sehnsucht kennt, weiß, was ich leide!« Offensichtlich ist die Erfahrung der Sehnsucht die Voraussetzung dafür, dass ich Menschen verstehe, die verliebt sind und sich von ihrem Geliebten getrennt fühlen, die lieben und deren Liebe nicht erwidert wird, die in ihrer Liebe auf Missverständnisse stoßen, die die Liebe in Frage stellen.

Goethe spricht nicht davon, dass ich die gleiche Liebeserfahrung machen muss, um den Verliebten und sein Leid zu verstehen. Die Sehnsucht genügt. In der Sehnsucht weiß ich, was Liebe ist, und kenne das Leid derer, die sich in ihrer Liebe einsam fühlen und voller Zweifel sind, ob ihre Liebe erwidert wird.

Die Sehnsucht bringt mich dem Leidenden näher. Wenn ich sie erfahre und spüre, leide ich selbst an dem Zwiespalt zwischen Wunsch und Erfüllung.

So verstehe ich in meiner Sehnsucht alle Menschen, die an der Nichterfüllung ihrer Sehnsucht leiden, wie sie mit jeder Erfahrung von Liebe notwendigerweise verbunden ist.

In der Sehnsucht weiß ich, was Liebe ist ...

Auf neue
Freiheit hin

Der sensible Mensch leidet nicht aus diesem oder jenem Grunde, sondern ganz allein, weil nichts auf dieser Welt seine Sehnsucht stillen kann.« Das hat Jean-Paul Sartre gesagt, ein Mensch, der immer wieder ganz konkret und politisch oft radikal seine Stimme in der Öffentlichkeit erhob, leidenschaftlich Menschenrechtsverletzungen anprangerte und laut protestierte, wo er Unrecht vermutete. Das tiefste Leid aber ist für den französischen Philosophen und existentialistischen Schriftsteller nicht das Leid der Verletzungen und Enttäuschungen unseres Lebens. Der Mensch ist für ihn von Natur aus ein Leidender, weil nichts auf dieser Welt seine Sehnsucht zu stillen vermag.

Die Unstillbarkeit der Sehnsucht gehört zum Wesen des Menschen. Sie ist gleichsam ein Grundexistential seines Lebens.

Die Unstillbarkeit der Sehnsucht gehört zum Wesen des Menschen. Sie ist gleichsam ein Grundexistential seines Lebens. In allem, worunter wir sonst leiden, an mangelnder Liebe, an Unverständnis, an der Einsamkeit, an der Ablehnung, an der Kränkung und Verletzung durch diejenigen, von denen wir Liebe und Geborgenheit erwarten, drückt sich letztlich unser Grundleiden aus: dass unsere Sehnsucht nach Liebe, nach Gemeinschaft, nach Angenommensein, nach Willkommensein, nach Gesundheit und Kraft nicht erfüllt wird.

Die Einsicht Jean-Paul Sartres bedeutet für mich aber auch noch etwas anderes: Jedes Leid erinnert mich daran, dass diese Welt meine Sehnsucht nicht zu stillen vermag. Wenn ich mein eigenes Leid so verstehe, wird es erträglicher. Ich höre auf, mich in Selbstmitleid und selbstbezogene Wehleidigkeit zu vertiefen. Das Leid relativiert sich für mich, es bekommt einen Sinn, wenn ich mich von ihm über diese Welt hinausführen lasse zu Gott, der allein meine Sehnsucht zu stillen vermag.

Jedes Leid erinnert mich an meine Sehnsucht. Durch die Sehnsucht wird das Leid verwandelt. Es öffnet mein Leben auf eine neue Freiheit hin.

Der verlorene Stern

Es gibt eine in der Nachkriegszeit viel gelesene Geschichte von Ernst Wiechert: »Der verlorene Stern«. Sie erzählt von einem jungen deutschen Soldaten, der aus russischer Gefangenschaft nach Hause kommt, überglücklich, endlich daheim zu sein. Aber nach einigen Wochen spürt er, dass er sich nicht wirklich daheim fühlt. Er spricht mit seiner Großmutter darüber, und sie entdecken: Der Stern in diesem Haus ist verloren gegangen. Das Geheimnis wohnt nicht mehr in diesem Haus. Es wird nur noch an der Oberfläche gelebt. Man plant, baut, bessert aus, kümmert sich, dass das Leben funktioniert. Man unternimmt alles Mögliche und engt sein eigenes Leben dabei ein. Aber das Eigentliche ist verloren gegangen. Das Leben hat keine innere Ausrichtung und keine Weite mehr. Der Stern der Sehnsucht ist erloschen.

Dort, wo der Stern der Sehnsucht aus unserem Herzen gefallen ist, dort können wir uns auch nicht mehr zu Hause fühlen. Daheim sein kann man nur, wo das Geheimnis wohnt. Es geht nicht um ein fernes Ziel. Nicht um eine Orientierung an etwas Fremdem oder um eine Leistung, die zu erbringen wäre und die uns vor anderen wichtig macht. In uns selbst ist dieser Raum, in dem das Geheimnis wohnt. Es ist ein Raum der Stille. Dieser Raum ist frei von den lärmenden Gedanken, die uns sonst bestimmen, frei von den Erwartungen und Wünschen der Menschen um uns herum. Er ist auch frei von den quälenden Selbstvorwürfen, Selbstentwertungen, Selbstbeschuldigungen. In diesem Raum, in dem Gott selbst in uns wohnt, sind wir frei von der Macht der Menschen. Da kann uns niemand verletzen. Dort sind wir heil und ganz. Dort sind wir ganz wir selbst. Und dort, wo das Geheimnis in uns wohnt, können wir bei uns selbst daheim sein.

Wer bei sich selbst daheim ist, der kann überall Heimat erfahren. Heimat entsteht um ihn herum. Wenn wir in der Stille immer nur auf uns selbst stoßen, auf unsere Probleme, auf unsere Defizite, auf unsere Verdrängungen, auf die Komplexe unserer Psyche, müssen wir ja irgendwann davonlaufen. Niemand kann es aushalten, nur mit sich selbst konfrontiert zu sein. So ist es verständlich, dass manche vor der eigenen Wahrheit flüchten. Doch wenn ich weiß, dass unter all diesen Verdrängungen und Verwundungen Gott selbst in mir wohnt, dann kann ich es bei mir aushalten, dann erfahre ich in mir einen Raum, in dem ich daheim sein kann, weil das Geheimnis selbst in mir wohnt. Dann kann ich auch am Himmel Maß nehmen.

In uns selbst ist dieser Raum, in dem das Geheimnis wohnt.

Glücklich sind
die im Geist Armen

Unsere Zeit ist geprägt von der Anhäufung immer größerer Reichtümer. Viele gieren nach Geld und Besitz. Sie machen ihren Selbstwert davon abhängig, welches Auto sie fahren oder welche Modekleidung sie tragen. Kinder in der Schule werden von ihren Mitschülern verspottet, wenn sie billige Turnschuhe haben oder Hemden und Hosen von der Stange anziehen und nicht die modische Markenware tragen. Offensichtlich ist das Selbstwertgefühl der Kinder so gering, dass sie ihre Akzeptanz von teurer Mode abhängig machen. Viele trauen sich selbst so wenig zu, dass sie äußere Statussymbole brauchen, hinter denen sie sich verstecken können.

Heute zählt nur ein Wissen, das auf Machbarkeit und Beherrschung aus ist. Man will alles in der Hand haben, sein Leben, die Güter dieser Welt und die Menschen. Intelligenz dient nicht mehr der absichtslosen Kontemplation der Wahrheit, sondern wird als Mittel für soziale Dominanz und Kontrolle verstanden. Man will mit seinem technischen Wissen den Himmel auf Erden installieren. Doch zugleich spüren wir die Bedrohung durch solches Denken. Immer mehr Reichtum wird von immer weniger Menschen für sich in Anspruch genommen. Das Herrschaftswissen kennt keine Grenze und möchte alles kontrollieren. Nicht die Wahrheit zählt, sondern das Wissen, das Vorteile bringt, das in bares Geld und Macht umgesetzt werden kann. Dabei wird bei jedem kritischen Nachdenken klar, dass Macht und Geld allein und in sich kein Wert sind, dass sie nichts nützen, wenn wir nicht wissen, wozu sie gut sind und wozu sie dienen. Und unsere geschichtliche Erfahrung zeigt, dass Fortschritte wissenschaftlicher und technischer Intelligenz auch gefährliche und zerstörerische Ergebnisse gezeitigt haben.

In dieser Situation wächst die Sehnsucht nach wahrer Weisheit, nach absichtsloser Weisheit, nach einer Weisheit, die nicht viel Wissen anhäuft, um Macht über andere zu bekommen, sondern nach einer Weisheit, die tiefer sieht. Weisheit ist letztlich die Erkenntnis der Gründe des Seins, ein Hineinschauen in die Tiefen des Seins. Diese Weisheit will nichts erreichen. Sie ist nicht geleitet von dem Gedanken der Nützlichkeit und von der Gier der Verzweckung. Sie will etwas sehen, erkennen. Sie will bewundern und bestaunen. Sie lässt die Dinge, wie sie sind, und beugt sich vor ihrem Geheimnis. Sie ist offen für das Ganze, auch für das Unendliche. Sie ist kritisch auch sich selber gegenüber. Sie will nicht zugreifen und beherrschen, sondern verstehen. Zu einer solchen Weisheit gehört in einem gewissen Sinn also auch Demut, die nicht Stumpfheit des Geistes ist, sondern höchste Achtsamkeit und

Aufmerksamkeit auf die Wahrheit des Ganzen der Wirklichkeit.

tiefe Sensibilität der Wahrnehmung: Aufmerksamkeit auf die Wahrheit des Ganzen der Wirklichkeit.

Zu dieser Sehnsucht nach Weisheit gesellt sich die Sehnsucht nach einer Freiheit, die sich nicht über die Fülle der Konsummöglichkeiten und über das Haben definiert. Gerade Menschen, die viel besitzen, spüren oft sehr schmerzhaft, dass ihr Besitz sie nicht glücklich macht, sondern eher besessen. Sie sehnen sich oft nach einem einfachen Leben. Und sie sehnen sich nach der inneren Freiheit, dass sie – wie Paulus es ausdrückt – die Dinge besitzen, als besäßen sie sie nicht, dass sie umgehen können mit Fülle und Mangel. Paulus nennt diesen Zustand »Initiation«, Einweihung. Heute sehnen sich viele Männer danach, in das Geheimnis des Lebens eingeweiht zu werden. Sie haben es satt, nur auf der oberflächlichen Ebene von Reichtum und Geld zu leben. Sie wollen initiiert werden, eingeweiht in die Tiefen Gottes und des Menschen. Die Eltern, die von ihren Kindern ständig bedrängt werden, doch das oder jenes noch zu kaufen, damit sie in ihrer Klasse akzeptiert werden, sehnen sich danach, frei zu werden von dem Druck, immer mehr anhäufen zu müssen. Sie sehnen sich nach einem Wert, der aus ihnen selbst kommt. Und sie sehnen sich danach, dass ihre Kinder unabhängig werden von der Wertschätzung der Klasse, dass sie genügend Selbstvertrauen haben, aus sich zu leben und nicht aus den Beurteilungen der anderen, die gar nicht mehr in Berührung sind mit sich selbst und ihrem Wert, sondern sich nur noch von außen her definieren.

> Ich hänge nicht an den Dingen, nicht an den Menschen. Ich brauche den Reichtum nicht.

Auf diese Sehnsucht nach wahrer Weisheit und echter Freiheit antwortet Jesus in der Seligpreisung der Armen im Geiste. Während Lukas an die tatsächlich Armen denkt, versteht Matthäus die Armut hier als innere Haltung. Bei Lukas spricht Jesus denen, die nichts haben, das Heil zu, das Gott ihnen schenkt. Im Reich Gottes sind es zuerst die Armen, die dort eintreten dürfen. Sie sind offen für das, was Gott ihnen verheißt. Bei Matthäus ist die Seligpreisung nicht in erster Linie eine Zusage, sondern Aufzeigen eines Weges. Daher verlangt die Armut im Geiste von den Zuhörern eine Arbeit an sich selbst. Armut im Geist ist letztlich die Haltung, die viele geistliche Schriftsteller und Mystiker vom Menschen fordern und die auch Psychologen als Weg zum wahren Glück sehen. Es ist die Haltung der inneren Freiheit und Unabhängigkeit. Jesus preist nie einfach nur die selig, die kein Geld haben.

Denn nichts zu haben, besitzlos zu sein, ist für die Bibel kein erstrebenswertes Ziel. Jesus geht es um die innere Freiheit, die uns sagen lässt: »Ich hänge nicht an den Dingen, nicht an den Menschen. Ich brauche den Reichtum nicht. Wenn ich etwas habe, kann ich es auch mit andern teilen. Ich kann es genießen, aber ich jammere nicht, wenn ich es nicht bekomme.« Diese innere Freiheit den Dingen und Bedürfnissen gegenüber ist die Voraussetzung zu wahrem Glück. Das haben schon die stoischen Philosophen in Griechenland erkannt. Für sie ist Glück immer innere Freiheit.

Lebenslang stoßen wir an Grenzen, immer wieder. Und wir erfahren uns das ganze Leben lang verstrickt in Abhängigkeiten, fühlen uns gefangen in schicksalhaften Unfreiheiten. Sie legen sich wie ein mächtiger Schatten über unser Leben, und wir können uns von ihnen trotz aller Anstrengungen oft nur schwer lösen. Wir erfahren, dass wir hinter unseren Möglichkeiten zurückbleiben und uns in Schuld verhärten. Wir erleben Krankheit, wir verspüren Ängste, Verzweiflung und

Wer erlöst mich,
hier und jetzt?

Depression. Und wir kennen alle – immer wieder – die Erfahrung, dass wir in unser eigenes Ego eingesperrt sind. Und wir sehnen uns in all dem immer wieder nach der Freiheit einer »erlösenden« Wirklichkeit. Die Tradition nennt das, wonach wir uns sehnen: Erlösung.

Die entscheidende Frage ist, wie wir Erlösung verstehen und erfahren. Wir haben als Christen die Erlösung manchmal zu jenseitig verstanden. Ein Blick in die Bibel zeigt uns etwas anderes: Erlösung fängt hier im Leben an. In den Geschichten von Jesus wird erzählt: Er ist gekommen, um uns hier in unserem Leben zu erlösen, zu retten, zu heilen. Er hat Kranke geheilt, Gebeugte aufgerichtet, Sündern ihre Sünden vergeben und Menschen, die sich aufgegeben haben, wieder Mut zum Leben geschenkt. Das zeigt: Erlösung erfahren wir hier in unserem Leben als etwas Heilendes und Befreiendes.

Auch wenn wir nicht schwer krank sind oder unter dem Druck eines harten Schicksals leiden, erfahren wir uns immer auch als Menschen, die endlich sind und deren Leben durch den Tod bedroht ist. Jesus ist nicht nur gekommen, damit es uns hier besser geht. Die Erlösung durch ihn schließt den Tod mit ein. Auch im Tod werden wir nicht allein gelassen, sondern gemeinsam mit ihm das Tor zum ewigen Leben durchschreiten. Er ist uns in seinem Tod vorangegangen, um uns die Angst vor dem Tod zu nehmen.

Erlösung ist konkret. Sie heißt, dass ich hier in meinem Leben immer wieder Befreiung erfahre, Lösung von Verkrampfungen und Verhärtungen. Wenn ich mich bedingungslos geliebt weiß, bin ich erlöst von dem Zwang, mich selbst ständig durch Leistung zu beweisen. In mir ist oft ein unbarmherziger Richter, der mich niedermacht, wenn ich einen Fehler begehe. Erlösung heißt: frei werden von diesem inneren Richter, mich selbst annehmen, weil ich die Vergebung von Gott her erfahren habe. Erlösung heißt für mich: im Blick auf den, der für mich am Kreuz gestorben ist, frei werden von aller Entwertung der eigenen Person. Ich bin wertvoll. Ich kann frei werden von allem egozentrischen Kreisen um mich selbst. Ich spüre, dass da in Jesus

Ich selbst bin in der Lage, die Fesseln anderer zu lösen und befreiende Liebe in die Welt hinein zu tragen.

eine Liebe sichtbar wird, die auch mich zur Liebe befreit und befähigt. Erlösung verwandelt also mein Leben hier und jetzt.

Natürlich erfahre ich, dass diese Erlösung immer nur bestimmte Bereiche in mir durchdringt. Im Tod wird sie endgültig sein. Mein Glaube ist: Da werden alle Fesseln gelöst. Da werde ich ganz frei und ganz echt und nur noch reine Liebe sein. Da werde ich für immer eins mit Gott und mit mir selbst und mit all den Menschen, die ich je geliebt habe. Da erlebe ich in der Grenze zu Gott gleichzeitig die göttliche Aufhebung aller Grenzen. Die Hoffnung auf die endgültige Erlösung bedeutet kein Überspringen dieser Welt.

Im Gegenteil: Hoffnung hat jetzt und hier schon erlösende Kraft. Denn sie befreit mich schon hier von aller Angst und lässt mich daher die Gegenwart und meinen Alltag anders erleben. Ich bin frei, selbst lösend zu wirken und heilend auf andere zuzugehen. Ich selbst bin in der Lage, die Fesseln anderer zu lösen und befreiende Liebe in die Welt hineinzutragen. Indem ich die Grenze des Todes als Einladung zu einem intensiven Leben hier und jetzt erfahre, kann ich gelassen und dankbar für jeden Augenblick sein.

Die ehrlichste
Eigenschaft

Ich habe in meinem Leben herausgefunden, dass die Sehnsucht die einzig ehrliche Eigenschaft des Menschen ist.« Das sagte der Philosoph Ernst Bloch in einem Interview an seinem 90. Geburtstag. Er hat Recht: In allem kann der Mensch lügen. Alle Tugenden können wir zur Schau tragen und dennoch heucheln. In alles kann sich etwas Unechtes und Falsches einschleichen. Die Liebe kann nicht echt sein. Die Höflichkeit nur anerzogen. Das Helfen kann aus egoistischen Motiven erfolgen. Wir müssen nur einmal unsere eigenen Haltungen ehrlich ansehen: Unsere Gerechtigkeit kann mit Härte vermischt sein, unsere Zuwendung zu einem anderen mit Besitzansprüchen, unsere Hilfe mit Machtinteressen. Nur eines kann man nicht verfälschen: die Sehnsucht. Denn seine Sehnsucht kann der Mensch nicht manipulieren. Der Mensch ist seine Sehnsucht. Sehnsucht ist wirklich die ehrlichste Eigenschaft aller Menschen: Sie ist einfach da. Sie regt sich in unserem Herzen, ob wir wollen oder nicht. Wo ein Mensch sich sehnt, da kommt er mit seinem Herzen in Berührung. Ich kann meine Sehnsucht zwar auf kurzfristige Ziele richten, wie etwa auf den Gewinn im Lotto oder auf den Sieg meiner Fußballmannschaft. Aber auch in solcher Sehnsucht klingt immer die Sehnsucht nach mehr mit, die Sehnsucht nach dem Gelingen des Lebens, die Sehnsucht nach Glück.

> **Sehnsucht ist wirklich die ehrlichste Eigenschaft aller Menschen: Sie ist einfach da. Sie regt sich in unserem Herzen, ob wir wollen oder nicht.**

Für Augustinus ist in jeder Sehnsucht letztlich die Sehnsucht nach dem Vollkommenen, nach dem Absoluten lebendig. Und diese Sehnsucht ist zugleich das ehrliche Eingeständnis, dass ich, so wie ich bin, noch nicht am Ziel bin; dass die Welt, so wie sie ist, noch in Entwicklung ist; dass das Eigentliche noch bevorsteht. Sehnsucht ist nicht nur die ehrlichste Empfindung.

Sie kann auch zur Ehrlichkeit gegenüber dem eigenen Leben verhelfen. Ich erlebe häufig Menschen, die alles, was sie tun, in den schönsten Farben zeichnen müssen. Wenn sie vom Urlaub erzählen, dann war der durchweg phantastisch. Wenn sie einen Kurs besucht haben, dann war das die tiefste Erfahrung, die sie je gemacht haben. Manchmal habe ich da den Verdacht, dass sie alles in so rosiges Licht tauchen müssen, um ihre Enttäuschung zu verbergen. Denn eigentlich ist ihr Leben durchschnittlich. Im Urlaub gab es viele Missverständnisse mit dem Ehepartner. Aber nach außen hin muss man davon schwärmen. Man muss sich selbst beweisen, dass alles, was man tut, richtig ist. Aber hinter der Fassade sieht es ganz anders aus. Die Sehnsucht lässt mich mein Leben ehrlich anschauen. Ich muss nicht übertreiben. Ich

> Die Sehnsucht lässt mich mein Leben ehrlich anschauen. Ich muss nicht übertreiben. Ich muss den anderen nicht beweisen, wie tief meine Erfahrungen sind und welche Riesenfortschritte ich auf meinem inneren Weg mache.

muss den anderen nicht beweisen, wie tief meine Erfahrungen sind und welche Riesenfortschritte ich auf meinem inneren Weg mache. Ich nehme mich so an, wie ich bin: durchschnittlich, aber doch auch suchend, erfolgreich und erfolglos, sensibel und unsensibel, spirituell und zugleich oberflächlich. Ich darf mein Leben so anschauen, wie es ist. Denn meine Sehnsucht geht über dieses Leben hinaus. In der Sehnsucht manipuliere ich nicht. Die Sehnsucht ist einfach da. Und nur dort, wo die Sehnsucht ist, ist wirkliches Leben. Nur dort, wo ich mich meiner Sehnsucht stelle, bin ich auf der Spur des Lebens, entdecke ich meine eigene Lebendigkeit. Und auf der Spur der je größeren Lebendigkeit überwinde ich meine eigene enge Begrenztheit.

Ein offener
Himmel

Der »Kleine Prinz« von Antoine de Saint-Exupéry bewundert die Sterne nicht nur. Er liebt sie. Denn er wird durch sie an die Rose erinnert, die er liebt. Diese Rose wächst auf dem Planeten, auf dem der Kleine Prinz zu Hause ist. Von der Erde aus kann er sie zwar nicht sehen. Aber die Sterne erinnern ihn an sie. Deshalb sind die Sterne für ihn schön: »Die Sterne sind schön, weil sie an eine Blume erinnern, die man nicht sieht.« Weil sie auf seine Rose hinweisen, haben sie teil an ihrer Schönheit.

Seit jeher bringen die Sterne die Menschen mit ihrer Sehnsucht in Berührung. In dem Internat, in dem ich als zehnjähriger Schüler lebte, erzählte uns der Schulleiter gelegentlich von der Zeit seiner Gefangenschaft in Afrika. Er stammte aus jener Generation, die im Krieg einschneidende Erfahrungen

Heimat wird im Heimweh, in der Erfahrung des Verlustes, als der positive Ort imaginiert, wo man verstanden wurde und dazugehörte, als der Ort, an dem man gerne war; dorthin hofft man zurückzukehren; man sehnt sich danach, dort wieder leben zu können.

gemacht hatte. Wenn die Gefangenen in ihrem Lager zusammensaßen und sich von der Heimat erzählten, sang er ihnen gerne das Lied vor: »Heimat, deine Sterne«. Das rührte diese hartgesottenen Soldaten zu Tränen. Die Sterne erinnerten sie daran, dass wir auf dieser Welt immer und überall daheim sind, weil die gleichen Sterne uns leuchten wie in unserer Heimat. Die Sterne, die sie am afrikanischen Himmel sahen, wurden auch von ihren Ehefrauen, von ihren Kindern, von ihren Freunden gesehen. Sie leuchteten auch über die ferne Heimat. So machte der Blick auf die Sterne die vermisste Heimat gegenwärtig. Manche mögen diese Melodie als sentimental empfinden. Aber wenn dieser gestandene Mann uns Kindern dieses Lied vorsang, ahnten auch wir etwas von dem Schmerz und der Lust, die sich mit dem Gefühl der fernen und doch nah herbeigewünschten Heimat verbinden kann.

Heimat wird im Heimweh, in der Erfahrung des Verlustes, als der positive Ort imaginiert, wo man verstanden wurde und dazugehörte, als der Ort, an dem man gerne war; dorthin hofft man zurückzukehren; man sehnt sich danach, dort wieder leben zu können. Im emotionalen Pathos dieser Heimweh-Melodie, in dem Text, der die Trennung zu überwinden versuchte, klang es auf. Erlebte Vergangenheit und ersehnte Zukunft verbinden sich und werden eins.

Die Romantiker sprachen von der »Blauen Blume«. Für den Dichter Novalis ist die blaue Blume ein Inbegriff der Liebe, der Sehnsucht und der Verklärung. Blau ist die Farbe des Himmels, Symbol der Unendlichkeit. Der blaue Himmel, der sich über uns weitet, erinnert uns an diese Unendlichkeit, die unser endliches Leben umfängt. Manchmal ist der Himmel über uns verhangen, von dunklen Wolken verhüllt. Da sehnen wir uns danach, dass er sich über uns öffnet. Diese Sehnsucht sagt auch etwas aus über die Ausrichtung unseres Lebens. Über die Richtung, in die wir aufbrechen können – als Zielrichtung des größeren Heimwehs nach dem wahren Ort des endgültigen Angenommenseins. Der offene Himmel lenkt unseren Blick auf jene uns übersteigende Wirklichkeit, die wir von Kindheit an mit dem Himmel als Ort göttlicher Transzendenz in Verbindung bringen. Die Sterne verweisen uns auf die blaue Blume unserer Sehnsucht. Sie leuchten am dunklen Himmel. Dadurch bekommt der Himmel einen besonderen Glanz. Darin ahnen wir etwas von dem, der unser Leben mit seinem göttlichen Glanz erfüllen wird.

> Blau ist die Farbe des Himmels, Symbol der Unendlichkeit. Der blaue Himmel, der sich über uns weitet, erinnert uns an diese Unendlichkeit, die unser endliches Leben umfängt.

Den Zusammenhang von Liebe und Sehnsucht sieht auch der wohl größte deutsche Dichter. Johann Wolfgang von Goethe überschreibt ein Gedicht, aus dem wir seine Beschäftigung mit islamischer Dichtung erkennen können, mit dem Titel »Heilige Sehnsucht«:

Liebes-
hungrig

»Sag es niemand, nur den Weisen,
Weil die Menge gleich verhöhnet,
Das Lebendge will ich preisen,
Das nach Flammentod sich sehnet.
In der Liebesnächte Kühlung,
Die dich zeugte, wo du zeugtest,
Überfällt dich fremde Fühlung,
Wenn die stille Kerze leuchtet.
Nicht mehr bleibest du umfangen
In der Finsternis Beschattung,
Und dich reißet neu Verlangen
Auf zu höherer Begattung.
Keine Ferne macht dich schwierig,
Kommst geflogen und gebannt,
Und zuletzt des Lichts begierig,
Bist du Schmetterling verbrannt.
Und so lang du das nicht hast,
Dieses: Stirb und werde!
Bist du nur ein trüber Gast
Auf der dunklen Erde.«

Goethe spricht von der erotischen Liebe, vom sexuellen Akt des Einswerdens. Doch in der sexuellen Liebe gibt es ein Streben nach Höherem, ein neues Verlangen. Der Mensch, der in der Liebe eins wird mit dem Geliebten, fühlt sich wie ein Schmetterling, der sich nach der unendlichen Weite sehnt und nach dem Licht, mit dem er eins werden möchte. Liebeshungrig stürzt sich dieser in die Flamme, um mit ihr eins zu werden mit dem All.

Der Schmetterling ist schon bei Teresa von Avila ein Symbol für die mystische Dimension des Menschen, für die Sehnsucht nach dem Einswerden mit Gott. Dieses Einswerden geht nur über das Überwinden des eigenen Ich. Die heilige Sehnsucht, von der Goethe spricht, ist letztlich die Sehnsucht nach Gott. Goethe spricht gerne vom »Empor«. Der Mensch hebt seine Augen »empor«, zum Himmel, von dem ihm Hilfe kommt. In einem Gespräch erklärt Goethe diesen Blick der Sehnsucht als wesentlich zum Menschen gehörend: »Der Mensch, wie sehr ihn auch die Erde anzieht mit ihren tausend und abertausend Erscheinungen, hebt doch den Blick forschend und sehnend zum Himmel auf, der sich in unermesslichen Räumen über ihm wölbt, weil er es tief und klar in sich fühlt, dass er ein Bürger jenes geistigen Reiches ist, woran wir den Glauben nicht abzulehnen noch aufzugeben vermögen.«

Goethe nimmt die Erdverhaftung des Menschen ernst. Doch zugleich sieht er den Menschen mit einer unendlichen Sehnsucht ausgestattet, die ihn dazu treibt, seinen Blick sehnend zum Himmel zu erheben. Der Mensch ist nicht nur Bürger dieser Erde, sondern auch eines jenseitigen Reiches. Und nur wenn er diese beiden Seiten in sich wahrnimmt, vermag er ganz Mensch zu werden.

Goethe sieht diese beiden Pole immer zusammen. Wir bräuchten heute seinen Blick, der die ganze Gestalt des Menschen sieht.

Denn nur wenn wir auf das Ganze des Menschen sehen, auf seine Erdhaftigkeit und seine Weltjenseitigkeit, werden wir ihm gerecht.

Der Mensch ist nicht nur Bürger dieser Erde, sondern auch eines jenseitigen Reiches. Und nur wenn er diese beiden Seiten in sich wahrnimmt, vermag er ganz Mensch zu werden.

Behalt das Herz
des Wanderers

Unterwegs zu sein, das ist eines der Urbilder menschlichen Lebens: Wir sind Wanderer, die wandernd sich ständig wandeln. Wir können nicht stehen bleiben. Aber oft möchten wir das Herz des Wanderers ablegen und uns in dieser Welt einrichten. Wir bauen ein Haus und glauben, darin zu Hause zu sein. Aber kein Haus kann uns wirkliche Geborgenheit schenken. Es ist immer nur Heimat auf Zeit. Auch wenn wir immer am gleichen Ort sind, bleiben wir Wanderer. Im frühen Mönchtum gab es Mönche, die ihr Leben lang wanderten. Sie drückten damit aus, dass unser Leben ein ständiges Wandern auf Gott zu ist. Der heilige Benedikt setzte dagegen auf die »stabilitas«, auf das Bleiben an einem Ort. Aber er nahm den Gedanken der inneren Wanderschaft ernst. Seine Mönche verstanden das Schweigen als Auswandern aus der Welt. Peregrinatio est tacere, sagten sie: »Wandern ist Schweigen.« Sie wussten, dass der Mensch innerlich stehen bleibt, wenn er das Herz des Wanderers aufgibt. Auch wenn wir immer am gleichen Ort

> Auch wenn wir immer am gleichen Ort sind, bleiben wir Wanderer.

wohnen, in der gleichen Familie leben, in der gleichen Firma arbeiten, brauchen wir das Herz eines Wanderers, damit wir Mensch bleiben. Schweigen ist eine Möglichkeit, immer wieder auszuwandern aus dem Gerede, das uns umgibt.

»Behalt das Herz des Wanderers. Schütze deine Sehnsucht«, so lautet ein Rat von Gisela Dreher-Richels.

Damit das Herz des Wanderers in uns lebendig bleibt, müssen wir unsere Sehnsucht schützen. Wie soll das gehen? Ist die Sehnsucht nicht wesentlich mit unserem Menschsein gegeben? Warum muss ich sie dann schützen? Offensichtlich meint Gisela Dreher-Richels, dass unsere Sehnsucht gefährdet ist. Wenn wir uns hier zu sehr einrichten, wenn wir uns zu sehr mit dem Vordergründigen beschäftigen, kann sie verschüttet werden. Wie aber können wir die Sehnsucht schützen? Drei Ratschläge gibt Gisela Dreher-Richels:

»Lass selbst die Schönheit, wenn sie festhält. Schlaf nicht zu lang in gesicherten Wänden. Niste nur ein als Zugvogel sehnsüchtig nach anderem Land.«

Alles, was uns festhält, kann die Sehnsucht verstellen. Wir dürfen auf unserem Weg immer wieder stehen bleiben, um die Schönheit dieser Welt zu genießen. Aber wir dürfen dabei nicht die Sehnsucht verlieren. Die Schönheit, die wir erleben, verweist auf die absolute und nicht mehr zu überbietende Schönheit Gottes. Wir müssen weiter wandern, um diese Schönheit zu suchen, die uns immer wieder entgegenstrahlt.

In gesicherten Wänden schläft, wer meint, er könne sich gegen alles absichern. Ihm könne nichts passieren. Er lullt sich ein in den Schlaf und verdrängt die Gefährdung des Menschen. Er möchte sie nicht sehen. Er schläft an gegen den Tod. Wir dürfen immer nur auf dem Weg schlafen, um uns auszuruhen. Dann wird sich die Sehnsucht auch im Schlaf zu Wort melden in Träumen, die unser Herz weiten und uns von neuem auf den Weg schi-

> Wir sind Zugvögel, aber keine Nesthocker, Zugvögel, die »sehnsüchtig nach anderem Land« Ausschau halten und darauf zufliegen.

cken. Wir sind Zugvögel. Unser Nest ist nur ein Nest auf Zeit. Wir sind auf dem Weg in ein anderes Land.

Jesus hat das seinen Jüngern in einem Bildwort zu verstehen gegeben: »Die Füchse haben ihre Höhlen und die Vögel ihre Nester; der Menschensohn aber hat keinen Ort, wo er sein Haupt hinlegen kann« (Lukasevangelium 9,58). Wer Jesus nachfolgen will, muss sich bewusst machen, dass er hier keine bleibende Stätte hat, kein Nest und keine Höhle, in die er sich für immer zurückziehen kann. Er ist auf dem Weg, bis er seine ewige Heimat findet.

Wir sind Zugvögel, aber keine Nesthocker, Zugvögel, die »sehnsüchtig nach anderem Land« Ausschau halten und darauf zufliegen.

Glücklich sind
die Friedensstifter

Wenn heute in Umfragen die Sehnsüchte der Menschen abgefragt werden, dann steht die Sehnsucht nach Frieden immer an einer der obersten Stellen. Die Sehnsucht wird umso stärker, je weniger Frieden wir in uns und unter uns erfahren. Zwar dürfen wir in unserem Land dankbar sein, dass nach dem Zweiten Weltkrieg Frieden herrscht. Aber dieser Friede wird brüchig, sobald wir unseren Blick in die Welt richten. Da schauten wir hilflos zu, wie in Europa selbst, auf dem Balkan, die verschiedenen Völker sich bis aufs Blut bekriegten und auszurotten versuchten. Immer wieder flammen in Afrika und im Nahen Osten Kriege auf. Und wir leiden an den neuen Formen des Krieges, am Terrorismus, der auch friedliche Länder heimsucht. Die Bereitschaft zu Gewalt und Verurteilung anderer Kulturen und Religionen nimmt immer mehr zu. Das macht heute vielen Menschen Angst. Man spricht schon vom Kampf der Kulturen. Nicht mehr Länder führen Krieg, weil sie die fremden Bodenschätze oder Landstriche an sich reißen möchten. Vielmehr führen terroristische Gruppen Krieg gegen die gesamte Menschheit und vor allem gegen alle, die anderer Meinung sind als sie oder andere Interessen vertreten.

Die Friedensbewegung, die in den achtziger Jahren des letzten Jahrhunderts so sehr auf Abrüstung gesetzt hat, ist heute hilflos, wenn sie den neuen Formen kriegerischer Auseinandersetzung zusehen muss. Sie weiß nicht, wie sie darauf reagieren soll. Der Enthusiasmus, mit dem sie vor dreißig Jahren um Versöhnung und Frieden geworben hat, ist verflogen. Die Angst vor endlosen Auseinandersetzungen und terroristischen Anschlägen wächst. Neue Kriege – um die Energieressourcen oder um die Lebensquelle Wasser – werden in den Schreckensszenarien der Zukunftsforscher als Menetekel an die Wand gemalt.

Aber es gibt nicht nur den Unfrieden zwischen den Völkern und Kulturen. Viele Menschen fühlen sich überfordert durch die vielen Konflikte, in die sie gestellt werden, die Konflikte am Arbeitsplatz, in der Gemeinde, in den Parteien, für die sie sich engagieren. Unversöhnlich stehen sich die verschiedenen Lager gegenüber. Und es ist die innere Zerrissenheit, an der viele leiden. Sie finden in

> Wir sehnen uns nach Menschen, die im Frieden sind mit sich selbst, die daher im Gespräch sich selber nicht profilieren müssen, sondern etwas Versöhnendes ausstrahlen.

sich keinen Frieden. Ruhelos hetzen sie von einem Event zum andern, um ihre innere Unruhe zu überdecken.

In dieser unversöhnten Welt sehnen sich die Menschen nach Frieden, nach versöhnenden Kräften. Sie halten Ausschau nach Menschen, die Versöhnung stiften zwischen den Völkern und Kulturen. Sie sehnen sich nach Menschen, die eine versöhnende Ausstrahlung haben, die es nicht nötig haben, ihre Identität vor allem durch Abgrenzung von andern und durch deren Entwertung zu finden. Wir sehnen uns nach Menschen, die im Frieden sind mit sich selbst, die daher im Gespräch sich selber nicht profilieren müssen, sondern etwas Versöhnendes ausstrahlen, die nicht bewerten oder verurteilen, deren Sprache in sich schon versöhnlich klingt.

> Nach außen hin vermag nur der Frieden zu schaffen zwischen den Menschen, wer zuerst mit sich selbst in Frieden ist.

Die Seligpreisung der Friedensstifter, derer, die Frieden machen, die ihn schöpferisch hervorbringen, spricht Jesus in unsere Sehnsucht hinein. Er hat sie auch damals schon in eine Welt hineingesprochen, die voller Unfriede war. Palästina war besetzt von der römischen Macht. Die Zeloten versuchten, einen Partisanenkrieg gegen die Römer zu führen. Doch die militärische Macht war zu stark für sie. Der Hass auf die ungeliebte Besatzungsmacht wuchs. Augustus wurde zwar als Friedenskaiser von den Römern gepriesen. Doch die anderen Völker empfanden ihn nicht als Friedensbringer, sondern als einen, der mit militärischer Macht den andern Völkern seinen Frieden diktierte.

Man sprach von Befriedung und verstand darunter, dass man alle feindlichen Mächte ausschaltete. Es war ein gewalttätiger Friede, ein aufgezwungener Friede. In diese Situation hinein preist Jesus die selig, die voller Phantasie und voller Poesie (so meint der Ausdruck eirenopoioi) Frieden schaffen in ihrem Herzen, in ihrer Umgebung und zwischen den Völkern.

Frieden stiften ist etwas Aktives. Es meint mehr als die Gesinnung der Friedfertigkeit. Martin Luther hatte die Friedensschaffer mit »friedfertig« übersetzt und damit einseitig auf die Gesinnung gesetzt. Friedenstiften bedeutet die aktive Bereitschaft, auf Menschen, die zerstritten sind, zuzugehen und sie miteinander zu versöhnen. Doch nach außen hin vermag nur der Frieden zu schaffen zwischen den Menschen, wer zuerst mit sich selbst in Frieden ist. Daher heißt es, zuerst einmal in sich selbst Frieden zu schaffen. Das gelingt nur, wenn ich mit all den Regungen meiner Seele ins Gespräch komme. Frieden schaffen geht immer über den Dialog, über das Sich-Auseinandersetzen mit dem Gegner. Auf der persönlichen Ebene bedeutet das, dass ich mit dem inneren Gegner Frieden schließe. Ich muss den inneren Gegner erst einmal befragen, was er eigentlich für Wünsche hat. Im Gespräch mit ihm wird mir vielleicht klar, dass seine Wünsche berechtigt sind und dass ich sie mit berücksichtigen muss, um im Frieden mit mir selbst leben zu können.

Jetzt
im Augenblick sein

Freude ist die Kunst, sich ganz auf den Augenblick einzulassen. Das ist leichter gesagt als getan. Ich merke heute Morgen, wie sich trotz aller Versuche, ganz gegenwärtig zu sein, immer wieder Gedanken einschleichen, die mich woandershin treiben, Gedanken, wie das heute Nachmittag mit der Besprechung sein wird, wie das am Wochenende mit dem Kurs gehen wird. Ich muss mir dann immer wieder sagen: »Es gibt nichts Wichtigeres, als gerade jetzt im Augenblick zu sein. Ich tue jetzt das, was ich tue.«

Freude ist die Kunst, sich ganz auf den Augenblick einzulassen.

Ich spüre, dass ich zu einem großen Teil selbst dafür verantwortlich bin, ob Freude in mir hochsteigt oder Ärger, Unruhe, Unzufriedenheit, Enttäuschung über mich und die ganze Welt. Aber auch wenn ich im Augenblick bin, kommt die Freude nicht automatisch. Es kann auch sein, dass eine tiefe Traurigkeit mich befällt. Wenn ich die dann auch zulasse, dann ist sie kein Gegensatz zur Freude, dann ist sie nur die Kehrseite der Medaille. Sie gehört genauso zum Leben wie die Freude. Wenn ich meiner Traurigkeit auf den Grund gehe, wenn ich ihr dahin folge, wohin sie mich führen möchte, dann entdecke ich auf ihrem Grund die Ahnung von Getragenwerden und Geborgensein. Dann spüre ich die Schwere der Traurigkeit und auf ihrem Grund zugleich eine stille Freude. Ich bin einverstanden mit mir, auch mit meinen ungestillten Sehnsüchten, auch mit meiner Einsamkeit, auch mit meinem Nichtverstandenwerden.

Ausgespannt –

zwischen Diesseits und Jenseits

Enttäuschungen erlebt unausweichlich jeder einmal. Und jeder kennt das Gefühl, wenn ein Wunsch unerfüllt bleibt, wenn eine Hoffnung sich als Seifenblase entpuppt. Diese Erfahrung gehört zum Leben. Am Ende kann die realistische Einsicht stehen: Es ist nicht schlimm, wenn unsere Sehnsüchte nicht in Erfüllung gehen. Sie zielen ja über diese Welt hinaus und werden letztlich erst im Tod ganz erfüllt werden. Ganz gleich ob unser Verlangen nach Gelingen des Lebens, nach Erfolg, nach Heimat und Geborgenheit, nach Liebe und Freundschaft hier in unserem Leben erfüllt wird oder nicht, es verweist uns letztlich immer auf etwas, was jenseits der permanenten Erfüllbarkeit liegt. Trotzdem gehören Wünsche und Sehnsüchte zum Leben. Die österreichische Schriftstellerin Marie von Ebner-Eschenbach hat aufgezeigt, was hinter einer hoffnungslosen Bescheidung liegt: »Nicht die sind zu bedauern, deren Sehnsüchte nicht in Erfüllung gehen, sondern diejenigen, die keine mehr haben.« Marie von Ebner-Eschenbach ist überzeugt: Wer keine Sehnsucht hat, weiß nicht, was Leben heißt.

> Nicht die sind zu bedauern, deren Sehnsüchte nicht in Erfüllung gehen, sondern diejenigen, die keine mehr haben.

Leben ohne Sehnsucht wird starr. Es verliert seine Spannung. Ohne Sehnsucht wird das Leben sinnlos. Es gibt nichts mehr, auf das der Mensch noch zustreben könnte. Wer kein Ziel mehr hat, wird zwar weitergehen, aber orientierungslos sein. Er könnte ebenso gut stehen bleiben. Ob er geht oder nicht, ob er strebt oder nicht, ob er das Tempo beschleunigt oder nicht – alles ist gleichermaßen ohne Sinn.

Das Wesen des Menschen besteht darin, seine Seele auszuspannen zwischen dem Diesseits und dem Jenseits, zwischen den beglückenden und zugleich enttäuschenden Erfahrungen dieser Welt und der Sehnsucht nach absoluter Liebe und Lebendigkeit. Nur indem er das tut, kommt er wirklich zu sich.

Ein Frosch
im Brunnen

Ein Frosch, der im Brunnen lebt, beurteilt das Ausmaß des Himmels nach dem Brunnenrand.« So lautet ein mongolisches Sprichwort. Die Mongolen sind ein Volk, das die Weite der Steppe liebt. Ihre Beweglichkeit und ihr Drang nach Offenheit sind aus der Geschichte bekannt. Und diese Eigenschaften prägen noch heute die nomadisierenden Stämme. Das zitierte Sprichwort macht ihre Weisheit gegenüber jeglicher geistigen Enge deutlich.

Manchmal gleichen wir selbst dem Frosch, der das Ausmaß des Himmels nach dem Brunnenrand beurteilt. Wir sehen nur das Vordergründige. Der Frosch schwimmt im Wasser und blickt nur manchmal nach oben. So schwimmen wir in den vielen Aufgaben unseres Alltags. Ab und zu erheben wir unseren Blick und sehen den Himmel.

Doch wir erkennen nicht seine unendliche Weite. Nur wer die Sehnsucht nach dem Unendlichen in sich trägt, kann die Unendlichkeit des Himmels wahrnehmen. Und darin liegt ein Paradox: Nur der, der nach innen blickt, vermag richtig nach außen zu sehen. Nur wer in sich die Sehnsucht nach einer Welt trägt, die alles Diesseitige übersteigt, hat den rechten Blick für diese Welt. Sie ist nicht mehr alles für ihn. Die Sehnsucht korrigiert das, was er sieht, so dass alles sein rechtes Maß bekommt.

Nur der, der nach innen blickt, vermag richtig nach außen zu sehen.

Enttäuschung
hält wach

Zu unserem Leben gehören Enttäuschungen. Wir haben uns Illusionen gemacht über uns und die andern. Wir haben uns getäuscht. Das zu erkennen, ist schmerzlich. Viele weichen dieser schmerzlichen Erkenntnis lieber aus. Aber dabei droht eine Gefahr: Sie sind dann ständig auf der Flucht vor sich selbst, kommen nie zur Ruhe. Wenn wir uns unserer Sehnsucht stellen, dann können wir uns damit aussöhnen, dass unser Beruf unsere Erwartungen nicht erfüllt. Dann sind wir einverstanden mit uns selbst, mit unseren Fehlern und Schwächen. Wir müssen uns selbst ja gar nicht genügen. Unsere Sehnsucht geht darüber hinaus. Die Sehnsucht relativiert alles, was wir hier tun. Dadurch befreit sie uns von dem verbissenen Streben nach immer mehr Erfolg und Anerkennung. Sie befreit uns von dem Druck, unter den wir uns oft selbst setzen. Ich erlebe bei vielen Menschen, dass sie nicht bei sich selbst sind, sondern bei den andern, bei dem, was die anderen von ihnen erwarten. Und weil sie meinen, sie müssten diese Erwartungen erfüllen, setzen sie sich selbst unter Druck. Die Sehnsucht bringt uns in Berührung mit uns selbst. Wenn ich sie spüre, dann bin ich in meinem Herzen. Dort haben die anderen mit ihrer Erwartung keine Macht über mich. Die Sehnsucht bewahrt mich also davor, auf die Enttäuschungen meines Lebens mit Resignation zu reagieren. Im Gegenteil, die Enttäuschung hält meine Sehnsucht wach.

Echte Sehnsucht hilft mir auch, mit den Enttäuschungen meines Lebens besser umzugehen. Die Sehnsucht nach dem Eigentlichen und nach dem Geheimnis meines Lebens wird sowohl durch Erfüllung als auch durch Enttäuschung entfacht. Wenn ich ein Gespräch mit einem Freund genieße, weckt es zugleich die Sehnsucht nach völligem Verstehen und Einswerden. Die Sehnsucht hilft mir, das Gespräch in seiner Tiefe wahrzunehmen und mich von ihm über mich hinaus führen zu lassen. Wenn ich einen schönen Urlaub erlebe, sehne ich mich nach absoluter Freiheit und Lebendigkeit. Die Sehnsucht zerstört meinen Urlaub nicht, sondern lässt ihn mich erst in seiner wahren Dimension und Verheißung erleben. Ich habe dann keine Angst, nach dem Urlaub wieder ins Loch zu fallen. Denn die Sehnsucht, die der Urlaub geweckt hat, bleibt in mir lebendig und wirksam. Die Sehnsucht ist nicht der Feind der Erfüllung, sondern sie ermöglicht es mir, die Liebe, die Geborgenheit, die Begegnung, das Glück erst in seiner Fülle wahrzunehmen. Weil das, was ich erlebe, nicht alles ist, sondern über sich hinausweist auf die eigentliche Vollendung, kann ich das, was ist, in Freiheit und innerer Freude genießen. Ich muss den schönen Augenblick nicht krampfhaft festhalten. Ich kann das Erlebte wieder loslassen. Es hat mich berührt, und es hat Sehnsucht in mir geweckt. Das bleibt in mir.

Ewig
hin- und hergerissen

Ich will meine Sehnsuchtsziele gar nicht erreichen. Ich finde es wunderbar, Sehnsucht nach etwas zu haben, das ich nie erreichen kann. Die Sehnsucht stirbt an der Schwelle zur Erfüllung.« Udo Jürgens hat das in einem Interview mit der Süddeutschen Zeitung gesagt. Der inzwischen bald 70-jährige Rockstar ist mit über 70 Millionen verkauften Platten ein sehr erfolgreicher Schlagersänger, der über 600 Songs komponiert hat, die oft das Thema Liebe und Emotionen besingen.

Es klingt verblüffend. Manche klagen, die Sehnsucht würde sie krank machen, weil sie nie erfüllt wird. Udo Jürgens hält gerade das Nichterfüllen der Sehnsucht für etwas Beglückendes. Die Sehnsucht treibt uns an, immer weiter zu suchen, uns immer neu auf den Weg zu machen. Die Sehnsucht hält uns lebendig. Sie macht das Herz weit. Sie ist die Quelle der Kreativität. Offensichtlich war die Sehnsucht nach dem, was man nie erreichen kann, eine Quelle, aus der dieser populäre Komponist und Sänger seine Lieder gedichtet und gesungen hat. Und vielleicht war es dieselbe Sehnsucht, die so viele Menschen erreicht und angesprochen hat.

Wir brauchen die Sehnsucht, damit in die kalte Welt unseres Wissens Wärme hineinströmt.

»Meine Seele ist zwiegespalten«, sagt er dem Reporter im Gespräch über die innere Spannung seines Lebens und verweist auf ein Lied, das er selbst komponierte. In diesem Lied drückt Udo Jürgens aus, wie er sein Leben lebt und versteht:

»Ewig hin- und hergerissen, zwischen Sehnsucht und Gewissen – Hier, was ich fühle – da, was ich weiß – In Gefahr, mich zu verletzen, an den eignen Gegensätzen – hier viel zu kalt und da viel zu heiß.«

Die Spannung zwischen Wissen und Sehnsucht hält den Menschen lebendig. Aber sie kann ihn auch zerreißen und ihn an den Gegensätzen zugrunde gehen lassen. Die richtige Balance zu finden zwischen Wissen und Sehnsucht – darin besteht offensichtlich die Kunst des Lebens.

Wir brauchen beides: das Wissen und die Sehnsucht. Wer nur in seiner Sehnsucht lebt, kann sich daran verbrennen. Wer nur im Wissen lebt, für den wird alles kalt.

Wir brauchen die Sehnsucht, damit in die kalte Welt unseres Wissens Wärme hineinströmt.

Die Sehnsucht
spüren

Für den hl. Augustinus ist der Mensch wesentlich einer, der sich sehnt. Hinter allem, wofür wir uns leidenschaftlich einsetzen, steckt eine tiefe Sehnsucht nach dem Gelingen des Lebens, nach Liebe. Und letztlich ist es die Sehnsucht nach Gott. Der Mensch wird seinem Wesen nur gerecht, wenn er mit seiner Sehnsucht in Berührung kommt. Ein Ritual kann uns helfen, die Sehnsucht, die wir oft nur diffus in uns spüren und die wir allzu oft verdrängen, bewusst wahrzunehmen:

Die Sehnsucht will Sie in Berührung bringen mit dem Grund Ihres Herzens.

Legen Sie beide Hände auf die Brustmitte und spüren Sie die Sehnsucht, die dort lokalisiert ist. Wenn Sie die Hände längere Zeit dort hinhalten, wird es in Ihnen warm. Und Sie werden spüren: Es taucht in Ihnen eine tiefe Sehnsucht auf. Die Sehnsucht will Sie in Berührung bringen mit dem Grund Ihres Herzens. Sie will Sie nach innen führen, zu Ihrer Seele, zu Ihrem Seelengrund. Die Sehnsucht ist die Spur, die Gott in Ihr Herz gegraben hat. Spüren Sie sich in diese Sehnsucht hinein.

Wonach sehnen Sie sich? Ist es Liebe, ist es Geborgenheit, ist es Glück, ist es Erfolg, ist es Anerkennung? Versuchen Sie, diese Sehnsucht zu Ende zu denken. Dann werden Sie erkennen, dass sich die Sehnsucht letztlich auf Gott richtet. Nur Gott kann Ihre tiefste Sehnsucht nach Liebe und Geborgenheit, nach Freiheit und Lebendigkeit erfüllen. In der Sehnsucht nach Gott ist schon Gott. So berühren Sie in Ihrer Sehnsucht Gott selbst.

Sie spüren in sich die Sehnsucht nach Liebe. Manche meinen, eine Liebe, die nicht erfüllt wird, sei nur schmerzlich. Doch auch in der unerfüllten Liebe spüren Sie die Sehnsucht nach vollkommener Liebe. In der Sehnsucht nach Liebe ist schon Liebe. Genießen Sie die Liebe, die in Ihrer Sehnsucht liegt. Sie gehört Ihnen. Niemand kann sie Ihnen nehmen. Und wenn Ihre Liebe nicht erwidert wird, wird sie dadurch nicht aufgelöst. Sie ist unabhängig von der Erfüllung in Ihnen.

Manche meinen, die Sehnsucht tue weh, weil sie ja – ihrem Wesen nach – nicht erfüllt sei. Doch wenn Sie Ihre Sehnsucht spüren, sind Sie auch ganz bei sich selbst. Dann spüren Sie sich in Ihrem wahren Wesen. Sie spüren sich als einen Menschen, der über diese Welt hinausweist, der in sich eine Spur der Transzendenz hat. Wer seine Sehnsucht zulässt, ist sich also nicht entfremdet. Denn der Mensch kann nur ganz bei sich sein, wenn er zugleich über sich hinausweist, hinein in das Geheimnis des unbegreiflichen und unaussprechlichen Gottes.

Tore
zum Leben

Für die Bibel ist das Tor ein wichtiges Bild für das Geheimnis des Menschen und für das Geheimnis Gottes. Jesus fordert uns in der Bergpredigt auf: »Geht durch das enge Tor! Denn das Tor ist weit, das ins Verderben führt, und der Weg dahin ist breit, und viele gehen auf ihm. Aber das Tor, das zum Leben führt, ist eng, und der Weg dahin ist schmal, und nur wenige finden ihn« (Matthäus 7, 13 f.).

Durch das enge Tor treten wir zum Leben ein. Das enge Tor ist das Tor, das nur für uns bestimmt ist. Es ist meine Aufgabe, dass ich den Schlüssel finde, der mir die Tür zum Geheimnis meiner Person, meines einmaligen und ursprünglichen Wesens aufschließt. Es genügt nicht, durch das weite Tor zu treten, durch das alle Menschen gehen. Sonst lebe ich nur irgendwie, aber ich lebe nicht als ich selbst, als dieser einzigartige Mensch, als den Gott mich geschaffen hat. Franz Kafka hat in einer Novelle beschrieben, wie ein Mann vor dem Tor zum Palast wartet, um eintreten zu können. Aber er hat Angst vor dem Türhüter. So wartet er bis zum Tod. Da schließt der Türhüter die Türe und sagt dem sterbenden Mann: »Diese Tür war nur für dich bestimmt.«

Es gibt eine Tür, die nur mir den Weg zum Leben ermöglicht. Ich finde diese Tür, wenn ich mich mit meiner eigenen Lebensgeschichte aussöhne, wenn ich in mich hineinhorche und spüre, was meine urpersönliche Berufung ist, was für mich stimmt und was meine Einmaligkeit ausmacht.

Es gibt eine Tür, die nur mir den Weg zum Leben ermöglicht. Ich finde diese Tür, wenn ich mich mit meiner eigenen Lebensgeschichte aussöhne, wenn ich in mich hineinhorche und spüre, was meine urpersönliche Berufung ist.

Auch im Umgang mit dem Nächsten ist es wichtig, die Tür zu finden, durch die ich beim anderen eintreten kann. Manchmal finden wir keinen Zugang zum anderen. Er bleibt uns verschlossen. Wir reden mit ihm, aber wir bekommen keinen wirklichen Kontakt zu ihm. Da ist es gut, sich in den anderen hinein zu meditieren und sich zu fragen, was denn wohl der Schlüssel wäre, mit dem ich das

Tor zu diesem Menschen aufschließen kann. Wenn ich den Schlüssel finde, dann werde ich bei ihm eintreten können, und es wird mir möglich sein, in ihm Leben zu wecken. Wer verschlossen ist, ist es oft nicht nur dem anderen gegenüber, sondern er hat auch keine Beziehung zu seinen eigenen Möglichkeiten. Manchmal können wir einem anderen helfen, dass er die Tür zu sich selbst findet, zum Potential seiner Fähigkeiten, dass er in Berührung kommt mit seiner eigenen Kreativität.

Im Johannesevangelium sagt Jesus von sich: »Ich bin die Tür; wer durch mich hineingeht, wird gerettet werden« (Johannes 10, 9). Wenn ich Jesus verstehe und mich auf ihn einlasse, dann finde ich Zugang zu mir selbst, dann wird mein Leben heil und ganz. Die Frage ist, wie ich diese Behauptung Jesu an mir erfahren kann. Sind es nur äußere Worte oder kann ich davon leben? Ich erlebe oft, dass Menschen über sich nachdenken und doch nicht zu ihrem wahren Selbst finden. Für mich ist die Meditation Jesu wichtig geworden, um das Geheimnis meines eigenen Menschseins zu ent-

Im Johannesevangelium sagt Jesus: »Ich bin die Tür; wer durch mich hineingeht, wird gerettet werden.«

decken. Durch Jesus komme ich in Berührung mit meinem wahren Selbst. In mir, so sagt mir dieses Wort Jesu, ist ein Raum der Stille, in dem ich ganz ich selbst bin, frei, ursprünglich, unverfälscht, heil und ganz. In mir ist ein Raum, in dem Christus wohnt. Dort, wo Christus in mir wohnt, ist auch der von Gott geformte reine und unversehrte Kern meiner Person. Wenn ich nur mich selbst betrachte, kreise ich immer wieder um die Verletzungen meiner Kindheit oder meine Fähigkeiten und Erfolge. Es geht mir immer nur um mich selbst. Und ich sehe mich dann immer nur im Vergleich mit anderen. Indem ich auf Jesus schaue, erkenne ich das ursprüngliche Bild, das Gott sich von mir gemacht hat. Da ist es mir nicht mehr wichtig, wie die anderen aussehen, welche Fähigkeiten und Erfolge sie vorweisen können. Da bin ich im Einklang mit mir selbst. Da bin ich dankbar für das einmalige Bild, das Gott geformt hat, um in mir auf einzigartige Weise in dieser Welt etwas von seiner Herrlichkeit aufleuchten zu lassen.

Worauf
ich hoffe

Auch wenn Hoffnung und Sehnsucht nicht das Gleiche sind, sie sind miteinander verbunden. Denn auch Sehnsucht erhofft etwas. Sie streckt sich voller Intensität nach dem aus, was noch nicht ist. Sie ist eine Kraft, die die bestehende Wirklichkeit übersteigt. Sie kann sich verbinden mit Vertrauen auf etwas Künftiges – und auch sie möchte, dass es wahr und wirklich wird.

Meine Sehnsucht und meine Hoffnung verbinden sich im Glauben an die Auferstehung. Das bedeutet auch, schon jetzt aufzustehen aus dem Dunkel in das Licht, aus der Enge in die Weite, aus der Starre in die Lebendigkeit, aus dem Grab in das aufrechte Stehen und Gehen.

Meine Sehnsucht und meine Hoffnung beziehen sich auf eine menschliche Gemeinschaft, in der Gottes Liebe herrscht und nicht der Profit. Sie beziehen sich darauf, dass wir in seiner Herrschaft Freiheit erfahren vom Missbrauch der Macht. Ich hoffe und ersehne, dass das Reich Gottes in jedem Einzelnen ankommt, damit er ganz er selbst werden kann, damit er frei wird von der Herrschaft des eigenen Über-Ichs. Ich hoffe und ersehne, dass dieses Reich in einem neuen Miteinander sichtbar wird. Und dass dieses Reich auch in der Beziehung zwischen Mensch und Kosmos sichtbar wird, in einer Schöpfung, die die Schönheit des Schöpfers widerspiegelt.

Meine Sehnsucht vertraut auf eine neue Spiritualität, die die Menschen berührt und mit ihren inneren Quellen in Berührung bringt. Die sie aus dieser inneren Quelle leben lässt, damit sie geben können, ohne sich zu verausgaben, damit sie an dieser neuen Welt arbeiten, ohne zu resignieren und mitten in der Welt etwas vom Geschmack Gottes verbreiten.

Ich sehne mich auch nach einer Sprache, die verbindet, einer Sprache, die aufweckt, einer Sprache, die ein neues Miteinander ermöglicht, einer

> **Ich hoffe und ersehne, dass das Reich Gottes in jedem Einzelnen ankommt, damit er ganz er selbst werden kann, damit er frei wird von der Herrschaft des eigenen Über-Ichs.**

Sprache, die das Unaussprechliche ausspricht, das Unhörbare hörbar macht. Ich wünsche mir eine Sprache, die Leben weckt und aufrichtet, die ermutigt, klärt und befreit.

Ich hoffe auf eine Menschengemeinschaft, die einen Raum schafft, in der Gebeugte sich aufrichten, Aussätzige sich annehmen, Gelähmte gehen, Blinde sehen und Erstarrte und Tote wieder aufstehen zum Leben. Und ich glaube, dass in unserer so unerlösten Welt Heil und Erlösung wirksam werden, unsere Wunden geheilt und zu Perlen verwandelt werden und dass Gott unsere Verletzungsgeschichte verwandelt in eine Geschichte des Aufgebrochenwerdens für das Heil.

Ich hoffe auf eine neue Erde und einen neuen Himmel, auf eine neue Schöpfung, nicht erst nach meinem Tod, nicht erst am Ende der Welt, sondern jetzt schon. Darauf, dass Gott auch in unseren Tagen Neues schafft, ein neues Miteinander, einen neuen Ausgleich zwischen den Menschen.

Ich hoffe, dass wir zu uns selbst finden, zu seinem wahren Selbst, zu dem unverfälschten und ursprünglichen Bild, das Gott sich von jedem gemacht hat.

Ich hoffe, dass dadurch Hoffnung in den Herzen der Menschen geweckt wird, Versöhnung, Frieden und Liebe.

Ich hoffe, dass die Menschen, die sich selbst entfremdet sind, eine Liebe erfahren und leben, die nicht mehr vermischt ist mit Besitzansprüchen, eine Liebe, die strömt und die Menschen verzaubert, die einen neuen Geschmack des Lebens hinterlässt.

Ich hoffe, dass die Liebe nicht erkaltet, sondern überströmt. Ich hoffe auf eine Liebe, die den Tod besiegt.

> Ich hoffe, dass wir zu uns selbst finden, zu seinem wahren Selbst, zu dem unverfälschten und ursprünglichen Bild, das Gott sich von jedem gemacht hat.

Die Kraft
der Hoffnung

Es gibt ein Sprichwort: »Zeit heilt Wunden«. Man sagt es oft, wenn jemand einen lieben Menschen verloren hat. Aber es tröstet nicht wirklich. Mit der Zeit kann auch die Resignation oder die Verzweiflung wachsen. Und wenn ich in der Trauer bin, hilft es mir nicht, wenn jemand sagt: »Die Trauer wird schon vorübergehen.« Jetzt tut sie weh. Und jetzt finde ich keinen Weg, von ihr frei zu werden. Der Glaube kann mich in einer solchen Situation trösten. Allerdings darf ich den Glauben nicht als schnelle Lösung missverstehen. Der Schmerz tut trotz des Glaubens weh. Und der Glaube gibt nicht sofort eine Antwort auf mein Leid. Und er löst meinen Schmerz nicht

Im Glauben fühle ich mich in meiner Not nicht alleingelassen. Ich vertraue darauf, dass Gott bei mir ist.

auf. Aber im Glauben fühle ich mich in meiner Not nicht alleingelassen. Ich vertraue darauf, dass Gott bei mir ist. Natürlich sagen manche: »Ich erfahre Gott nicht in meiner Trauer. Er hat mich alleingelassen.« Das ist eine schmerzliche Erfahrung, die ich nicht vorschnell überspringen darf. Aber wenn ich sie zulasse, kann ich in meinen Schmerz hinein glauben, dass ich trotz allem getragen bin. Für uns Christen ist dabei der Blick auf Jesus, der am Kreuz

hängt, der selbst tiefe Einsamkeit, Verlassenheit und Leid erfahren hat, eine Hilfe, sich im Leid von ihm verstanden zu wissen. Denn er hat das Leid selbst in seiner Abgründigkeit durchlebt. Und der Glaube gibt mir das Vertrauen, dass ich durch das Leid und durch die Trauer nicht aus der Liebe Gottes falle. Ich bin auch dort von seiner Liebe umgeben.

Die Hoffnung ist für mich auch ein wichtiger Trost. Hoffnung hat mit Zeit, mit einem Überschreiten bloßer Gegenwartsverhaftung zu tun – ohne die Gegenwart zu leugnen. Hoffnung heißt auch nicht, dass künftig alles besser wird. Hoffnung ist etwas anderes als die Erwartung eines bestimmten Zustandes. Denn wenn dieser Zustand so nicht kommt, wie ich mir das vorgestellt habe, wäre die Hoffnung zerbrochen. Hoffnung – so sagt der französische Philosoph Gabriel Marcel, der eine eigene Philosophie der Hoffnung entwickelt hat – ist immer Hoffnung für dich und für mich. Wer hofft, der sagt: Ich hoffe, dass sich in mir etwas wandelt und dass ich besser mit dem Leid umgehen werde. Und ich hoffe für dich, dass deine Trauer sich wandelt und du mit der Kraft in dir in Berührung kommst. Die Hoffnung kann warten. Sie hat Geduld. Es gibt immer Menschen um mich herum, denen es gerade nicht gut geht, die »durchhängen«. Die Hoffnung vertraut darauf, dass sie durch diese Krise hindurchkommen. In der Hoffnung gebe ich den andern nicht auf. Ich vertraue darauf, dass er seinen Weg findet. Und ich kann in Geduld warten, bis der andere wieder in Berührung kommt mit seiner eigenen Kraft.

Paulus bringt Hoffnung und Geduld zusammen: »Hoffen wir auf das, was wir nicht sehen, dann harren wir aus in Geduld« (Röm 8,25). In diesem Wort kommt noch eine andere Seite der Hoffnung zum Ausdruck. Hoffnung hat immer mit dem Unsichtbaren zu tun. Wir hoffen auf das, was wir nicht sehen, sagt Paulus im Römerbrief (Röm 8,24). Ich sehe in mir noch keine Verwandlung des Leids oder der Trauer. Aber ich hoffe auf das, was in mir noch nicht sichtbar und spürbar ist, auf den Glauben, auf das Heil, auf die innere Kraft, die in mir ist, auf Gott, den ich auch nicht sehe, der mir aber trotzdem zur Seite steht. Ich sehe im andern noch nicht, dass das Gute sich in ihm entfaltet. Ich sehe nur seine Krise, seine Schwäche. Doch ich vertraue auf das, was ich noch nicht sehe. Und indem ich daran glaube, wächst das Verborgene im anderen. Hoffen heißt: auf das Unsichtbare setzen und darauf vertrauen, dass es stärker wird als das, was mir jetzt gerade in die Augen fällt.

> In der Hoffnung gebe ich den andern nicht auf. Ich vertraue darauf, dass er seinen Weg findet. Und ich kann in Geduld warten, bis der andere wieder in Berührung kommt mit seiner eigenen Kraft.

> »Die Sehnsucht
> nach Gerechtigkeit
> nimmt nicht ab,
> aber die Hoffnung« –

das hat Hilde Domin einmal gedichtet. Aber auch wenn es Resignation geben mag, es lässt sich die Hoffnung nicht aufheben: »Der Glaube, den ich am meisten liebe, sagt Gott, ist die Hoffnung.« Der französische Denker und Literat Charles Péguy hat in diesem Satz die Kraft der Hoffnung wunderbar formuliert.

Anregungen
für persönliche Rituale

Gehen Sie Ihren Tag einmal bewusst durch und beobachten Sie sich dabei, welche Rituale Sie unbewusst befolgen, wie Sie den Tag beginnen, wie Sie zur Arbeit gehen, wie Sie die Pausen gestalten und wie Sie den Tag beschließen. Dann überlegen Sie sich, ob diese Rituale Ihnen gut tun oder nicht, ob Sie sie bewusst vollziehen oder ob sie sich einfach so eingeschlichen haben.

Und dann fragen Sie sich: Welche Rituale täten mir gut? Worauf habe ich Lust? Wenn Sie daran gehen, Ihren Tag bewusster zu gestalten, ist es ganz wichtig, dass Sie sich nicht unter Leistungsdruck stellen und meinen, Sie müssten jetzt unbedingt viele Rituale in Ihren Tageslauf einbauen. Sie sollten sich nie vom schlechten Gewissen leiten lassen. Ich erlebe gerade bei geistlichen Menschen, dass sie immer ein schlechtes Gewissen haben, wenn sie nicht genügend geistliche Übungen verrichten.

Sie sagen dann: »Eigentlich sollte ich den Tag mit einer stillen Zeit beginnen, eigentlich sollte ich das Stundengebet beten.« »Eigentlich« müssen wir gar nichts. Gott fordert von uns keine Rituale. Wir brauchen ihn nicht zufriedenzustellen und wir brauchen auch uns selbst und unseren Ehrgeiz nicht zu beruhigen. Es geht vielmehr um die Frage, was uns gut tut und worauf wir Lust haben.

Natürlich brauchen Rituale auch Disziplin. Wenn ich im Tiefsten meines Herzens weiß, dass mir das Morgenritual der stillen Zeit gut tut, dann darf es nicht von meiner Lust und Laune abhängen, ob ich die stille Zeit einhalte oder nicht. Denn sonst geht es mir nicht gut damit. Es gibt ja das Sprichwort: »Der Weg zur Hölle ist mit guten Vorsätzen gepflastert.« Wenn ich mich für ein Ritual entschieden habe, dann muss ich es auch üben. Damit ich mich allerdings nicht damit versklave, kann der Ratschlag eine Hilfe sein, den Graf Dürckheim allen gegeben hat, die sich auf den Weg der Meditation eingelassen haben. Er meinte, es sei besser, einen Tag bewusst von der Meditation auszunehmen, als ständig mit schlechtem Gewis-

> Gott fordert von uns keine Rituale. Wir brauchen ihn nicht zufriedenzustellen und wir brauchen auch uns selbst und unseren Ehrgeiz nicht zu beruhigen.

sen seinen unerfüllten Vorsätzen nachzulaufen. Wenn ich jeden Morgen mit einer stillen Zeit beginne, dann kann es gut sein, einen Tag in der Woche bewusst anders anzufangen.

Die Verhaltenspsychologie sagt uns: Ob ich einen Vorsatz ausführe oder nicht, ist nicht Sache der Willensstärke, sondern der Klugheit. Ich muss klug überlegen, was für mich realistisch ist und worauf ich mich freuen kann. Wer morgens einfach nicht aus dem Bett kommt, weil er eher ein Abendmensch ist, für den hat es wenig Zweck, sein ganzes Leben lang gegen seine innere Natur zu kämpfen. Er sollte vielmehr überlegen, was er gerne tun würde.

Jeder sollte am Tag eine Zeit haben, auf die er sich freuen kann, in der er das Gefühl hat, dass die Zeit allein ihm und seinem Gott gehört, wo er ganz bei sich und bei Gott ist, frei von allen äußeren Verpflichtungen, frei von allen Erwartungen und Beurteilungen. Für den einen ist es der tägliche Spaziergang, für den andern das Nachhausekommen nach der Arbeit, für einen dritten die tägliche Dusche, unter der er alles abspült, was sich so an ihn gehängt hat. Ein Ritual, das ich mir aufzwinge, weil es für mich als Christen angemessen scheint, wird nicht lange durchtragen. Es muss für mich passen, und es muss mir Freude machen. Dabei muss ein Ritual nicht immer fromm sein. Ich muss nur das Gefühl haben, dass es mein ganz persönliches Ritual ist, etwas, auf das ich mich täglich freuen kann, ein Augenblick, in dem ich ganz ich selbst bin, ganz frei, in dem ich reine Gegenwart bin, einverstanden mit mir und meinem Leben.

... ein Augenblick, in dem ich ganz ich selbst bin, ganz frei, in dem ich reine Gegenwart bin, einverstanden mit mir und meinem Leben.

Quellen vollen Lebens

Eine Quelle will fließen. Du kannst das Wasser der Quelle
nicht allein für dich behalten.
Es bleibt nur frisch und erfrischend, wenn es strömt.
Sonst wird es schal und verliert seine Kraft.
Die Quelle will in dir strömen, aber auch von dir weg auf andere hin.
Wo fließt heute Energie bei dir?
Dort, wo das Leben in dir strömt,
bist du in Berührung mit dem Grund deines Lebens.
Vielleicht hast du den Eindruck, dass dein Leben momentan eher stockt.
Das stelle dir vor, wohin deine Energie strömen möchte.

Klare Quellen

Wir sehnen uns in unserem Leben nach etwas, was uns neue Kraft, Frische und Klarheit gibt. Die Sehnsucht nach der klaren Quelle ist die Sehnsucht, dass unser Leben strömt. Strömen ist immer ein Zeichen von Lebendigkeit. Die Psychologie spricht heute vom »Flow-Gefühl«. Das Flow-Gefühl ist in uns wirksam, wenn wir uns an die Arbeit und an Menschen hingeben, uns bei der Arbeit selbst vergessen. Es ist nicht wichtig, was andere von uns denken oder wie sie unsere Arbeit beurteilen. Wir gehen ganz in dem auf, was wir tun. Unsere Energie fließt in die Arbeit hinein. Wer mit einem solchen »Flow-Gefühl« arbeitet, der arbeitet effizienter als jemand, der sich die Leistung abringen muss. Schon der hl. Benedikt hatte diese Erfahrung im Sinn, wenn er in seiner Regel von den Handwerkern im Kloster verlangt, dass sie in aller Demut ihren Beruf ausüben sollen. Das ist eine uns Heutigen fremde Sprache. Aber Benedikt meint damit, dass die Handwerker mit ihrer Arbeit nicht irgendwelche Nebenabsichten verbinden. Sie sollen sich nicht über andere stellen wollen, oder ihre Arbeit mit dem Schielen nach Erfolg oder Verdienst verbinden. Demut meint: Hingabe an die Arbeit, ganz bei der Arbeit sein, in Berührung mit den Dingen sein, die ich gerade tue, und mich selbst und meine Nebenabsichten dabei vergessen.

Jeder hat mit seiner Geburt schon Quellen mitbekommen, aus denen er schöpfen kann. Und ihm wurden in seiner Lebensgeschichte von den Eltern und Erziehern, von Freunden und Verwandten und von eigenen Erlebnissen her Ressourcen geschenkt, die in seinem Leib und in seiner Seele bereit liegen, angezapft zu werden. Er hat sie nicht nur von seinen Eltern mitbekommen. Sie sind auch ein Geschenk Gottes. Sie liegen in seinem Charakter, in seinem Wesen begründet.

Die heutige Psychologie begnügt sich nicht damit, die Wunden der Kindheit zu heilen. Sie versucht vielmehr, die Menschen mit ihren eigenen Ressourcen in Berührung zu bringen. Jeder Mensch hat in sich Quellen, aus denen er schöpfen kann, und es gibt verschiedene Wege, zu ihnen

> Wir müssen tief genug bohren, um in uns eine Quelle zu entdecken, die nicht so leicht vertrocknet, weil sie in unserem Wesen, in unserem tiefsten Grund, eingegraben ist.

vorzudringen. Auch hier gilt das Bild: Wer nur an der Oberfläche bohrt, wird nur zum Oberflächenwasser vorstoßen, aber nicht zur inneren Quelle.

Wir müssen tief genug bohren, um in uns eine Quelle zu entdecken, die nicht so leicht vertrocknet, weil sie in unserem Wesen, in unserem tiefsten Grund, eingegraben ist. Die Zugänge sind gar nicht so schwierig.

Ich entdecke meine persönliche Quelle, wenn ich mich frage: Woraus habe ich als Kind meine Kraft geschöpft?

Ich entdecke meine persönliche Quelle, wenn ich mich frage: Woraus habe ich als Kind meine Kraft geschöpft? Wo ist meine Energie am meisten geströmt? Was konnte ich stundenlang spielen, ohne zu ermüden? Wenn ich mich an solche Situationen erinnere, dann komme ich mit meiner eigenen Kraft in Berührung. Manche meinen, das Kind kopiere nur, was die Eltern ihm vormachen. Doch jede Mutter und jeder Vater weiß, dass jedes Kind einzigartig ist. Jedes Kind hat schon mit seiner Geburt etwas Einmaliges. Es hat seine Weise zu lächeln, sich zu bewegen, auf Zuwendung zu reagieren. Und sobald es etwas größer ist, entwickelt es seine eigenen Strategien, sich zurückzuziehen und für sich zu sorgen. Jedes Kind spielt auf seine Weise. Das eine kann sich vergessen, indem es den Käfern auf der Wiese zusieht. Das andere spielt mit den Kieselsteinen auf dem Weg und kann dabei seine Phantasie entfalten. Wenn wir auf die Verhaltensweisen stoßen, die für uns selber typisch waren, dann kommen wir mit unserem eigenen Herzen in Berührung. Dann entdecken wir unser ursprüngliches Wesen, und wir finden in uns die Quelle, aus der wir auch heute schöpfen könnten. Wenn wir diese unsere urpersönliche Quelle erkannt haben und aus ihr schöpfen, dann spüren wir, wie es uns leicht von der Hand geht, wie es einfach in uns strömt. Immer wenn wir uns von außen etwas überstülpen, kostet es uns Kraft. Die eigene Quelle dagegen schenkt uns Kraft.

Suche deine
eigenen Quellen

Niemand kann einfach das Leben eines anderen kopieren. Jeder muss seine eigenen Ressourcen entdecken. Auch du, liebe Leserin, lieber Leser, bist dazu aufgefordert, deine eigenen Quellen zu finden. Sei achtsam auf alles, was dein eigenes Leben fördert und stärkt. Mach dich auf die Suche – und fange bei der Suche in der Kindheit an: Wo ist bei dir als Kind Energie geströmt? Wo konntest du dich stundenlang vergessen? Wohin hast du dich als Kind zurückgezogen? Was hast du am liebsten gespielt? Wofür hast du dich begeistern können? Und wofür hast du deine Kraft eingesetzt? Und was haben dir deine Eltern als Quellen geschenkt? Was hast du von deinem Vater und von deiner Mutter gelernt? Wie hat dein Vater sein Leben bewältigt? Woraus hat deine Mutter gelebt? Welche Wurzeln verdankst du deinem Vater und welche deiner Mutter? Spürst du die gesunden Wurzeln deiner Eltern und Großeltern, aus denen der Baum deines Lebens wächst? Oder hast du den Eindruck, dass die Wurzeln beschädigt oder gar vergiftet sind? Wo hast du dich dann eingewurzelt, um leben zu können?

Wenn du diesen Fragen nachgehst, dann traue deinem Gefühl. Manche tun sich schwer, in der Kindheit nach Situationen zu suchen, in denen sie ganz sie selber waren, im Einklang mit sich, glücklich und zufrieden. Aber sobald du anfängst, dich an deine Kindheit zu erinnern, werden irgendwann Bilder auftauchen, die dir zeigen, was deine Vorlieben waren und wo du dich als Kind am meisten gespürt hast. Eine Hilfe ist dabei, deine Kinderbilder anzuschauen. Traue dem unbeschwerten Lachen, das dir in diesen Bildern entgegenkommt. Da warst du ganz du selbst. In diesen Bildern begegnest du möglicherweise Seiten in dir, die heute verschüttet sind, die aber wieder ausgegraben werden möchten.

Eine Quelle will fließen. Du kannst das Wasser der Quelle nicht allein für dich behalten. Es bleibt nur frisch und erfrischend, wenn es strömt. Sonst wird es schal und verliert seine Kraft. Die Quelle will in dir strömen, aber auch von dir weg auf andere hin. Wo fließt heute Energie bei dir? Dort, wo das Leben in dir strömt, bist du in Berührung mit dem Grund deines Lebens. Vielleicht hast du den Eindruck, dass das Leben momentan eher stockt. Dann stelle dir vor, wohin deine Energie strömen möchte. Was würde dich lebendig machen? Ist es ein schöner Urlaub in einem fremden Land? Oder eine Arbeit, für die du dich gerne engagieren würdest? Oder eher ein kreatives Tun?

Träume einfach einmal vor dich hin, was du gerne tun würdest. Und entwerte deine Träume nicht gleich durch das Argument, dass sie sowieso unrealistisch sind. Beim Träumen ist es wichtig, Wunschbilder zuzulassen, ohne gleich nach der konkreten Verwirklichung zu fragen. Erst im zweiten Schritt sollst du dir überlegen, wie du das konkret umsetzen kannst. Ist es möglich, deine Träume in deinem jetzigen Beruf wahr werden zu lassen? Oder musst du dir eine andere Arbeit suchen? Ist der Traum vielleicht ein Bild für das, was du gerade tust? Dann könnte das Bild dir schon helfen, die Energie in dir wieder zum Fließen zu bringen. Du hättest für deine Arbeit oder für deinen Beruf ein Bild, das dich motiviert. Ein solches Bild gibt deinem Tun einen Sinn und es schenkt dir neue Freude daran. Es bringt etwas in dir in Bewegung.

Und sieh dein Leben genauer an: Von Zeit zu Zeit sollten wir unsere Arbeit und unsere Situation in der Familie oder in der Gemeinschaft bedenken und uns fragen, ob das alles noch stimmt. Was zur leeren Routine geworden ist, raubt uns Energie. Wir arbeiten und leben zwar einigermaßen so weiter wie bisher. Aber wir haben keinen inneren Schwung mehr, kein Feuer, keine Begeisterung. Es gibt Tätigkeiten, aus denen uns Energie zufließt, und andere, die uns Kraft rauben. Du kannst alles, was du in deiner Arbeit und in deinem Alltag tust, danach einteilen, ob es Energiespender oder Energieräuber sind. Wenn du das einmal getan hast, dann wirst du erkennen, wo du mit deiner inneren Quelle in Berührung bist und wo nicht. Niemand

Frage dich immer, was deine ganz persönliche Sendung sein könnte. Versuche, den Sinn in deinem Leben zu beschreiben.

wird sich nur auf Tätigkeiten beschränken können, in denen seine Energie fließt. Leben besteht im Alltag auch aus Routine und aus Widerständen. Aber du kannst dich fragen, ob das, was dir die Energie raubt, wirklich notwendig ist. Wenn es unbedingt von dir getan werden muss, dann musst du allerdings nach einer Motivation suchen, auch diese einfachen oder diese unangenehmen Arbeiten zu tun.

Frage dich immer, was deine ganz persönliche Sendung sein könnte. Versuche, den Sinn in deinem Leben zu beschreiben. Er ist der entscheidende Grund für das Strömen der inneren Quelle. Wir leben nicht nur für uns. Der Sinn unseres Lebens besteht nicht darin, dass es uns gut geht und wir uns wohl fühlen. Das würde zu einem unfruchtbaren Kreisen um uns selbst führen. Natürlich ist die Frage nach dem eigenen Wohlbefinden wichtig. Wir sollen nicht gegen unsere Natur arbeiten. Und wir sollen bei allem Engagement nach außen natürlich auch für uns selber sorgen. Die spirituelle Tradition sagt uns auch immer wieder: Achte auf deine eigene Seele. Das meint keine narzisstische Selbstfixierung. Denn wirklich wohl fühlen wir uns nur, wenn die Quelle aus uns herausfließt und auch anderen in ihrem Leben hilfreich wird. Ich kenne Menschen, die immer nur nach dem suchen, was ihnen selber weiterhilft, was ihnen etwas »bringt«. Sie machen aus diesem Antrieb heraus zum Beispiel ständig neue Fortbildungen und zusätzliche Ausbildungen. Aber manchmal habe ich den Eindruck, dass all diese Aktivitäten nur Ersatzfunktion haben. In der Betriebswirtschaft spricht man von Input und Output. Manche verschlucken sich vor lauter Input. Sie nehmen immer mehr in sich auf, aber es kommt nichts dabei »heraus«. Es fließt nichts weiter. Gib also weiter, was du hast. Bring deine Fähigkeit auch nach außen. Vertraue deiner eigenen Kompetenz, entdecke deine eigenen Möglichkeiten und lass auch andere daran teilhaben. Dann kann das, was deine Quelle an Leben bringt, auch anderen hilfreich sein.

Frag dich, wie du für andere zum Segen werden kannst. Der biblische Begriff der Sendung ist auch für dein eigenes Leben wichtig. Wir sind in diese Welt gesandt, um einen Auftrag zu erfüllen. Der ursprüngliche Auftrag, den Gott Adam und Eva gab, lautete: »Seid fruchtbar!« (Gen 1,28) Das meint nicht nur, dass sie Kinder bekommen sollen, sondern auch, dass ihr Leben Frucht bringt für die Erde und für die Menschheit. Am Beginn der Heilsgeschichte gibt Gott dem Abraham den Auftrag und zugleich die Verheißung: »Ein Segen sollst du sein« (Gen 12,2). Unsere Aufgabe ist es, füreinander zum Segen zu werden. Jeder wird diesen Auftrag auf seine persönliche Weise erfüllen. Der eine wird zum Segen für die Menschheit, weil er eine wichtige Erfindung macht, der andere, weil er als Staatsmann zum Wohl seines Landes beiträgt, und der dritte, weil er ein Werk schafft, das bleibenden Wert hat. Aber nicht nur Tun und Leistung und Nutzen sind

> Der biblische Begriff der Sendung ist auch für dein eigenes Leben wichtig. Wir sind in diese Welt gesandt, um einen Auftrag zu erfüllen.

gemeint. Manche werden zum Segen allein durch ihr Dasein, durch ihre persönliche Ausstrahlung. Ein Mann, der oft von depressiven Stimmungen heimgesucht wurde, erzählte mir, wie wohltuend es für ihn war, als ihn eine freundliche Verkäuferin beim Einkaufen in einem kleinen Laden ansprach und sich auf einmal ein wunderbares Gespräch ergab. Jeder hat seine persönliche Ausstrahlung, auch du. Jeder kann zum Licht für das Dunkel eines anderen werden. Jeder begegnet täglich anderen Menschen und hinterlässt dabei seine persönliche Lebensspur. Diese Spur kann ganz verschieden geprägt sein: unzufrieden und zornig – oder aber freundlich, milde, ermutigend, erfrischend, befreiend. Entscheide dich für die positive Möglichkeit. Sie wird dir und anderen gut tun. Vergleiche dich nicht mit andern und komm nicht in Versuchung, dich selbst zu entwerten, weil andere Größeres leisten. Frag dich nicht immer nur nach deiner Leistung. Wichtig ist etwas anderes: Was vermittelst du an Lebendigkeit und Sinn in diese Welt hinein? Welche »Lebensspur« gräbst du mit allem, was du machst und bist?

Vielleicht kann auch für dich eine Übung sein, was ich manchmal in der Begleitung als Aufgabe gebe. Stell dir vor: Kurz vor deinem Tod schreibst du an einen Freund oder eine Freundin, was du mit deinem Leben sagen und mitteilen wolltest. Dabei geht es nicht um irgendwelche Lehren, sondern um die Frage, was du mit deiner persönlichen Existenz zum Ausdruck bringen möchtest. Wofür möchtest du Zeugnis ablegen? Nur für dich oder für etwas Größeres: für die Liebe, für den barmherzigen Gott? Was können Menschen an dir und deinem Leben ablesen? Was ist die Botschaft, die du andern sagen möchtest? Was sollen die Menschen nach deinem Tod von dir sagen? Welchen Geschmack möchtest du bei den Menschen hinterlassen? Welche Bilder vom Leben möchtest du in die Herzen der Menschen einprägen? Auch wenn unsere Motive natürlich immer vielschichtig und nie auf eines zu reduzieren sind: Es ist wichtig, dir überhaupt darüber Rechenschaft abzulegen, was die tiefste Triebfeder deines Lebens ist. Warum tust du es dir jeden Morgen an, aufzustehen? Ist es nur Routine, weil es halt so sein muss, weil du dein Geld verdienen musst? Oder hast du eine tiefere Motivation? Was möchtest du letztlich mit deinem Leben vermitteln? Du brauchst für dein Leben ein Bild. Dann beginnt in dir die Quelle zu fließen.

Wenn du nach deiner Sendung fragst, dann heißt das nicht: Ich muss die ganze Welt verändern. Aber jeder, und so auch du, prägt diese Welt mit durch seine persönliche Ausstrahlung, durch die Worte, die er spricht, durch die Stimmung, die er verbreitet, durch die Gedanken und Gefühle, die von ihm ausgehen. Wir sind nicht verantwortlich für die ganze Welt. Aber wir sind verantwortlich für die Welt um uns herum. Was von uns ausgeht, ist wie ein Stein, der ins Wasser geworfen wird und Kreise zieht. Eine Frau sagte mir: »Was soll ich denn für diese Welt tun? Ich bin depressiv und habe genügend zu kämpfen, mit meiner Depression einigermaßen zurechtzukommen.« Ich habe ihr geantwortet: »Sie sollen sich nicht unter Druck setzen, dass Sie für diese Welt etwas leisten müssen. Und Sie müssen die Welt auch nicht mit Fröhlichkeit erfüllen. Ihre ganz persönliche Aufgabe ist es, sich mit Ihrer Depression auszusöhnen. Dann werden

Sie durch ihre Krankheit hindurch Milde und Hoffnung ausstrahlen in diese Welt. Dann wird die Welt gerade durch Sie heller und heiler. Die Alternative ist: Sie können den Menschen in Ihrer Umgebung ständig vorwerfen, dass sie kein Verständnis für Sie haben, dass sie schuld seien an Ihrer Depression. Dann werden Sie Schuldgefühle und Unzufriedenheit verbreiten.«

Jeder von uns ist dafür verantwortlich, wie er mit dem umgeht, was ihm widerfährt. Diese Verantwortung trägt auch du. Du kannst dich in deinem Leben mit dem Schweren aussöhnen, das dir begegnet ist und es dadurch verwandeln. Oder aber du kannst bitter werden. Doch wenn wir bitter sind, geht von uns Bitterkeit aus, wenn es in uns dunkel ist, wird die Welt um uns herum verdunkelt. Deine Sendung ist, die Welt heller zu machen.

Stell dich vor allem in kritischen Situationen der Entscheidung immer wieder ganz bewusst der Frage nach deiner Sendung. Sendung gibt unserem Leben Sinn. Das deutsche Wort Sendung hat die gleiche Wurzel wie Sinn. Es hat mit »reisen« zu tun. Diese Sendung schickt dich auf die Reise. Und auf der Reise entdeckst du die Richtung, die dich zum Ziel führt. Die Sendung lässt die Quelle in dir sprudeln. Und sie führt dich aus unfruchtbarer Selbstbeschränkung und aus Isolation. Das Fließen des Lebens ist die eigentliche Bedingung dafür, dass du dich selber wirklich wohlfühlst. Wenn dein Leben für andere zum Segen wird, wirst du von denen, denen du etwas gibst, selbst beschenkt werden und viel an Dankbarkeit zurückbekommen. Wir geben nicht, weil wir die Dankbarkeit oder die Zuwendung der anderen brauchen, sondern weil wir

Jeder von uns ist dafür verantwortlich, wie er mit dem umgeht, was ihm widerfährt. Diese Verantwortung trägst auch du.

uns von innen her gedrängt fühlen. Aber gerade so wird es ein Hin- und Herströmen werden, das dich lebendig hält und Leben weckt in den Menschen um dich herum. Das wird dich auf Dauer mit Freude und Dankbarkeit erfüllen. Höre also auf deine eigenen Gefühle. Sobald du dich erschöpft oder bitter oder ausgenutzt fühlst, wenn du empfindlich und gereizt bist, ist das ein Zeichen, dass du in deinem Sendungsauftrag nicht aus der klaren Quelle des Heiligen Geistes schöpfst, sondern dass sich da andere Motive hineingemischt haben: Ehrgeiz, das Gefühl, etwas Besonderes zu sein, und das Bestreben, sich über andere zu stellen. Bleibe immer ehrlich dir selber gegenüber und übe dich in der Unterscheidung der Geister, damit du im Einsatz für andere aus der inneren Quelle schöpfst, die nie versiegt, weil sie göttlich ist.

Ich wünsche dir, lieber Leser, liebe Leserin, dass du bei dieser Suche nach deinen eigenen Quellen fündig wirst. Ich wünsche dir, dass du durch das Lesen dieser Zeilen die trüben Quellen in dir selber genauer erkennst und durch sie hindurch tiefer in den Grund deiner Seele gräbst, um dort die reine und klare Quelle des Heiligen Geistes zu entdecken, die erfrischt und belebt, stärkt und reinigt und die eine Frucht aufblühen lässt, an der sich viele freuen dürfen. Die Bilder von den trüben und klaren Quellen, von den Quellen in unserer Kindheit und von der Quelle des Heiligen Geistes, die auf dem Grund deiner Seele entspringt, mögen dir helfen, dein eigenes Leben fruchtbar werden zu lassen: damit von dir Lebendigkeit und Weite, Freiheit und Liebe, Fruchtbarkeit und Segen ausgehen mögen für deine Umgebung.

Sobald du dich erschöpft oder bitter oder ausgenutzt fühlst, wenn du empfindlich und gereizt bist, ist das ein Zeichen, dass du in deinem Sendungsauftrag nicht aus der klaren Quelle des Heiligen Geistes schöpfst, sondern dass sich da andere Motive hineingemischt haben.

Wieso fragen
Menschen nach dem Sinn?

Den Sinn des Lebens gibt es nicht. Wer nach dem Sinn des Lebens fragt, ist krank«, hat Sigmund Freud geschrieben. Aber genauso, wie der Mensch nach Glück strebt oder sich nach Freiheit sehnt, so ist es ein Urbedürfnis des Menschen, nach dem Sinn zu fragen. Ohne Sinn hat der Mensch offensichtlich zu wenig Motivation, um erfüllt leben zu können. Der jüdische Psychotherapeut und Psychiater Viktor E. Frankl hat die Gegenposition zu seinem Lehrer Sigmund Freud vertreten. Er selber hat im Konzentrationslager während des Dritten Reiches erfahren, dass diejenigen Häftlinge eher überlebten, die in ihrem Leben einen Sinn fanden und unter schwierigsten Umständen »trotzdem Ja zum Leben« sagten. Nach seiner Befreiung hat er daher eine eigene Richtung der Therapie entwickelt, die sogenannte Logotherapie. Sie geht vom Sinn (= logos) aus. Frankl ist davon überzeugt, dass der Mensch als geistiges Wesen Lebenssinn genauso dringend braucht wie Nahrung und Wasser. Viele Menschen, so sagt er, werden heute gerade deswegen krank, weil sie keinen Sinn mehr im Leben finden.

> Ich kann auch in Krankheit oder in schwierigen Situationen, wie einer ungerechten und brutalen Gefangenschaft, einen Sinn in meinem Leben finden. Es liegt an der Einstellung zur Krankheit, zur Gefangenschaft, zu dem, was mir vorgegeben ist.

Frankl spricht von drei Werten, die unserem Leben Sinn verleihen:

Das sind zunächst einmal die Erlebniswerte. Wenn ich etwas Schönes erlebe, frage ich in diesem Augenblick nicht nach dem Sinn, dann ist das Leben einfach sinnvoll und erfüllt.

Das zweite sind die schöpferischen Werte. Bin ich kreativ, ist mir etwas gelungen, dann empfinde ich das Leben auch als sinnvoll.

Und das dritte sind die Einstellungswerte. Ich kann auch in Krankheit oder in schwierigen Situationen, wie einer ungerechten und brutalen Gefangenschaft, einen Sinn in meinem Leben finden. Es liegt an der Einstellung zur Krankheit, zur Gefangenschaft, zu dem, was mir vorgegeben ist. Frankl spricht in diesem Zusammenhang von der »Trotzmacht« des Geistes, der dem äußeren Druck etwas Kraftvolles entgegensetzen kann. Es ist demnach meine geistige Aufgabe, in meiner Krankheit, in meinem Leid einen Sinn zu sehen oder ihm einen Sinn zu verleihen.

Das deutsche Wort »Sinn« kommt vom althochdeutschen »sinnan«, das »reisen, streben, gehen« bedeutet. Wir suchen nach einem Sinn, weil unser Leben ein beständiger Weg ist. Wir wollen nicht ziellos reisen.

Was ist nun der Sinn des Lebens? Sollen wir uns den Sinn selbst suchen und machen, oder ist er uns vorgegeben? Die Alternative ist wohl falsch gestellt.

Für mich besteht der Sinn des Lebens zum einen darin, dass wir das einmalige Leben leben, das Gott uns zugedacht hat. Zum anderen aber müssen wir auch in unserem Tun einen Sinn entdecken. Warum stehe ich jeden Morgen auf und tue es mir an, mich an die Arbeit zu machen, mich für Menschen einzusetzen?

Was ist der Sinn meines Lebens? Es ist eine Frage, der wir nicht ausweichen sollten. Wir müssen uns immer wieder klarmachen: Was ist eigentlich das Ziel, wofür wir uns einbringen? Erst wenn wir uns dieser Frage stellen, wird unser Leben sinnvoll und erfüllt.

Für Viktor Frankl hat das Leben nicht von sich aus einen Sinn. Vielmehr kommt es auf jeden Menschen an, dass er seinem Leben einen Sinn gibt. Das gilt vor allem für schwierige Wegstrecken in seinem Leben. Dort erkennen wir kaum einen Sinn. Doch gerade darin liegt die Leistung unseres Geistes, dass wir auch dort unserem Leben einen Sinn geben. Dieser Sinn kann nicht beliebig sein. Er muss dem Wesen unseres Menschseins entsprechen. Und zu diesem Wesen gehört, dass wir in Freiheit reagieren können auf das, was uns vorgegeben ist. Wir können dagegen rebellieren oder es annehmen und daraus etwas machen, was sinnvoll ist. – Sinn hat auch mit Beziehung zu tun. Ich kann den Sinn meines Lebens finden, wenn ich mir klarmache: »Was möchte ich anderen Menschen mit meinem Leben eigentlich vermitteln? Was ist die tiefste Motivation, die mich täglich antreibt, das zu tun, was ich tue, was ist der Grund, um mich anzustrengen? Was ist die Botschaft, die ich anderen mit meinem Leben künden möchte?« Sinn zeigt sich also auch hier wieder im Absehen von der Beschränkung auf das Ego und in der Beziehung zu anderen.

> Was ist eigentlich das Ziel, wofür wir uns einbringen? Erst wenn wir uns dieser Frage stellen, wird unser Leben sinnvoll und erfüllt.

Warum lebe
ich eigentlich?

Warum bin ich eigentlich auf der Welt? Das ist eine Frage, die nachdenkliche Menschen immer umgetrieben hat. Jeder und jede sieht sich damit konfrontiert. Auf der einen Seite scheint es Zufall zu sein, dass ich auf der Welt bin. Dass meine Eltern sich gefunden und mich gezeugt haben, war nicht selbstverständlich. Ich habe mir meine Existenz nicht ausgesucht. Ich wurde in die Welt geworfen, ohne gefragt worden zu sein. Dass ich in diese Zeit hineingeboren wurde, dafür kann ich nichts. Dass ich in diesem Land, in dieser Kultur, in dieser Religion aufgewachsen bin, ist mir vorgegeben. Das alles scheint Zufall zu sein.

Aber es hängt auch alles von meiner Deutung ab. Ich kann meine Existenz als absurden Zufall sehen. Ich kann sie aber auch anders deuten. Ich kann auch mit gutem Grund glauben, dass ich gewollt bin, dass ich aus Gnade und nicht aus Zufall existiere, dass ich erwählt bin. Die Bibel drückt es immer wieder so aus. Ich bin erwählt, das heißt: Auf mich ist die Wahl Gottes gefallen. Er hat mich ganz bewusst gewollt. Und er hat mich so gewollt, wie ich bin, mit der Kultur, in der ich aufgewachsen bin, mit meinen Anlagen und Fähigkeiten und meinen Begrenzungen. Freilich wird diese Deutung dem schwer fallen, der behindert auf die Welt kam, der sein Leben lang in einem Kriegsgebiet zubringen muss. Ich kann dann nicht sagen, dass Gott gewollt hat, dass ich in dieses Elend kam. Mir würde dann allein der Gedanke helfen, dass ich als diese einmalige Person von Gott gewollt bin und dass es trotz der äußeren Umstände etwas in mir gibt, das gut ist, das letztlich der Macht widriger Verhältnisse entzogen ist. Ich als Person bin unabhängig von dem, was um mich herum ist. Mit einer solchen Einstellung kann ich die äußeren Umstände als Herausforderung sehen, an mir und an Gott als meinem letzten Grund nicht zu verzweifeln und in allem äußeren Wirrwarr den unantastbaren Kern in mir zu entdecken.

Für mich gilt: Von meiner Deutung hängt ab, wie ich mich fühle und wie ich mich und mein Leben erlebe. Ganz gleich, wie es um mich herum aussieht, ich bin dankbar, dass ich auf der Welt bin. Und ich spüre meinen Wert: Ich bin einmalig, weil Gott sich dieses Bild, das in mir ist, nur von mir gemacht hat. Und so darf ich sagen: Ich bin nicht zufällig auf der Welt. Mit den Bildern der Bibel kann ich sagen: Ich bin von Gott geschaffen und geformt. Er hat mich bei meinem Namen genannt. Er hat mich in seine Hand geschrieben. Das macht mich besonders. Ich darf seine Worte ganz persönlich auf mich beziehen: »Fürchte dich nicht, denn ich habe dich ausgelöst, ich habe dich beim Namen gerufen, du gehörst mir« (Jes 43,1).

Als Christ deute ich meinen Auftrag in der Welt so: Gott hat – wie Romano Guardini einmal gesagt hat – über mich ein Urwort gesprochen, das er nur mir zugedacht hat. Ich könnte auch sagen: ein Passwort, das nur für mich passt. Meine Aufgabe ist es, dieses einmalige Wort Gottes, das in mir Fleisch geworden ist, in dieser Welt vernehmbar werden zu lassen. Ich kann sagen: Ich möchte in diese Welt meine ganz persönliche Lebensspur eingraben. Ich möchte das, was Gott in mich hineingelegt hat, wieder in diese Welt hinein ausstrahlen. Was aber ist meine Lebensspur? Das erkenne ich, wenn ich in mich hineinhorche und

Habe ich einen
Auftrag in dieser Welt?

Ich finde meinen Sinn, wenn ich meine persönliche Lebensspur in diese Welt eingrabe.

spüre: Ich bin stimmig. Und ich erkenne sie, wenn ich mich aussöhne mit meiner Lebensgeschichte. Oft kann ich gerade in meinen seelischen Verletzungen die Spur entdecken, die ich in diese Welt eingraben kann. Dort wo ich verletzt bin, bin ich auch aufgebrochen für mein wahres Wesen, für das einmalige Wort, das Gott in mir gesprochen hat.

Ich beantworte die Frage, wozu ich auf der Welt bin, also so: »Ich bin auf der Welt, um das einmalige Leben, das Gott mir geschenkt hat, zu leben. Ich lebe, um das einmalige Wort, das er nur in mir gesprochen hat, in dieser Welt hörbar zu machen. Ich finde meinen Sinn, wenn ich meine persönliche Lebensspur in diese Welt eingrabe.«

Ein anderes Bild fällt mir ein, das Bild der Sendung: Jeder von uns hat eine ganz besondere Sendung. Ich bin nicht nur für mich auf der Welt. Was meine ureigene Sendung ist, das kann ich erahnen, wenn ich auf die leisen Impulse meines Herzens höre. Wenn ich – etwa im Gebet – auf sie höre, dann spüre ich, was ich gut kann und wo ich mich einbringen sollte, damit durch mich diese Welt etwas heller und wärmer wird. Vielleicht fühle ich mich dann berufen, ein bestimmtes Projekt durchzuführen, etwas ganz Konkretes zu übernehmen. Das kann ein Projekt der Nächstenliebe sein, die Hilfe für Randgruppen oder ein Projekt in der Dritten Welt. Vielleicht sehe ich meine Sendung aber einfach und unspektakulär auch darin, eine gute Mutter oder ein guter Vater zu sein, meine Kinder gut zu erziehen und ihnen einen Raum der Geborgenheit und Liebe zu schenken. Und wenn sie erwachsen sind, dann erhält meine Sendung des Mutterseins oder Vaterseins eine andere Färbung: Dann hege ich Leben und pflege es, damit es wächst. Oder aber ich lasse meine väterliche Energie anderen zufließen und stärke Menschen den Rücken, die meine Zuwendung brauchen.

Vielleicht klingt manchem das Wort »Sendung« zu pathetisch. Aber wenn wir ernst nehmen, was wir in dieser Welt tun, dann spüren wir: Mit unseren Gedanken und Gefühlen, mit unseren Worten und Taten können wir die Wirklichkeit um uns herum tatsächlich in einem positiven Sinn prägen. Dann werden wir erfahren, dass wir nicht nur von den Umständen bestimmt sind. Und dann zwingen wir der Welt und den anderen auch nicht gewaltsam etwas auf. Und trotzdem bringen wir etwas Wichtiges zuwege: Wir schaffen um uns herum eine Wirklichkeit, die nicht einfach rückgängig gemacht werden kann.

Wozu sind wir auf der Welt? Die Antwort auf diese große Frage ist also ganz einfach: Unsere Aufgabe ist es, in unserem Leben diese Welt mit unserer Person ein wenig heller und wärmer und menschlicher zu machen.

> Wenn wir ernst nehmen, was wir in dieser Welt tun, dann spüren wir: Mit unseren Gedanken und Gefühlen, mit unseren Worten und Taten können wir die Wirklichkeit um uns herum tatsächlich in einem positiven Sinn prägen.

QUELLEN VOLLEN LEBENS

Soll ich
mein Glück suchen?

Wir sind durchaus fähig, an unserem Glück zu arbeiten. Normalerweise wird es uns nicht einfach in den Schoß gelegt, aber natürlich gibt es das, dass uns etwas Glückliches zufällt. Die Griechen nennen das »eutyche«. Das heißt: Das Schicksal meint es gut mit mir und ich gewinne z. B. im Lotto. Aber diese Form von Glück ist für die Griechen nur die minderwertigste. Das eigentliche Glück besteht in der »eudamonia«, in der guten Beziehung zu seinem »daimon«, zum inneren Seelenbegleiter, zum göttlichen Kern, den jeder in sich trägt. Und an dieser guten Beziehung kann man arbeiten. Durch Kontemplation kommt man in Berührung mit seiner Seele, also mit der Wirklichkeitsebene, in der Gott seine Spur im Menschen hinterlassen hat.

Glück ist Ausdruck von erfülltem Leben. Am Glück arbeiten, das heißt also einmal: bewusst zu leben, mit allen Sinnen zu leben, die Kraft, die in mir liegt, auch einzusetzen und mich einer Aufgabe oder einem Menschen hinzugeben. Aber man kann das Glück nicht in dem Sinn machen, dass man etwa joggt, um auf diese Weise Glückshormone auszuschütten, die im Gehirn positive Emotionen auslösen. Dieses Glück ist nur ein momentanes Gefühl, das nicht trägt. Es gibt keine schnellen Methoden, sich glücklich zu machen.

> Am Glück arbeiten, das heißt also einmal: bewusst zu leben, mit allen Sinnen zu leben, die Kraft, die in mir liegt, auch einzusetzen.

Glück, das von Dauer sein soll, verlangt eine innere Haltung. Erasmus von Rotterdam nennt den Kern des Glücks: »der sein zu wollen, der du bist«. Das ist keine leichte Vorgabe, das verlangt innere Arbeit. Das heißt: Ich muss Abschied nehmen von den Illusionen, die ich mir von mir gemacht habe, von der Illusion, perfekt zu sein, der Größte, der Intelligenteste, der Erfolgreichste zu sein. Es heißt aber auch: Ich söhne mich nicht nur mühsam aus mit dem, was ich bin. Vielmehr sage ich bewusst »Ja« zu mir. Ich will der sein, der ich bin. Ich bin einverstanden mit mir und meinem Leben. Ich möchte gar kein anderer sein. Ich höre daher auf, mich mit anderen zu vergleichen und auf andere neidisch zu sein, die mehr haben als ich. Ich bin ich selbst. Und ich will mit ganzem Herzen der sein, der ich bin. Das verlangt eine Änderung der Einstellung. Dies ist kein einfacher und schnell wirkender Trick. Einsicht in die Notwendigkeit der eigenen Einstellung kostet durchaus Mühe, denn sie kränkt unser grandioses Selbstwertgefühl und unsere narzisstischen Vorstellungen vom Leben.

Heute gibt es viele Berater, die gegen teures Geld Kurse oder Einzelbegleitung anbieten, um die Menschen glücklicher zu machen. Der große Zulauf sagt etwas über die Hoffnungen und über das

Hilfebedürfnis der Menschen aus. Doch der beste Coach kann mir kein Erfolgsrezept zum Glücklichwerden anbieten. Der Weg zum Glück liegt immer in mir. Und wenn ich nicht bereit bin, mich von manchen Illusionen zu verabschieden, – eben: dass mein Leben perfekt ist, dass ich der Beste bin und dass mir alles glückt, – dann werden mir die vielen Kurse, die mir das Glück versprechen, nicht weiter helfen. Der Weg zum Glück liegt in mir. Nur der Begleiter, der mich unterstützt, dass ich in Einklang komme mit meinem eigenen Wesen, kann eine Hilfe sein auf dem Weg zum Ziel. Aber er kann mir das Glück nicht garantieren.

Es liegt immer in meiner Entscheidung, ob ich glücklich bin. Und dazu gehört letztlich auch ein Stück Demut, die Bereitschaft, mich mit meiner Begrenztheit auszusöhnen. Allzu große Sprüche, wie sich das Glück anfühlt, führen nur in die Enttäuschung oder in die kurzfristige Euphorie, die aber schnell der Ernüchterung weichen wird.

Wir können das Glück durchaus bewusst und aktiv suchen. Jede Philosophie war letztlich Suche nach dem Glück. Die Philosophen haben ja auch immer wieder Wege aufgezeigt, wie wir das Glück finden können. Aber diese Wege fordern uns als Menschen ganz und gar heraus. Notwendig ist beides: Es braucht die Anstrengung des Denkens, was wirkliches Glück ist. Und es braucht den Übungsweg, der immer über die Begegnung mit der eigenen Wahrheit geht, um uns – nicht immer, aber immer öfter – glücklich fühlen zu können.

So manche Menschen meinen, sie hätten das Glück gar nicht gesucht, es habe sie vielmehr gefunden. Das ist durchaus möglich. Aber auch das braucht eine bestimmte innere Einstellung, die Einstellung der Offenheit und der Dankbarkeit. Wenn ich das, was mir von außen begegnet, dankbar annehme, dann wird das Glück mich oft finden, auch wenn ich es gar nicht gesucht habe oder ihm gar ständig hinterhergejagt bin. Aber weil ich in der Haltung der Dankbarkeit lebe, bin ich überhaupt erst fähig, das Glück, das mich sucht, wahrzunehmen, es dankbar zu genießen und innere Zufriedenheit zu finden.

> Es liegt immer in meiner Entscheidung, ob ich glücklich bin. Und dazu gehört letztlich auch ein Stück Demut, die Bereitschaft, mich mit meiner Begrenztheit auszusöhnen.

Ist Glück

immer nur eine Momentaufnahme?

Glück heißt: gelingendes Leben. Darüber ist leichter Einigkeit zu erzielen als über die Frage, ob oder wie dauerhaftes Glück möglich ist. Ist alles nur eine Frage des Lebensstils? Eine Frage der Einstellung? Oder der Umstände – wie manche meinen? »Die Absicht, dass der Mensch glücklich sei, ist im Plan der Schöpfung nicht enthalten«, hat der Begründer der Psychoanalyse Sigmund Freud behauptet. Aber es gibt ein gelingendes Leben wirklich. Das ist meine Erfahrung. Und es ist nicht nur meine, sondern die Erfahrung vieler Menschen. Glück heißt auch: mit sich selbst im Reinen sein, ein-

In der Stille können wir wieder in Berührung kommen mit dieser Grundmelodie des Glücks in unserem Herzen.

verstanden sein mit sich und seinem Leben. Auch diese Erfahrung gibt es. Aber es stimmt ebenso, dass das absolute Glück uns Menschen verwehrt ist. Was wir erleben, ist immer nur ein relatives Glück. Das absolute Glück, so sagen es die Theologen in ihrer Sprache, wird uns erst nach dem Tod im Himmel erwarten. In unserem Alltag ist das Glück immer auch angefochten und gefährdet. Vor allem können wir es nie besitzen im Sinne von »festhalten«. Nur manchmal dürfen wir den Zustand absoluten Glücks erleben. In solchen Momenten sind wir ganz eins mit uns selbst und mit allen Menschen, mit der Welt und mit dem letzten Grund der Wirklichkeit. In dem Augenblick, in dem wir diese

Erfahrung machen, fehlt nichts. Doch im nächsten Augenblick fühlen wir uns möglicherweise schon wieder zerrissen. Etwas geht schief in unserem Leben. Und schon fühlen wir uns nicht mehr so glücklich. Trotzdem: Wer Glück erfahren hat, wird dadurch auch gestärkt. Und jemand, der normalerweise mit sich im Reinen ist, wird Kritik von außen oder ein Missgeschick oder einen Schicksalsschlag anders verkraften als einer, der mit sich immer unzufrieden ist. Aber auch er wird nicht im Zustand seliger Harmonie bleiben, wenn ihm zum Beispiel ein lieber Mensch im Tod entrissen wird. Von einem solchen Schicksalsschlag wird auch er erst einmal aufgewühlt. Er wird sich todunglücklich fühlen. Aber wenn er sich diesen Gefühlen nicht versperrt und sich der Trauer stellt, wird er trotz allem, auch wenn er das Auf und Ab des Daseins erlebt, doch eine Grundmelodie des Glücks in sich verspüren. Manchmal wird sie übertönt von anderen Melodien. Es werden sich Dissonanzen einstellen, die die Harmonien überlagern. Aber in der Stille können wir wieder in Berührung kommen mit dieser Grundmelodie des Glücks in unserem Herzen. Und wir können in der Hoffnung leben, dass diese Grundmelodie des Glücks mehr und mehr alle Bereiche unseres Leibes und unserer Seele durchdringt.

Obwohl es ein intuitives Verständnis von Glück gibt – was Glück eigentlich und in einem tieferen Sinn ist, diese Frage hat die Denker zu allen Zeiten bewegt. Es hat zur Unterscheidung geführt zwischen einem Verständnis von Glück als unberechenbarem Zufall und dem Verständnis von Glück, das der tiefsten inneren Bestimmung des Menschen entspricht. Wir unterscheiden auch zwischen einem Wohlfühl-Glück, das man empfindet, wenn von außen her alles gut läuft, wenn man anerkannt wird und Erfolg hat, und einem Glück, das von innen her kommt. Es bedeutet, dass der Mensch mit sich im Einklang ist. Ob das der Fall ist, das ist nicht einfach »gegeben«, es hängt immer auch davon ab, ob ich an mir selbst arbeite und ob ich mich dafür entscheide, mich selbst bedingungslos anzunehmen und mich zu verabschieden von Illusionen, denen ich bisher nachgejagt bin. Dieses zweite Glück ist Ausdruck einer Lebenseinstellung, zu der ich mich selbst entscheiden muss und die mir nicht immer leicht fallen wird.

Die stoische Philosophie sieht das vollkommene Glück des Menschen darin, dass er sich ganz und gar dem Willen Gottes unterwirft. Für Epiktet, einen wichtigen Vertreter der stoischen Philosophie, der auch viele spätere Denker beeinflusst hat, muss der Mensch lernen, jede Sache zu wollen, die sich ereignet. Er schreibt: »Strebe nicht danach, dass die Ereignisse eintreten, wie du es wünschest, sondern wünsche die Ereignisse so, wie sie eintreten, und du wirst ein glückliches Leben führen.« Und an einer anderen Stelle: »Erhebe endlich dein Haupt, wie ein Mensch, der von der Knechtschaft befreit ist; wage es, deinen Blick zu Gott zu erheben und ihm zu sagen: Verfahre mit mir von nun an nach deinem Belieben; meine Gedanken gehören Dir. Ich gehöre Dir. Ich weise nichts von dem zurück, was Dir gut scheint; führe mich, wohin Du willst; bekleide mich mit dem Gewand, das Dir gefällt.« Das klingt sehr schön. Doch wohl nur wenige Menschen werden zu solcher Haltung unmittelbar fähig sein. Die christlichen Autoren, die Epiktet folgen, sprechen davon, dass der Mensch glücklich wird, der sich ganz in Gott hinein ergibt, der eins wird mit Seinem Willen und der in allem, was ihm geschieht, Gottes Liebe erkennt. Aber auch das ist nicht einfach zu haben. Es ist Ziel des geistlichen Weges. Und ein Weg hat immer auch etwas Prozesshaftes. Er ist zudem nicht immer nur durch die leichteste und schnellste Strecke definiert. Aktive Elemente des Sichbemühens und des Übens können sich also durchaus mit diesem Element des Sich-Hineinergebens verbinden. Und nur wenige werden von sich behaupten können, dass sie bereits und in jedem Fall ganz und gar einverstanden sind mit dem, was Gott ihnen zumutet, und daher glücklich, ganz gleich, was von außen geschieht.

> Wir unterscheiden auch zwischen einem Wohlfühl-Glück, das man empfindet, wenn von außen her alles gut läuft, wenn man anerkannt wird und Erfolg hat, und einem Glück, das von innen her kommt.

In die eigene
Tiefe steigen

C. G. Jung spricht von Selbstwerdung und nicht von Ichwerdung. Das Selbst ist etwas anderes als das Ich. Das Ich ist nur bewusst. Es ist der bewusste Kern, von dem aus ich mich entscheide. Das tritt deutlich nach außen, wenn ich sage: »Ich will das jetzt. Ich entscheide mich jetzt so. Ich gehe jetzt dahin. Ich habe keine Lust.« Das Ich will imponieren. Wir halten uns oft genug am Ich fest. Um zum Selbst zu gelangen, muss ich das kleine Ich loslassen. Ich muss in meine eigene Tiefe steigen und den wahren Personkern entdecken. Oft aber fällt es den Menschen nicht leicht, »von ihrer Höhe herunterzusteigen und unten auch zu bleiben. Man fürchtet einen sozialen Prestigeverlust in erster Linie, und in zweiter Linie eine Einbuße des moralischen Selbstbewusstseins, wenn man sich seine eigene Schwäche gestehen müsste« (C. G. Jung). Wir müssen zuerst in die eigene Tiefe steigen, bevor wir dort auf das Gottesbild stoßen, das im Grund unserer Seele bereitliegt. Nur der kann sein Selbst finden, der die Gottesbilder in sich zulässt. Und nur wer zu diesem inneren Kern, zu seinem wahren Selbst gefunden hat, hat ein echtes Selbstwertgefühl.

Wer in Berührung ist mit seinem Selbst, der ist unabhängig von der Meinung der anderen. Er findet zu sich selbst, zu seiner eigenen Würde. Und er wird fähig, bei sich zu bleiben, es bei sich auszu-halten. Die Reise in das eigene Innere ist so faszinierend, dass man Lob und Tadel von außen nicht mehr für so wichtig hält. Jung sagt das in einem Brief an einen deutschen Adressaten so: »Der Wert eines Menschen drückt sich in letzter Linie nie aus in der Beziehung zum anderen Menschen, sondern er besteht in sich selbst. Deshalb dürfen wir auch nie unser Selbstwertgefühl oder unsere Selbstachtung vom Verhalten eines anderen Menschen abhängig machen, wie sehr wir auch menschlich dadurch in Mitleidenschaft gezogen werden können.« Selbstwerdung heißt, zu seinem wahren Selbst zu kommen und dadurch unabhängig zu werden von dem Urteil der Menschen.

Wenn ich die Verantwortung für mein Leben übernehme, höre ich auf, bei anderen die Schuld für meine Misere zu suchen. Die Verantwortung wird mir die Augen öffnen für die Möglichkeiten, die allein ich habe, für das einmalige Bild, das Gott sich nur von mir gemacht hat. Dazu muss ich aber Abschied nehmen von allzu hohen Idealen, mit denen ich mich vielleicht identifiziere. Es geht nicht darum, perfekt und fehlerlos zu werden, sondern ganz eins mit mir selbst, mit allen Gegensätzen, die in mir sind. Ein gesundes Selbstwertgefühl zu haben bedeutet für C. G. Jung, dass ich ein Gespür habe für das Helle und Dunkle in mir, für die Höhen und Tiefen, für das Gute und das Böse, für das

Göttliche und für das Menschliche. Es besteht in der Ahnung, dass Gott in mir auf einmalige Weise geboren werden will. Das Selbst ist letztlich das Bild Gottes in mir, das einzigartige Bild, das Gott sich nur von mir gemacht hat.

Schon für C. G. Jung ist das Selbst mehr als das Ergebnis unserer Lebensgeschichte. Wer wir in Wirklichkeit sind, so sagt heute die Transpersonale Psychologie, das entdecken wir erst, wenn wir unsere vielen Identifikationen aufheben. Wir identifizieren uns oft mit den Meinungen unserer Eltern, wir definieren uns von Erfolg und Leistung, von Anerkennung und Bestätigung, von Zuwendung und Beziehungen her. Solange wir uns mit unseren Gefühlen und Bedürfnissen, mit unserer Krankheit oder Gesundheit identifizieren, sind wir davon abhängig und werden blind für die eigentliche Wirklichkeit des wahren Selbst. Wir müssen die Identifikation mit Menschen, mit Rollen, mit unserer Arbeit und Leistung aufgeben, um zu entdecken, wer wir eigentlich sind. Wir müssen uns disidentifizieren, um unser spirituelles Selbst zu finden. Die Transpersonale Psychologie hat die Übung der Disidentifikation entwickelt. Ich beobachte meine Gedanken, Gefühle, Leidenschaften und sage mir dann vor: »Ich spüre meinen Ärger, ich beobachte ihn. Aber ich bin nicht mit meinem Ärger identisch. Ich bin nicht mein Ärger. In mir ist ein Punkt, der den Ärger beobachten kann, der selbst nicht mehr vom Ärger bestimmt wird. Es ist der unbeobachtete Zeuge, das wahre Selbst.« Roberto Assagioli, ein italienischer Psychiater, hat diese Disidentifikationsübung entwickelt. Zuerst soll man seinen Körper spüren und sich dann bewusst machen, dass er wandelbar ist. Vom Körper soll man dann zum spirituellen Selbst zurückgehen, zum Zentrum reinen Bewusstseins, das den veränderlichen Körper beobachtet und selbst konstant und unveränderlich bleibt. Das macht unsere wahre Identität aus. Dieses spirituelle Selbst nennt Assagioli auch »ein Zentrum reiner Selbst-Bewusstheit und Selbst-Verwirklichung«.

Wir sind also mehr als das Ich, das sich behaupten möchte, das sicher und selbstbewusst auftritt. Das spirituelle Selbst ist die innere Heimat, in der wir ganz bei uns sind, in der wir entdecken, dass unser wahres Selbst von Gott geformt worden ist. Es ist das einmalige und unverwechselbare Bild, das Gott sich von uns gemacht hat. Es geht also nicht darum, nur selbstsicher und selbstbewusst aufzutreten. Wir sind mehr als das, was wir nach außen

> Das spirituelle Selbst ist die innere Heimat, in der wir ganz bei uns sind, in der wir entdecken, dass unser wahres Selbst von Gott geformt worden ist.

hin leben, ob wir da sicher oder unsicher sind, ob wir da stark oder schwach erscheinen. Daher ist es unsere Aufgabe, die eigene Selbsteinschätzung loszulassen. Es ist nicht wichtig, wie ich mich selbst einschätze, ob ich mich als besser und stärker beurteile als die anderen. Ich entdecke mein Selbst nicht, indem ich die Wunden meiner Kindheit betrachte und die Ängste analysiere, die von meinem mangelnden Selbstvertrauen herrühren. Entscheidend ist, dass ich das Geheimnis meines wahren Selbst entdecke. Für den transpersonalen Psychologen Bugental liegt unser Problem darin, dass wir unser Selbst immer außen suchen, in äußerer Bestätigung, in äußeren Erfolgen, in äußerer Sicherheit. Wir können es aber nur innen finden, in der inneren Welt unserer Seele, in unserer wahren Heimat: »Unsere Heimat liegt innen. Und dort sind wir souverän. Solange wir diese uralte Wahrheit nicht neu entdecken, und zwar jeder für sich und auf seine Weise, sind wir dazu verdammt, umherzuirren und Trost dort zu suchen, wo es keinen gibt – in der Außenwelt« (James Bugental). Es ist also zu wenig,

Unsere Heimat liegt innen. Und dort sind wir souverän. Solange wir diese uralte Wahrheit nicht neu entdecken, und zwar jeder für sich und auf seine Weise, sind wir dazu verdammt, umherzuirren und Trost dort zu suchen, wo es keinen gibt – in der Außenwelt

nach außen hin ein starkes Selbstbewusstsein zu entwickeln, gut aufzutreten, Kritik wegzustecken und mit Widerständen gut umzugehen. Dann erscheinen wir zwar nach außen hin selbstsicher und selbstbewusst. Aber unser wahres Selbst haben wir nicht entdeckt. So ist dieses Selbstbewusstsein auf Sand gebaut. Wir sind nicht wirklich in Berührung mit unserem wahren Selbst.

Mein wahres Selbst ist mehr als das Ergebnis meiner Lebensgeschichte, mehr als das Ergebnis meiner Erziehung und meiner Arbeit an mir selbst. Es ist etwas Gottunmittelbares, ein Geheimnis, weil Gott selbst sich darin auf einmalige Weise ausdrückt. Es ist das ursprüngliche Bild, das Gott sich von mir gemacht hat. Es ist das einzigartige Wort Gottes, das in mir Fleisch werden will. Es ist das Urwort Gottes, von dem Romano Guardini sagt, dass es einzig und allein diesen einen Menschen meint. Das Wort, das durch uns vernehmbar werden soll in der Welt. Das spirituelle Selbst ist dieses einmalige und unverwechselbare Wort Gottes, das in mir sichtbar und hörbar werden möchte.

Ich
und andere

Unser Leben spielt sich im Miteinander ab, im Miteinander der Nachbarschaft, der Firma, in der wir arbeiten, der Pfarrei oder der Gemeinde, in der wir uns engagieren, und in den vielen Kontakten, die wir täglich haben. Im Umgang mit den anderen werden wir konfrontiert mit eigenen Gefühlen und Lebensmustern. Im Gespräch mit einem Mann, der laut redet, erinnern wir uns an den Vater, vor dem wir Angst hatten, wenn er laut wurde. Und wir geraten dann ganz schnell in die Rolle des kleinen ängstlichen Mädchens oder des angepassten Jungen. Viele ärgern sich, wenn sie im Umgang mit anderen Menschen ihre alten Lebensmuster erleben. Sie meinen, sie müssten doch mit 50 oder 60 Jahren längst die Prägung der Kindheit hinter sich gelassen haben. Doch statt sich zu ärgern, sollten wir unsere Beziehung zu anderen Menschen als Chance nutzen, zu wachsen und uns unserer selbst immer bewusster zu werden. Die Begegnung mit anderen Menschen ist eine wichtige Quelle der Selbsterkenntnis und der persönlichen Reifung.

Ganz wesentlich ist: Wir müssen uns im Umgang miteinander von dem Zwang verabschieden, uns mit anderen zu vergleichen. Auch wenn wir uns nicht vergleichen möchten, werden solche Gedanken trotzdem in uns auftauchen. Dann wol-

> Die Begegnung mit anderen Menschen ist eine wichtige Quelle der Selbsterkenntnis und der persönlichen Reifung. Ganz wesentlich ist: Wir müssen uns im Umgang miteinander von dem Zwang verabschieden, uns mit anderen zu vergleichen.

len sie uns dazu einladen, bewusst Ja zu sagen zu uns selbst. Wir müssen nicht so sein wie die anderen. Wir sind wir selbst. Wir sind einmalig. Es geht nicht darum, besser oder stärker oder intelligenter zu sein oder besser auszusehen als die anderen. Es geht vielmehr darum, in Einklang mit uns selbst zu kommen. Wenn ich mit mir selber im Einklang bin, werde ich den anderen in aller Freiheit begegnen. Immer wenn ich mich unter Druck setze, ein ganz bestimmtes Bild abgeben zu müssen, wird das Miteinander anstrengend. Wenn wir uns erlauben, wir selbst zu sein, bekommt das Miteinander die Qualität von Freiheit und sie verbindet sich mit gegenseitigem Respekt. Wer seinen Wert in sich entdeckt, lässt auch dem anderen seinen Wert und kann sich daran freuen.

Wir können miteinander nur gut auskommen, wenn wir uns füreinander öffnen. Aber wir müssen uns gut abgrenzen. Es gibt Menschen, die keine Grenzen kennen. Sie zerfließen mit allen. Sie beziehen alles auf sich. Wenn sie im Bus fahren, haben sie den Eindruck, die beiden, die miteinander reden, würden über sie sprechen. Wenn zwei Menschen lachen, denken sie, sie würden sie über sie lachen. Wir neigen alle zu einer solchen Haltung: Wenn einer einen mürrischen Blick hat, glauben wir, er würde uns ablehnen oder unser Verhalten missbilligen. Alles beziehen wir auf uns. Dabei steht fest: Wir brauchen Grenzen, um den anderen gut begegnen zu können, ohne uns zu verausgaben und ohne uns von ihnen vereinnahmen zu lassen. Aber viele haben Angst, Nein zu sagen. Sie glauben, sie würden andere verletzen. Doch ein klares Nein kann eine klare Beziehung schaffen. Der andere weiß, woran er ist. Nähe und Distanz, Sich-Abgrenzen und Sich-Öffnen, auf den anderen zugehen und sich zurückziehen, all das braucht eine gute Balance. Wenn uns diese Balance gelingt, dann werden wir das Miteinander als Bereicherung erleben.

> Wenn wir uns erlauben, wir selbst zu sein, bekommt das Miteinander die Qualität von Freiheit und sie verbindet sich mit gegenseitigem Respekt. Wer seinen Wert in sich entdeckt, lässt auch dem anderen seinen Wert und kann sich daran freuen.

Liebe
und Partnerschaft

Wenn ich bei Kursen Gespräche anbiete, so kreisen fast 80 Prozent um Probleme der Partnerschaft und Freundschaft. Es ist offensichtlich nicht so einfach, ein Leben lang mit dem Ehepartner zusammenzuleben und mit ihm gemeinsam die Kinder zu erziehen. Das ist früher nicht viel anders gewesen. Es gab schon immer diese Beziehungsprobleme. Aber es gibt auch Gründe, warum sie heute anscheinend überhandnehmen. Da sind zu hohe Erwartungen an die Partnerschaft in einer Gesellschaft, die heute immer stärker individualisiert wird. Man möchte unter allen Umständen glücklich sein. Man möchte immer das Gefühl der Liebe in sich haben, die einen verzaubert und in Ekstase versetzt. Und die Idee der Machbarkeit, die heute alles Denken prägt, wirkt noch in die Ehe hinein. Man meint, auch das Gelingen einer Partnerschaft müsse doch machbar sein. Man bräuchte nur die Spielregeln guter Kommunikation zu befolgen, dann müsse doch die Ehe gelingen. Heute sind viele davon überzeugt, dass alle Konflikte, die in einer Ehe entstehen, auch gelöst werden müssen. Doch der Paartherapeut Arnold Retzer meint, in einer dauerhaften Ehe würden die Probleme nicht gelöst: »Sich einen dauerhaften Partner aussuchen heißt, sich ein paar dauerhafte Probleme aussuchen.« Es kommt nur darauf an, wie wir mit den Konflikten umgehen. Wer verbissen alle Probleme lösen will, der schafft neue. Es geht, so der Therapeut, darum, den »Schwierigkeiten nicht durch Verletzungen und Verächtlichmachungen zu begegnen, sondern mit Humor, Ablenkung, Zuneigung und Respekt«.

Es gab schon immer diese Beziehungsprobleme. Aber es gibt auch Gründe, warum sie heute anscheinend überhandnehmen.

Der Therapeut weist auch auf eine andere Belastung heutiger Ehen hin. Es ist der Anspruch auf Gerechtigkeit und Gleichheit. Doch wer auf absolute Gerechtigkeit und Gleichheit in der Ehe hofft, der ist zum Scheitern verurteilt. Statt den Anspruch auf gerechten Ausgleich aufrecht zu erhalten, ist es der Weg der Vergebung, der dauerhafte Ehen ermöglicht. »Man vergibt sich nichts, wenn man vergibt. Wer vergibt, verzichtet auf Ansprüche, die durch die Gerechtigkeitsillusion innerhalb der Partnerschaft entstehen. Das Wunder der Ehe entsteht weniger durch Versuche des Ausgleichs als vielmehr durch die Möglichkeiten der Vergebung.«

Hans Jellouschek sieht in neoromantischen Vorstellungen den Grund für das Scheitern vieler Ehen. Eine solche neoromantische Vorstellung ist, dass wir uns in der Ehe immer nahe sein müssen. Doch die Ehe gelingt nur, wenn das Verhältnis von Nähe und Distanz ausgeglichen ist. Eine andere neoromantische Vorstellung ist zum Beispiel, dass wir in der Ehe immer glücklich sein müssen. Doch Ehe ist keine »Glücksveranstaltung«, sondern ein Übungsweg, auf dem wir durchaus immer wieder Glück erfahren dürfen. Aber wer sich verspricht, gemeinsam glücklich zu sein, der übernimmt sich. Auch beim Thema Glück meinen viele, es sei machbar. Arnold Retzer spricht aus der Erfahrung des Therapeuten, wenn er sagt: Ehepaare, die an die Machbarkeit des Glücks glauben, sitzen »der Illusion unbedingter Selbstmächtigkeit auf, die vergessen machen will, dass Leben auch und vor allem geschieht und nur gelegentlich gestaltet wird, das Eheleben ohnehin«.

In meiner Begleitung habe ich immer wieder gespürt, dass die Ehe nur gelingen kann, wenn wir uns mit der Durchschnittlichkeit unserer Beziehung aussöhnen. Alle zu hohen Erwartungen an mich selbst und an den Partner führen zum Scheitern. Diese Aussöhnung mit der Realität unserer Beziehung geht aber nur über das Betrauern. Ich betrauere, dass unsere Ehe so ist, wie sie ist, dass der Partner meine Erwartungen nicht erfüllt, dass ich selbst meine eigenen Ansprüche nicht erfülle. Nur wenn wir die Durchschnittlichkeit unserer Beziehung und unserer selbst betrauern, kommen wir an das positive Potential heran, das auch in uns steckt. Und dann dürfen wir dankbar genießen, was unsere Ehe auch ist: dass wir treu zusammen stehen, dass wir uns aufeinander verlassen können, dass wir gemeinsam eine Familie gestalten, einen Haushalt meistern, füreinander da sind. Wenn wir aber unsere Durchschnittlichkeit nicht betrauern, dann werden wir entweder jammern über den Zustand unserer Ehe oder aber den anderen anklagen, dass er daran schuld ist, dass unsere Ehe so schwierig ist.

Ehe ist keine »Glücksveranstaltung«, sondern ein Übungsweg, auf dem wir durchaus immer wieder Glück erfahren dürfen.

Im Herzen
die Liebe

Jeder Mensch sehnt sich danach, zu lieben und geliebt zu werden. Ich höre immer wieder Menschen darüber klagen, dass niemand sie liebt, dass sie keinen haben, der sie einmal in den Arm nimmt. Sie sehnen sich nach einem Menschen, der sie zärtlich streichelt, von dem sie sich geliebt fühlen, für den sie der wichtigste Mensch auf der Welt sind. Wenn diese Sehnsucht ins Leere geht, bleiben sie oft im Selbstmitleid gefangen.

Da können die Worte des französischen Dichters Antoine de Saint-Exupéry verblüffend klingen, die in einem seiner Briefe stehen: »Ich sagte dir schon, die Sehnsucht nach Liebe ist Liebe.«

Es gibt keine Liebe ohne Sehnsucht und keine Sehnsucht ohne Liebe.

Die Sehnsucht nach Liebe ist bereits Liebe? Dieser Satz hat in der Tat etwas Tröstliches, wenn man seiner Wahrheit auf den Grund geht. In der Sehnsucht nach Liebe drücke ich ja aus, dass ich liebesfähig bin. Die Sehnsucht nach Liebe enthält also bereits Liebe. Ich erfahre in der Sehnsucht die Liebe, nach der ich mich sehne. Auch wenn ich die Liebe nicht spüren kann, so kann ich doch die Sehnsucht spüren. Ich kann meine Hand aufs Herz legen und die Sehnsucht nach Liebe fühlen, die in meinem Herzen auftaucht.

Peter Schellenbaum hat in seinen Büchern immer wieder auf die enge Verbindung von Sehnsucht und Liebe hingewiesen. Es gibt keine Liebe ohne Sehnsucht und keine Sehnsucht ohne Liebe. Wir bringen Sehnsucht und Liebe auch mit der gleichen Körperstelle in Verbindung, »nämlich mitten in der Brust auf der Höhe des Herzens, da, wo die an Liebe und Sehnsucht Leidenden ihre Hände hinpressen«. Wir vergewissern uns mit dieser Gebärde, dass in unserem Herzen die Liebe strömt, nach der wir uns sehnen.

Gerade die Spannung der Sehnsucht macht die Liebe wertvoll und erfüllt sie mit einer unergründlichen Tiefe. Wenn Liebesglück und unsägliches Sehnsuchtsleid so eng nebeneinander liegen, dann zeigt das auch: Die Liebe weist immer schon über sich hinaus. In ihr sehnen wir uns immer auch nach absoluter und bedingungsloser Liebe, nach ewiger Lust, die kein irdischer Partner, keine irdische Partnerin uns je geben kann.

Wie kann ich vergeben?

Ich bin seit mehr als 14 Jahren verheiratet. Ich erlebe gerade die Untreue meines Mannes. Es ist nicht das erste Mal. Das erste Mal war zu Beginn unserer Ehe. Damals war es ein noch größerer Schock. Ich liebe meinen Mann und möchte ihn nicht verlieren. Außerdem ist für mich das Eheversprechen für immer bindend. Ist es möglich, zu verzeihen, ohne dass Zweifel und Narben bleiben? Wie könnte ein Vergebungsprozess aussehen?«

Vergeben heißt nicht, dass Sie einfach die Dumme sind, die alles zulässt, was Ihr Mann tut, nur damit Sie ihn nicht verlieren. Auf diese Weise würden Sie sich selbst nicht ernst nehmen. Trotzdem ist Vergebung möglich. Doch die Vergebung braucht Schritte.

Der erste Schritt ist, dass Sie den Schmerz zulassen, den Ihnen Ihr Mann antut. Und Ihr Mann soll sich auch dieses Schmerzes bewusst sein, den er Ihnen zufügt. Sie müssen nicht die Tapfere spielen, nur damit er bei Ihnen bleibt. Stellen Sie sich dem Schmerz. Er tut weh. Der zweite Schritt ist, die Wut zuzulassen. Spüren Sie die Wut auf Ihren Mann, der Sie so verletzt hat. Die Wut ist die Kraft, Ihren Mann aus sich herauszuwerfen und eine gesunde Distanz zu ihm zu gewinnen.

Ihr Leben ist nicht allein von Ihrem Mann abhängig. Sie haben auch in sich eine Würde. Sie sind auch ohne Ihren Mann wertvoll. Diese Wut sollten Sie zugleich in Kraft verwandeln, Ihr Leben selbst in die Hand zu nehmen. Die Wut wird zum Ehrgeiz: »Ich kann selber leben. Ich bin nicht völlig von dir abhängig.«

Der dritte Schritt wäre, objektiv zu untersuchen, was da abläuft. Fragen Sie sich: Was drückt sich in der Untreue des Mannes für unsere Beziehung aus?

Dieses objektive Anschauen tut sicher auch weh. Aber es hilft, von einseitigen Schuldzuweisungen loszukommen.

Meldet sich da nicht der Traum von einer umfassenderen Liebe zu Wort? Dann werden Sie Ihrem Mann nicht nur Vorwürfe machen. Sie werden mit ihm darüber sprechen, wofür diese fremde Beziehung steht. Ist sie ein Zeichen, dass er unerfüllt ist? Hat er romantische und unreife Vorstellungen von Liebe und Ehe? Oder aber ist es eine Herausforderung, die eigene Ehe neu zu überdenken und zu überlegen, was da zur Routine geworden ist und wie sie wieder lebendiger gestaltet werden kann? Dieses objektive Anschauen tut sicher auch weh. Aber es hilft, von einseitigen Schuldzuweisungen loszukommen. Vielleicht ist die Untreue des Mannes auch eine Chance, sich der eigenen Wahrheit zu stellen und die eigene Beziehung lebendiger werden zu lassen. Manchmal fehlt uns die Freiheit in der Beziehung. Manchmal ist es die Leidenschaft der Liebe, die mit der Zeit schwächer geworden ist. Wenn Sie die Situation nicht allein mit Ihrem Partner klären können, dann wäre es gut, zur Eheberatung zu gehen. Wenn Ihr Mann dazu bereit ist, dann zeigt er damit, dass ihm an Ihrer Ehe liegt.

Nach diesen drei Schritten kommt erst der Akt der Vergebung. Vergebung ist zunächst ein Akt der Befreiung. Ich befreie mich von der negativen Energie, die durch die Verletzung in mir ist. Und ich befreie mich von der zu engen Bindung an den, der mich verletzt hat. Ich lasse seine Schuld bei

> Vergebung ist zunächst ein Akt der Befreiung. Ich befreie mich von der negativen Energie, die durch die Verletzung in mir ist.

ihm und kreise nicht ständig darum. Auch da kann es helfen, ein Ritual der Versöhnung – vielleicht gemeinsam mit dem Therapeuten – durchzuführen. In so einem Versöhnungsritual könnte man einen Schlussstrich unter die Verletzung durch die Untreue ziehen, das Alte begraben und neu anfangen. Vergeben heißt nicht, es sich selbst und dem anderen zu leicht zu machen. Die Untreue muss aufgearbeitet werden. Dann kann sie begraben werden. Dann wird sie nicht mehr zum Vorwurf gegen den anderen dienen, ein neues Miteinander wird möglich. Bei diesem Versöhnungsritual muss Ihr Mann Ihnen versprechen, dass er Sie nicht mehr durch Untreue verletzen wird. Er kann nicht versprechen, dass er sich nicht mehr verlieben wird. Aber er kann Ihnen die Gewissheit geben, dass er Sie nicht mehr heimlich betrügen wird, sondern ein eventuelles neues Verliebtsein in ein Paargespräch oder eine Paartherapie einbringen wird.

Wie die Liebe
unser Leben prägt

In einem Lehrgedicht (1 Kor 13,4-7) zeigt Paulus auf, welche Qualität die Liebe hat und wie sie konkret unser Dasein prägen kann. Die Liebe ist eine Kraft, die der Heilige Geist im menschlichen Herzen hervorruft, entweder durch die Erfahrung, von andern geliebt zu sein, oder durch eine spirituelle Erfahrung von Gottes Liebe. Man kann die Liebe weder als Gefühl noch als Willensakt bezeichnen. Sie scheint eine eigenständige Macht zu sein, die im Herzen des Menschen wirkt und alle seine Beziehungen betrifft: die Beziehung zum Nächsten, zu Gott, zur Schöpfung, zu den Dingen seines Lebens und zu sich selbst. Die Liebe prägt sein Denken, Fühlen, Wollen und Handeln. Sie ermöglicht eine neue Lebensqualität, eine neue Selbstwahrnehmung. Sie verwandelt den Menschen und verleiht ihm eine eigene Ausstrahlung. Auch wenn man noch so sehr über die Liebe nachdenkt, ist sie letztlich nicht zu fassen und zu greifen. Man kann sie nur beschreiben in ihren Auswirkungen:

Die Liebe ist langmütig, die Liebe ist gütig.
Sie ereifert sich nicht, sie prahlt nicht,
sie bläht sich nicht auf.
Sie handelt nicht ungehörig,
sucht nicht ihren Vorteil,
lässt sich nicht zum Zorn reizen,
trägt das Böse nicht nach.
Sie freut sich nicht über das Unrecht,
sondern freut sich an der Wahrheit.
Sie erträgt alles, glaubt alles, hofft alles,
hält allem stand.
Die Liebe hört niemals auf (1 Kor 13,4-8).

Die Liebe ist langmütig, sie hat Geduld, sie hat ein großes und weites Herz. Sie kann warten. Sie ist nicht kleinlich. Sie steht offen für den andern. Aber dieses weite Herz, der »große Mut«, bezieht sich nicht nur auf den Umgang mit andern. Wenn ich ein weites Herz habe, dann fühle ich mich anders. Ich bin frei, offen. Das Leben kann in mir strömen.

Ich werde mich nie auf das Negative fixieren, das ich bei mir oder andern wahrnehme. Das weite Herz ist das Gegenteil von »kleinkariert«, von engstirnig, verbohrt. Man spürt einem Menschen von seinem ganzen Wesen her an, ob er ein weites Herz hat oder einen kleinen Mut, einen engen Geist.

Die Liebe ist gütig. Das griechische Wort meint, dass sich die Liebe gut, aufrichtig, rechtschaffen verhält und dass sie heilsam ist, dass sie anderen gut tut und ihnen Heil bringt. Ein Mensch, der voller Liebe ist, tut dem andern gut. Er hat eine heilende Ausstrahlung. In seiner Nähe ist man gerne. Er sieht das Gute im andern und lockt es aus ihm heraus. Weil er an das Gute im Menschen glaubt, geht er auch gut mit ihm um.

Die Liebe ist nicht eifersüchtig. Das griechische Wort für Eifersucht kommt von der Vorstellung, dass einer innerlich kocht, dass er aufbraust und von der Leidenschaft heftig bewegt wird. Die Liebe hat eine andere Qualität. Sie strahlt Ruhe und Unabhängigkeit von andern aus. Sie steigert sich nicht in Eifersucht hinein, um den andern an sich zu fesseln, sondern sie lässt ihn frei. Schon der griechische Schriftsteller Maximus von Tyrus hat die Freiheit als das wichtigste Kennzeichen der Liebe gesehen: »Die Liebe hasst nichts so sehr wie Zwang und Furcht. Und sie ist stolz und vollkommen frei und freier sogar als Sparta.« Wer in sich Liebe spürt, der ist frei. Er vergleicht sich nicht mit andern. Er ist bei sich. Sein Herz ist nicht zerrissen von Leidenschaften. Die Liebe führt den Menschen zu sich selbst, zu seinem eigentlichen Wesen. Sie entspricht seinem innersten Sein.

> Schon der griechische Schriftsteller Maximus von Tyrus hat die Freiheit als das wichtigste Kennzeichen der Liebe gesehen: »Die Liebe hasst nichts so sehr wie Zwang und Furcht. Und sie ist stolz und vollkommen frei und freier sogar als Sparta.«

Die Liebe prahlt nicht. Sie hat es nicht nötig, anzugeben, sich aufzublähen, sich aufzublasen. In der Liebe bin ich einfach ich selbst. Ich zeige mich, wie ich bin. Ich habe nichts zu verstecken. Ich muss nicht mit irgendwelchen Leistungen prahlen, ich bin mit mir zufrieden, weil ich den Geschmack der Liebe in mir koste. Die Liebe macht das Leben lebenswert. Ich brauche nicht Bestätigung und Anerkennung. Die Liebe handelt nicht ungehörig, unanständig. Sie ist nicht formlos und hässlich. Die Liebe entspricht vielmehr dem Wesen des Menschen, und sie macht ihn schön. Sie bringt ihn in die Gestalt, die ihm angemessen ist. Erst wer liebt, ist wahrhaft Mensch, meint letztlich diese Aussage des Paulus. Die Liebe schaut nicht auf ihren Vorteil, sie sucht nicht das Eigene. Sie kreist nicht um sich selbst. Sie muss sich nicht behaupten, weil sie einfach da ist. Sie benutzt den andern nicht für sich, sondern nützt ihm. Sie erwartet nicht vom andern das Glück, sondern möchte ihn beglücken. Sie presst den andern nicht aus, um sexuelle Lust zu erfahren, sondern will mit ihm eins werden. Die Liebe ist frei von dem ständigen Kreisen um sich selbst, das der Angst entspringt, zu kurz zu kommen. Die Liebe kommt nicht zu kurz. Wer von Liebe erfüllt ist, der hat genug, der muss nicht immer noch mehr haben. Wenn Paulus sagt, dass die Liebe sich nicht zum Zorn reizen lässt, dann erscheint das auf den ersten Blick problematisch. Denn wo sollen wir mit unseren Aggressionen hin? Liebe und Aggression gehören offensichtlich eng zusammen. Das hat Peter Schellenbaum in seinem Buch »Das Nein in der Liebe« einleuchtend beschrieben. Ohne Aggression wird die Liebe zu einer Fessel, die den andern nicht frei lässt. Die Aggression hält die Spannung von Nähe und Distanz immer wieder aufrecht. Und ohne diese Spannung verliert sich die Liebe. Aggression und Liebe sind zwei Pole, die einander bedürfen. Paulus meint offensichtlich etwas anderes. Die Liebe lässt sich nicht aufreizen, scharf machen, sie steigert sich nicht zu hitziger Leidenschaft, zum Fieberanfall. Sie frisst sich nicht fest im Groll. Sie hat eher die Qualität von Ruhe und Kraft, von Wärme und Klarheit. Sie hat den Mut, dem andern zu sagen, wenn er einen verletzt hat, wenn man sich über ihn geärgert hat. Sie klärt die Missverständnisse. Sie schaut auch die Aggressionen an, die in jeder Liebe immer wieder aufsteigen und uns davor bewahren, in falsche Harmonie zu versinken.

> Nur der Kleinliche berechnet und rechnet ständig auf. Wer durch die Liebe weit geworden ist, hat es nicht mehr nötig, das Böse aufzurechnen.

Das griechische Wort für Zorn kommt von der Vorstellung »unzeitig, vorschnell, hitzig«. Die Liebe reagiert angemessen. Sie ist im Augenblick. Sie lässt sich durch verletzende Worte nicht aus dem gegenwärtigen Moment vertreiben. Sie ist nicht empfindlich. Der Empfindliche wird immer wieder aus dem Augenblick gerissen. Verletzende Worte bringen in ihm zum Vorschein, was sich unter der Oberfläche an Wut und Unzufriedenheit angesammelt hat.

Die Liebe trägt das Böse nicht nach. Sie stellt es nicht in Rechnung. Sie rechnet es nicht auf. In der Beziehung untereinander rechnen wir häufig einander auf, was der andere uns angetan hat. Das zahlen wir ihm heim. Wir meinen, eine gute Beziehung lebe vom Ausgleich. Wenn der andere mich verletzt hat, verletze ich ihn. Aber das gibt nie einen Ausgleich, sondern ein ständiges Aufrechnen, einen Teufelskreis der gegenseitigen Verletzung, der nie endet. Nur der Kleinliche berechnet und rechnet ständig auf. Wer durch die Liebe weit geworden ist, hat es nicht mehr nötig, das Böse aufzurechnen. Die Liebe besiegt das Böse, anstatt es aufrechnend zu vermehren. Die Liebe freut sich nicht am Unrecht, an der Verletzung, sondern sie freut sich an der Wahrheit. Sie freut sich daran, wenn der andere so zur Geltung kommt, wie er wirklich ist. Sie will ihn nicht durch Verletzung entwerten und ihn dadurch ins Unrecht setzen.

Paulus schließt die Beschreibung der Liebe mit vier zentralen Aussagen: »Sie erträgt alles, glaubt alles, hofft alles, hält allem stand« (1 Kor 13,7).

Diese Formel ähnelt den Hymnen, die Plato oder Maximus von Tyrus über die Liebe anstimmen. Auch hier dürfen wir nicht sofort auf die Beziehung zum andern schauen. Vielmehr ist die Liebe als absolute Macht gesehen, als Gottesgabe, die sich auf unser gesamtes Verhalten auswirkt. Die Liebe erträgt alles. Eigentlich heißt es: Sie deckt, beschirmt, bewahrt alles. Das griechische Wort dafür kommt von »Dach, Decke«. Die Liebe ist gleichsam ein Schutzdach, das uns davor bewahrt, dass die Feuchtigkeit in unser Haus eindringt, dass negative Stimmungen unser Haus besetzen. Die Liebe ist wie ein Haus, in dem wir wohnen können, ein Haus, in dem wir uns geborgen und beschirmt fühlen. Und wenn wir uns in unserem Haus daheim fühlen, können wir mit unserer Liebe auch dem andern ein schützendes Dach bieten, unter dem er sich geborgen und angenommen weiß. Die Liebe lädt auch andere in unser Haus des Lebens ein.

Die Liebe glaubt alles. Das griechische Wort »pisteuein« meint eigentlich »trauen, vertrauen«. Die Liebe ist getragen von einem grundsätzlichen Vertrauen in den Menschen, in das Leben, in Gott. Nur wenn ich einem glaube, kann ich ihn lieben. Das meint auch die deutsche Sprache, die glauben, lieben und loben von der gleichen Wurzel »liob« ableitet. »Liob« heißt gut. Glauben heißt dann gut sehen. Lieben bedeutet gut umgehen. Ich kann nur lieben, was ich für gut ansehe, wem ich traue. Das gilt vom Menschen genauso wie für Gott. Ich kann keinen Gott lieben, dem gegenüber ich ein abgrundtiefes Misstrauen habe. Die Liebe braucht das Vertrauen, aber sie drückt sich auch konkret im Vertrauen und Glauben aus. Indem sie an den Menschen glaubt, richtet sie ihn

Ich kann keinen Gott lieben, dem gegenüber ich ein abgrundtiefes Misstrauen habe. Die Liebe braucht das Vertrauen, aber sie drückt sich auch konkret im Vertrauen und Glauben aus.

auf und lockt in ihm das Gute hervor. Loben heißt, das Gute auch zu nennen. Indem ich das Gute ins Wort bringe, wird es wirklich und wirksam.

Die Liebe hofft alles. Hoffnung ist ein anderer Aspekt des Glaubens. Ich erwarte etwas von dem, den ich liebe. Ich traue ihm etwas zu. Ich habe Hoffnung für ihn, dass er sich entwickeln kann, dass das Gute in ihm immer stärker werden wird. Die Liebe durchbricht das Augenscheinliche. Sie sieht tiefer. Sie entdeckt im Menschen den guten Kern, der in ihm aufblühen möchte. Sie sieht in ihm die Zeichen von Lebendigkeit, von Echtheit, von Fähigkeiten und Möglichkeiten, die in ihm stecken. Und die Liebe erhofft alles von Gott. Sie traut Gott zu, dass er an uns und an den Menschen, die wir lieben, Wunder seiner Liebe wirken wird.

Die Liebe hält allem stand. Sie stellt sich unter den andern, um ihn zu stützen und zu tragen. Sie steht zu ihm, ganz gleich, wie er sich entwickelt und was er von sich offenbart. Sie bleibt bei ihm in allen seinen Irrungen und Verwirrungen. Sie vermag das nur, weil sie alles glaubt und alles hofft, weil sie das Gute im andern sieht und die Hoffnung hat, dass der gute Kern immer mehr zum Vorschein kommt. Sie ist wie eine Säule, auf die der andere sich stützen kann, die das Haus des Miteinanders trägt. In der Liebe wohnt eine Kraft. Das griechische Wort für Standhalten, »hypomenein«, kommt aus der Kriegssprache. Es bedeutet: bleiben, um einen feindlichen Angriff abzuwehren, sich dem Angriff stellen, nicht ausweichen. Die Liebe lässt sich nicht so leicht in die Flucht schlagen. Sie nimmt den Kampf gegen feindliche Mächte auf.

Sie glaubt an den Sieg. Sie ist stärker als alles, was das Leben untergraben möchte. »Die Liebe hört niemals auf« (1 Kor 13,8). Sie ist Erscheinung des Ewigen in der Zeit und hat daher niemals ein Ende, während alle anderen Gaben des Geistes vorläufig sind und im Tod ihr Ende finden.

Bei all diesen Aussagen des heiligen Paulus über die Liebe dürfen wir nicht sofort daran denken, dass wir dies oder jenes tun müssten, dass wir nicht zornig oder eifersüchtig sein dürfen, dass wir nie an uns selber denken sollen, sondern immer an den Vorteil des andern. Wenn wir aus der Beschreibung des Paulus nur die Forderung heraushören, wird die Liebe für uns zu einer Überforderung. Paulus beschreibt vielmehr, wozu die Liebe fähig ist. Die Liebe ist eine eigene Kraft. Manchmal spüren wir, dass wir voller Liebe sind. Die Frau, die mir erzählt hat, dass sie auf einmal ein tiefes Gefühl von Zärtlichkeit und Liebe in sich hatte, fühlte in sich keinen moralischen Druck, dass sie alle lieben müsse. Sie war einfach voller Liebe. Die Liebe strömte aus ihr heraus zu allen Menschen, zu den Blumen auf der Wiese, zu den Tieren, in ihr Zimmer, in ihren Leib. Es ist immer ein Geheimnis, wenn wir von der Macht der Liebe erfasst werden. Liebe ist dann eine Qualität des Erlebens, die nicht machbar ist. Sie ist göttliches Geschenk. Das meint Paulus, wenn er von der Liebe als Gabe des Heiligen Geistes spricht. Paulus will uns mit seiner Beschreibung der Liebe nicht überfordern, sondern einen Weg weisen, wie wir wahrhaft leben können, wie unser Leben einen neuen Geschmack bekommt, wie es vom Geschmack Jesu erfüllt und verzaubert wird.

Wir wissen oft nicht, warum wir gerade jetzt so voller Liebe sind und warum wir manchmal wochenlang trotz allen Redens von Liebe nichts von ihr spüren. Es ist immer ein Augenblick der Gnade, wenn ein menschliches Herz von Liebe erfüllt wird. Was wir dazu tun können, um diese Liebe in uns zu spüren, habe ich versucht zu beschreiben. Aber keine menschliche Anstrengung kann die Liebe hervorlocken. Gott selbst, so meint Paulus und so meinen es vor ihm die Griechen mit ihrem Mythos vom Eros, bewirkt im Menschen die Liebe. Liebe ist Ausdruck seiner Göttlichkeit. Liebe ist göttlich. Gott ist die Liebe. Wer in Gott ist, der ist auch in der Liebe. Und umgekehrt gilt auch: »Wer in der Liebe bleibt, der bleibt in Gott, und Gott bleibt in ihm« (1 Joh 4,16). Aber es genügt nicht, die göttliche Gabe der Liebe zu genießen. Wir müssen diese Liebe auch zu den Menschen und zur Welt hin fließen lassen. Wir müssen ihr durch neue Verhaltensweisen Ausdruck verleihen. Sonst stirbt sie ab. Sonst ersticken wir am Gefühl der Liebe. Die Liebe muss strömen, damit sie lebendig bleibt.

Erinnere dich auch immer wieder daran, dass es nicht so wichtig ist, wie lange du lebst, sondern nur, dass du intensiv und authentisch lebst. Lass deine Sorgen um dich los! Lass dich auf den Augenblick ein! Ich weiß, dass du nicht jeden Augenblick so bewusst leben kannst. Du wirst immer wieder aus deiner Mitte herausfallen. Du wirst dich immer wieder von außen bestimmen lassen. Aber lass keinen Tag vorübergehen, an dem du nicht wenigstens einen kurzen Augenblick ganz

Leben
spüren

du selbst bist, ganz eins mit dir und mit Gott, ganz durchlässig für Gott, der durch dich wirken und in dieser Welt sichtbar werden will. Werde dir jeden Tag einen Moment lang bewusst, dass Gottes Liebe dich durchdringt, dass sie mit jedem Einatmen in dich einströmt, damit sie in deinem Ausatmen hineinströmen kann in diese Welt. Wenn du daran glaubst, dann erkennst du das wahre Geheimnis deines Lebens. Dann bist du frei von allem Leistungsdruck. Dann spürst du, was Leben heißt. Dann wird durch dich diese Welt ein wenig heller und wärmer, menschlicher und bewohnbarer.

Werde dir jeden Tag einen Moment lang bewusst, dass Gottes Liebe dich durchdringt, dass sie mit jedem Einatmen in dich einströmt, damit sie in deinem Ausatmen hineinströmen kann in diese Welt.

Bin ich wirklich frei?

»Leben wie jeder will«, so hat Aristoteles Freiheit definiert. Er meinte damit die Möglichkeit, an der Gestaltung des Gemeinwesens mitzuwirken. Das galt in der Antike nur für einen kleinen Personenkreis. Das Christentum hat dazu beigetragen, dass auch die politische Freiheitsvorstellung erweitert wurde, weil es den einzelnen Menschen unmittelbar auf Gott bezog. Wie frei aber der menschliche Wille und das menschliche Handeln wirklich sind, dazu haben die Denker immer wieder unterschiedliche Positionen formuliert.

Die Philosophie sagt, dass der Mensch frei ist und sich frei entscheiden kann für das Leben oder für den Tod. Doch die Psychologie sieht diese Freiheit sehr eingeschränkt. Sie weiß, wie oft die Freiheit eine Illusion ist. Wir meinen, wir würden uns frei entscheiden. Aber in Wirklichkeit wiederholen wir alte Lebensmuster, die wir von Eltern und Großeltern übernommen haben.

> Die Philosophie sagt, dass der Mensch frei ist und sich frei entscheiden kann für das Leben oder für den Tod. Doch die Psychologie sieht diese Freiheit sehr eingeschränkt. Sie weiß, wie oft die Freiheit eine Illusion ist.

Die Hirnforschung hat unseren Begriff von Freiheit nochmals in Frage gestellt. Sie beobachtet, wie Entscheidungen im menschlichen Gehirn ablaufen. Allerdings kann die Hirnforschung nur beobachten, welche Instrumente während der Entscheidungsfindung im Gehirn genutzt werden, sie kann kein letztes Urteil über die Freiheit des Menschen abgeben.

Wir müssen aber trotzdem die Ergebnisse der Psychologie und der Gehirnforschung berücksichtigen, damit wir nicht naiv über die Freiheit sprechen. Natürlich sind wir geprägt – durch unsere persönliche Lebensgeschichte, durch unsere Gene, durch unsere Gehirnstruktur. Dennoch dürfen wir sagen, dass es eine letzte Freiheit gibt: Wir können uns für das Leben oder gegen es entscheiden. Wenn wir morgens aufstehen, liegt es in unserer Freiheit, wie wir zu unserem Leben heute stehen. Es liegt an uns, Ja zu sagen zu diesem

Tag, oder aber zu jammern, dass wir das oder jenes tun müssen und in unserer Freiheit eingeschränkt sind. Wir haben keine absolute Freiheit, aber doch eine relative. Und in dieser Freiheit entscheiden wir letztlich über uns selbst.

Dieser Gedanke ist natürlich nicht neu. Schon die stoische Philosophie der Antike hat immer wieder die Freiheit betont, die wir auch in dem haben, was uns vorgegeben ist. Wir können uns die Krankheit oder das Alter nicht aussuchen. Aber wie wir dazu stehen, das liegt in unserer Freiheit. Und die letzte Freiheit besteht darin, das, was uns vorgegeben ist, innerlich zu bejahen und uns darin für den zu entscheiden, von dem wir unser Leben annehmen.

Die Bibel sieht Freiheit noch einmal anders. Paulus hat die Existenz des Menschen so erfahren, dass er unter einem Zwang steht. Da ist einmal der Zwang, sich ständig vor andern beweisen oder sich vor Gott rechtfertigen zu müssen. Dann gibt es die Sünde als eine Macht, die uns im Griff hat. Wir tun nicht das Gute, das wir wollen, sondern das Böse, das wir nicht wollen (vgl. Röm 7,15 ff.). Freiheit besteht für Paulus in einer befreienden Erfahrung, die er in der Begegnung mit Christus gemacht hat. Wir brauchen unseren Wert nicht mehr zu beweisen. Wir sind bedingungslos angenommen. Diese Erfahrung hat Paulus den Galatern zugerufen: »Zur Freiheit hat uns Christus befreit« (Gal 5,1). Wer in Gott seinen Grund hat, der ist frei von der Macht der Menschen. Er richtet sich nicht nach ihren Erwartungen und Maßstäben. Diese Erfahrung ist letztlich die tiefste Erfahrung von Freiheit. Denn jetzt stehe ich nicht mehr unter der Herrschaft von Menschen. Sie können zwar äußerlich über mich herrschen, aber nicht über mein wahres Selbst. Das ist Freisein. Und von daher bestimmt sich auch der Sinn menschlichen Lebens neu.

> Die letzte Freiheit besteht darin, das, was uns vorgegeben ist, innerlich zu bejahen und uns darin für den zu entscheiden, von dem wir unser Leben annehmen.

Kann man sich
auf etwas verlassen?

Immer schnellere und immer tiefgreifendere Änderungen auf allen Ebenen und in allen Lebensbereichen bestimmen unsere Zeit. Wissen veraltet immer schneller. Technische Standards werden in immer hektischeren Zyklen revolutioniert. Auch soziale Gefüge, die noch zur Zeit unserer Eltern fest schienen, geraten in Auflösung. Bei all diesen Änderungen gibt es aber doch auch Unveränderliches, was in aller Flüchtigkeit bestand hat. So gibt es Werte, die bleiben. Die vier Kardinaltugenden, die die griechische Philosophie beschrieben hat, gelten auch heute noch: Gerechtigkeit, Tapferkeit, Mäßigung und Klugheit. Die Werte des Glaubens gelten auch heute noch: Glaube, Hoffnung und Liebe. Die Überzeugung, dass die Würde des Menschen unantastbar ist, ist zeitlos. Moden wechseln, Meinungen ändern sich, eine Strömung des Zeitgeists löst die andere ab. Darauf kann man sich nicht verlassen. Daher ist es wichtig, selber zu denken und nicht einfach nur die Gedanken der anderen zu übernehmen. Es ist wichtig zu wissen: Ich bin nicht auf Moden angewiesen und kein Produkt des Zeitgeists.

> **Die vier Kardinaltugenden, die die griechische Philosophie beschrieben hat, gelten auch heute noch: Gerechtigkeit, Tapferkeit, Mäßigung und Klugheit.**

Bei allem, was mir von außen entgegentritt, frage ich mich daher: Entspricht das meinem Denken? Kann ich das genauso sehen? Wie fühle ich mich, wenn ich das oder jenes höre? Ist das nur eine Mode-Meinung oder rührt es etwas in meinem Herzen an? Wenn unser Wissen sich immer schneller verändert, bleibt doch die Überzeugung: Wir können uns auf das verlassen, was der Weisheit entspricht, wie sie seit jeher von Menschen verkündet worden ist. Das heißt nicht, dass wir nichts Neues zulassen. Die Weisheit verlangt auch immer neu nach Wissen. Aber sie hat in sich ein Maß bereit, das zeigt, ob das Wissen dem Menschen nutzt und dem Wesen der Schöpfung und dem Geheimnis Gottes entspricht.

Wir erfahren im Alltag, dass wir uns auf Menschen oft nicht verlassen können. Da hat uns jemand Treue geschworen. Und doch verlässt er uns. Ein anderer scheint einen klaren Stand und eine überzeugende Meinung zu haben, doch dann verwickelt er sich in Skandale. Politiker richten sich nach dem Wind. Gerade in dieser Situation ist es wichtig, nicht zynisch, ironisch oder gar mit Resignation zu reagieren. Es gibt immer auch Menschen, auf die man sich wirklich verlassen kann, die einem nicht zu viel versprechen, die ehrlich und zugleich treu sind. Und es gibt einen letzten festen Grund meines Lebens, auf den ich mich verlassen kann: Sogar wenn ich mich selbst verlasse, weil ich es nicht bei mir aushalte, verlässt mich Gott nicht.

Für Kinder ist Verlässlichkeit besonders wichtig. Für sie ist es wichtig, darauf vertrauen zu können und daran zu glauben, dass ihr Engel sie nicht verlässt, auch wenn Eltern sie verlassen, dass ihr Engel mit ihnen geht und sie aushält, auch dort, wo sie sich selbst nicht aushalten können. Ein solches tiefes Vertrauen ermöglicht es ihnen, zu sich zu stehen und ihre Person zu entfalten. Nur solches Trauen gibt ihnen mitten in einer unsicheren Welt einen guten Stand. Menschen, die nie Verlässlichkeit erfahren haben, werden oft zu »Borderline-Patienten«. Sie haben keinen Halt. Und es braucht lange, bis sie Stabilität gewinnen.

Die Erfahrung zeigt, dass kein Mensch ohne Vertrauen leben kann. Selbst wenn er von ande-

Die Erfahrung zeigt, dass kein Mensch ohne Vertrauen leben kann. Selbst wenn er von anderen Menschen immer wieder enttäuscht worden ist, sehnt er sich nach Menschen, denen er vertrauen kann.

ren Menschen immer wieder enttäuscht worden ist, sehnt er sich nach Menschen, denen er vertrauen kann. Er hat in sich die Ahnung, dass er das Vertrauen braucht, um überhaupt einen festen Stand in dieser Welt zu haben. Und wenn ihn die Menschen immer wieder enttäuschen, dann sucht er sich einen anderen Halt. Auch das Vertrauen in Gott braucht normalerweise die Erfahrung menschlichen Vertrauens. Aber es gibt auch die Erfahrung, dass mangelndes menschliches Vertrauen uns dazu führt, unser Vertrauen in ihn zu setzen. Zumindest hat jeder in sich die Sehnsucht, vertrauen zu können. Und in der Sehnsucht nach Vertrauen ist schon anfanghaft Vertrauen in uns.

Es geht darum, Vertrauen zu gewinnen, Vertrauen zu vermitteln und zu stärken. Wir sollten gerade in einer Welt des ständigen Wandels selber Garanten der Zuverlässigkeit für andere werden. Das wird die Welt sinnvoller und besser machen.

Mich auf mich
selber verlassen

Wir erleben uns oft als unzuverlässig. Wir sind uns selbst nicht treu. Wir haben uns allerhand vorgenommen und spüren, dass wir trotz bester Vorsätze immer wieder in die alten Fehler fallen. Wir haben andern viel versprochen und halten es dann doch nicht. Auf unsere eigene Kraft können wir uns nicht verlassen. Die bricht oft genug zusammen. Aber zum Glück machen wir nicht nur solche Erfahrungen: In uns ist nicht nur die eigene Energie. In uns ist auch eine andere Kraft: die Gnade, die uns geschenkt ist. Auf sie können wir uns verlassen.

Wir entdecken in uns verschiedene Meinungen, Gefühle, Richtungen, nach denen wir uns ausstrecken. Unsere Stimmungen sind widersprüchlich und wechseln. Und wir spüren, dass wir uns oft genug ändern. Was wir vor zehn Jahren für heilig und unumstößlich gehalten haben, das gilt uns heute nicht mehr. Da ist es verständlich, dass manche, auch wenn sie nicht über den Zusammenhang nachdenken, an sich verzweifeln und sich lieber an irgendwelchen äußeren Autoritäten festklammern, an einem politischen Führer oder einem spirituellen Guru.

Und dennoch gibt es etwas in uns, auf das wir uns verlassen können. Wenn ich mich in die Stille begebe und in mich hineinhorche, höre ich erst einmal viele Stimmen. Ich spüre: Auf sie kann ich mich nicht verlassen. Aber wenn diese Stimmen verfliegen, wenn ihr Gewirr sich verflüchtigt, werden leise Stimmen in mir hörbar. In diesen leisen Impulsen meiner Seele spüre ich eine innere Stimmigkeit. Und ich spüre: Auf diese zarten Impulse kann ich mich verlassen. Ich halte sie erst noch einmal Gott hin, um im Gebet zu überprüfen, ob ich mir selbst etwas vormache. Im Gebet spüre ich die Qualität dieser leisen Stimmen in mir. Ich lasse mich ein auf den Geschmack dessen, was sie mir bedeuten. Wenn sie mich in größere Lebendigkeit, Freiheit, Frieden und Liebe hineinführen, dann sind sie von Gott. Dann kann ich mich darauf verlassen. Nur wenn sie mich eng machen, mich überfordern und in mir Angst auslösen, stammen sie eher aus dem eigenen Über-Ich: Dieses Über-Ich ist die unbewusste Instanz, die die Verbote der elterlichen Autorität und die Gebote der Gesellschaft in mir repräsentiert. Und dem soll ich nicht unbedingt trauen. Denn das meint es nicht immer gut mit mir.

Dort, wo ich mit meinem innersten Wesen in Einklang bin, bin ich auch eins mit Gott.

Dort, wo ich mit meinem innersten Wesen in Einklang bin, bin ich auch eins mit Gott. Und da erlebe ich, dass ich mich auf den Gott in mir verlassen kann und durch Gott auch auf mein wahres Selbst.

Angst –
Quelle des Lebens

Angst gehört wesentlich zu uns Menschen. Die Qualität unseres Menschseins hängt davon ab, wie wir mit unserer Angst umgehen. Verdrängung der Angst führt zur Erstarrung und verbraucht sehr viel Energie. Wer seine Angst unter Verschluss hält, dem fehlt die Energie zum Leben. Er fühlt sich oft erschöpft. Deshalb muss die Angst verwandelt werden. Dann wird sie zu einer Quelle des Lebens für uns, zu einer Quelle der Wahrhaftigkeit, der Klarheit und der Achtsamkeit. Der Weg zur Verwandlung geht über das Gespräch mit der Angst und über die Öffnung der Angst auf Gott hin. Wenn wir mit unserer Angst reden, wird sie uns auf wichtige Haltungen und Fehlhaltungen stoßen. Und wir werden im Gespräch mit unserer Angst immer wieder auf das Eigentliche unseres Lebens verwiesen. Im Grunde – so ist es die Überzeugung der Bibel – vermag nur Gott unsere Angst zu beruhigen. Aber der Glaube darf die natürlichen Bedingungen unserer Psyche nicht überspringen. Es gibt auch Ängste, die der Glaube an Gott nicht zu heilen vermag. Da braucht es die Demut, sich in die Urgründe und Ursachen seiner Angst hinabzubegeben und sich dem zu stellen, was uns da begegnet. Den Mut, unsere Angst anzuschauen und über sie zu reden, gibt uns oft ein Mensch, der uns begleitet, eine Therapeutin oder ein Seelsorger. Wir brauchen Menschen, die keine Angst vor unserer Angst haben. Vor ihnen und mit ihnen können wir über unsere Angst sprechen. Der Begleiter, der sich ohne Angst unserer Angst stellt, kann uns helfen, mit unserer Angst anders umzugehen. Aber letztlich kann uns ein Mensch die Angst nicht nehmen. Erst wenn wir zum innersten Grund unserer Seele gelangen, zu unserem göttlichen Kern, erst dann beruhigt sich die Angst.

Erst wenn wir zum innersten Grund unserer Seele gelangen, zu unserem göttlichen Kern, erst dann beruhigt sich die Angst. Denn dort, wo Gott in uns wohnt, hat die Angst keinen Zutritt mehr.

Denn dort, wo Gott in uns wohnt, hat die Angst keinen Zutritt mehr. Das Thema der Angst bewegt nicht nur den heutigen Menschen. Es hat die Menschen aller Zeiten berührt. Der Blick in die Bibel hat gezeigt, dass sie uns Wesentliches zur Angst sagen kann. Ich habe mich darauf beschränkt, Jesu Umgang mit der Angst nachzuzeichnen. Beim Meditieren der Evangelien hat mich die Angsttherapie Jesu fasziniert. So bin ich ihr nachgegangen und habe über sie nachgedacht auf der Basis der vielen Gespräche, die ich mit Menschen über ihre Angst geführt habe. Auch da ist es mir wie so oft bei anderen Fragen ergangen: Gerade wenn ich ein bestimmtes Thema behandle, tauchen im Gespräch diese Themen immer wieder auf. So bin ich gerade in der jüngsten Zeit immer wieder auf das Thema der Angst gestoßen. Die Menschen fingen an, von ihrer Angst zu erzählen. Wenn in einer Gruppe jemand auf seine Angst zu sprechen kam, bekamen auch die andern Mut, von ihrer Angst zu reden. Meine Erfahrung ist: Wenn wir es wagen, über unsere Angst zu sprechen, dann verliert sie ihre Macht. Wer nur gegen seine Angst kämpft, der weckt in ihr eine so starke Gegenkraft, dass er ständig um sie kreist und von ihr verfolgt wird. Wer sie jedoch liebevoll anschaut und sie sich zum Freund macht, den wird sie in eine größere Lebendigkeit und Freiheit führen, in eine neue Tiefe des Vertrauens und der Liebe. Und letztlich wird sie ihn zum letzten Grund unseres Lebens und unserer Liebe führen. Die Bibel zeigt uns sehr menschliche Wege, Wege voller Weisheit, mit unserer Angst umzugehen. Jesus wusste um die Ängste der Menschen. Er ist so auf die Menschen eingegangen, dass sie ihre Angst verloren, dass sie sich geborgen und getragen wussten von Gottes Güte und Barmherzigkeit. Jesu Umgang

Jesu Umgang mit der Angst will uns einladen, genauso gütig und barmherzig auf unsere Ängste zu schauen.

mit der Angst will uns einladen, genauso gütig und barmherzig auf unsere Ängste zu schauen. Dann werden unsere Ängste für uns zu Freunden, die uns begleiten, die uns auf das Wesentliche hinweisen und die uns bewahren vor allem Übermaß, mit dem wir uns oft überfordern. Die Angst wird uns begleiten, bis wir uns im Tod Gott hingeben. Aber sie wird uns nicht mehr im Griff haben. Mitten in unserer Angst dürfen wir immer wieder das tröstende und ermutigende und befreiende Wort Jesu hören: »Fürchte dich nicht!« Ein Exeget hat nachgezählt, dass das Wort »Fürchte dich nicht!« 365 mal in der Bibel vorkommt. Das ist für mich ein schönes Bild: Über jedem Tag steht das Versprechen Gottes, uns die Angst zu nehmen. Aber die Bibel rechnet auch damit, dass uns jeden Tag die Angst überfallen oder aus den Tiefen unseres Unbewussten aufsteigen kann.

Es ist also ein tägliches Thema: die Angst anzuschauen und sie zugleich im Blick auf Jesus Christus und im Vertrauen auf das ermutigende Wort Gottes zu verwandeln.

Angst
oder Vertrauen?

In jedem von uns ist Angst und Vertrauen. Es gibt keinen Menschen, der nur Angst hat oder nur Vertrauen. Doch oft sind wir auf die Angst fixiert. Die Angst hat ihre Berechtigung. Wenn wir keine Angst hätten, hätten wir kein Maß. Die Angst weist uns auf reale Gefahren hin und mobilisiert in uns Kräfte, uns gegen die Gefahr zu schützen. Und die Angst lädt uns immer wieder ein, unsere eigenen Grenzen zu akzeptieren. Doch es gibt auch Ängste, die uns lähmen. Wir können sie nicht einfach unterdrücken. Besser ist es, mit ihnen zu sprechen. Dann werden wir merken, wo die Angst uns auf falsche Grundannahmen aufmerksam macht. Vielleicht zeigt uns die Angst, dass wir zu hohe Idealbilder von uns aufgebaut haben, die wir aber nie verwirklichen können. Oder sie verweist uns auf die fatale Grundannahme, dass wir keine Fehler machen dürfen, weil wir sonst von den Menschen abgelehnt werden, oder dass wir uns nicht blamieren dürfen, weil wir sonst nichts wert sind. Andere Ängste verweisen uns auf das Wesen unseres Menschseins. Die Angst vor Krankheit und Tod können wir nicht ausrotten. Sie führt uns zu unserem wahren Selbst, das die Krankheit und den Tod überdauert.

Neben diesen persönlichen Ängsten gibt es die Angst um die Zukunft unserer Welt, die Angst vor Krieg und Terror, vor der Macht der organisierten Kriminalität, vor der zunehmenden Überalterung der Gesellschaft und vor wachsender Umweltzerstörung. Diese Ängste sind alle berechtigt. Sie wollen in uns Kräfte mobilisieren, gegen diese negativen Tendenzen in unserer Welt anzugehen und für das Gute zu kämpfen. Aber in diesem Kampf dürfen wir uns nie nur von der Angst treiben lassen. Letztlich braucht es das Vertrauen, dass das Gute stärker ist als das Böse. Angst allein ist ein schlechter Ratgeber. Angst kann Kräfte mobilisieren, aber es braucht das Vertrauen, um sie in die richtigen Bahnen zu lenken. Und es braucht Vertrauen und Hoffnung, um sich selbst und die Menschheit nicht aufzugeben, sondern an eine gute Zukunft zu glauben.

Es gibt Menschen, die andern gegenüber vertrauensselig sind und oft missbraucht werden. Vertrauen braucht immer auch ein realistisches Einschätzen der anderen Person oder der Situation. Aber Vertrauen als Grundhaltung ist die Voraussetzung, dass mein Leben gelingt. Dieses Vertrauen kann ich mir nicht einfach befehlen. Es ist mir hoffentlich als Urvertrauen geschenkt worden durch meine Eltern und durch meine Lebenserfahrung gewachsen und gestärkt worden. Ich kann daran arbeiten, das Vertrauen und die Zuversicht in mir zu stärken. Und wenn meine Lebensgeschichte mir vielleicht einen Mangel an Vertrauen beschert hat, kann der Glaube, dass Gott mich trägt, diesen Mangel ausgleichen oder beheben und mein Vertrauen stärken.

Sorge
um meine Kinder

Wenn ich einen Vortrag über die inneren Quellen halte, kommen in der Regel viele Fragen, etwa von der Art: »Wie komme ich in Berührung mit meiner Quelle, wenn ich von den Sorgen um meine Kinder gequält werde, die so andere Wege gehen?« Oder: »Wie kann ich aus der inneren Quelle leben, wenn ich von Angst heimgesucht bin oder von Depressionen niedergedrückt werde?« Viele sind so von äußeren Problemen bedrängt, dass sie sich davon aus ihrer Mitte drängen lassen. Sie haben den Eindruck, mit aller Kraft gegen die bedrängenden Situationen angehen zu müssen. Sie brauchen dabei sehr viel Energie – wie ein Kaninchen, das auf die Schlange starrt. Aus sich könnte das Kaninchen der Schlange leicht entkommen. Es ist ja viel schneller als sie. Aber die Fixierung nimmt ihm alle eigene Kraft und lähmt jede Kreativität. So ist es mit vielen Menschen, die so sehr und so ausschließlich auf das Äußere starren, dass sie ihre innere Quelle

> Viele sind so von äußeren Problemen bedrängt, dass sie sich davon aus ihrer Mitte drängen lassen. Sie brauchen dabei sehr viel Energie – wie ein Kaninchen, das auf die Schlange starrt.

darüber vergessen. Es ist daher ganz wichtig, bei sich zu sein. Und gerade bei äußeren Schwierigkeiten kommt es darauf an, sich selbst und die eigene Mitte zu spüren. Es gibt ganz einfache Hilfen dazu. Eine Hilfe kann schon sein, die Hand auf den Bauch zu legen und sich vorzustellen: Da in mir ist eine Quelle, da spüre ich Kraft, Kreativität, Phantasie. Ich darf mir selbst trauen. In mir ist die Lösung. Und ich kann weiter fragen: Was kommt in mir hoch, wenn ich mit mir in Berührung bin? Welche Idee steigt in mir auf? Natürlich kann ich die Sorge um die eigenen Kinder nicht einfach beiseiteschieben. Sie wird mich begleiten. Aber es ist meine Entscheidung, wie viel Macht ich den Sorgen gebe. Ich habe die Wahl: Ich kann mich mit den Sorgen quälen. Oder ich kann sie Gott übergeben. Dann wird der Blick auf Gott mich wieder mit meiner Quelle verbinden. In dem berühmten Lied von Georg Neumark »Wer nur den lieben Gott lässt walten« heißt es: »Was helfen uns die schweren Sorgen, was hilft uns unser Weh und Ach? Was hilft es, dass wir alle Morgen beseufzen unser Ungemach?« Und als Antwort gibt der Dichter den Rat: »Sing, bet und geh auf Gottes Wegen, verricht das Deine nur getreu und trau des Himmels reichem Segen, so wird er bei dir werden neu. Denn welcher seine Zuversicht auf Gott setzt, den verlässt er nicht.« Auch ein solches Lied kann uns helfen, Abstand zu gewinnen zu den Sorgen und wieder mit der inneren Quelle in Berührung zu kommen. Jesus hat uns in seinem Verhalten gezeigt, wie auf äußere bedrängende Situationen zu reagieren wäre. Als die Pharisäer ihm eine Frau brachten, die beim Ehebruch ertappt worden war, fühlte er sich in die Enge gedrängt. Er wusste, dass alles, was er sagte, gegen ihn verwendet werden konnte. Wenn er sich auf die Spielregeln der Pharisäer eingelassen hätte, hätte er verloren. Doch er tauchte ab. Er beugte sich bis auf den Boden und schrieb mit seinen Fingern in den Sand. Das war in dieser angespannten Situation für ihn der Weg, mit seiner inneren Quelle in Berührung zu kommen. Und auf einmal stand er auf und sagte den Umstehenden: »Wer von euch ohne Sünde ist, werfe als erster einen Stein auf sie« (Joh 8,7). Gegen diesen Satz waren die Pharisäer machtlos. Einer nach dem andern ging weg. Jesus hat sich also den Spielregeln der andern entzogen. Er hat innegehalten und im Innehalten seine eigene Mitte entdeckt. In seiner Mitte spürte er eine kreative Lösung in sich aufsteigen. In dieser Reaktion Jesu steckt für mich ein wichtiges Vorbild: Statt auf die anderen zu starren und mir den Kopf zu zerbrechen, wie ich ihre Erwartungen erfülle oder auf ihre feindlichen Attacken sinnvoll reagieren könne, muss ich zuerst einmal innehalten und mich selbst spüren. Wenn ich in meine Mitte komme, werde ich auch Lösungen entdecken, die aus der inneren Quelle entspringen und nicht aus der Reaktion auf die andern.

> Statt auf die anderen zu starren und mir den Kopf zu zerbrechen, wie ich ihre Erwartungen erfüllen oder auf ihre feindlichen Attacken sinnvoll reagieren könne, muss ich zuerst einmal innehalten und mich selbst spüren.

Die Botschaft
der Versöhnung

Eine zentrale Botschaft der Bibel ist die der Versöhnung. Wenn Paulus schreibt: »Wir bitten an Christi statt: Lasst euch mit Gott versöhnen!« (2 Kor 5,20), dann bezieht sich das sowohl auf die Versöhnung miteinander als auch auf die Versöhnung mit sich selbst. Jesus will den in sich zerrissenen Menschen mit sich selbst versöhnen, indem er ihm zusagt, dass Gott ihn trotz seiner Schuld annimmt. Wenn Gott ihm aber vergibt, soll er aufhören, sich selbst zu beschuldigen. Der Glaube an die Vergebung durch Gott muss sich darin ausdrücken, dass er sich nun auch selbst vergibt. Es hat keinen Zweck mehr, sich weiter zu beschuldigen und mit Schuldgefühlen zu zerfleischen. Die Vergebung, die Christus den Menschen nicht nur gepredigt, sondern auch durch seine eigene Person vermittelt hat, ermöglicht es uns, uns mit uns und unserer Vergangenheit auszusöhnen. Ich brauche die Augen nicht mehr zu verschließen vor meiner Schuld. Denn ich weiß, dass sie vergeben ist, dass sie mich nicht mehr von Gott trennt und auch nicht mehr von mir selbst und von den anderen Menschen. Schuld heißt Spaltung. Der Mensch, der sich schuldig fühlt, fühlt sich innerlich gespalten. Sein Selbstwertgefühl ist getrübt. Er hat die Beziehung zu sich und seinem wahren Kern verloren.

> Jesus will den in sich zerrissenen Menschen mit sich selbst versöhnen, indem er ihm zusagt, dass Gott ihn trotz seiner Schuld annimmt. Wenn Gott ihm aber vergibt, soll er aufhören, sich selbst zu beschuldigen.

Wenn Jesus einem Menschen die Vergebung Gottes zuspricht, dann ermutigt er ihn, zu sich zu stehen und neu zu beginnen. Den Gelähmten, dem er die Sünde vergibt, fordert er auf: »Steh auf, nimm dein Bett und geh!« Er soll sich von seiner Vergangenheit nicht lähmen lassen. Allein die Tatsache, dass er Schuld auf sich geladen hat, darf kein Grund sein, das Leben zu verweigern. Der ehebrüchigen Frau traut er zu, neu anzufangen. Er sagt zu ihr: »Auch ich verurteile dich nicht. Geh und sündige von jetzt an nicht mehr!« (Joh 8,11). Die Vergebung ermöglicht zugleich einen neuen Anfang. Jesus fordert die Frau heraus, und er stärkt ihr schwaches Ich. Er erniedrigt sie nicht, indem er ihr moralische Vorhaltungen macht oder ihr die

Last des Gesetzes aufbürdet, sondern er richtet sie auf, indem er ihr etwas zutraut. Sie ist in Sünde gefallen nicht aus reiner Lust, sondern weil sie nicht Nein sagen konnte, weil sie nicht klar war, weil sie nicht in sich ruhte. Jetzt spricht Jesus ihr Ich an. »Du kannst auch anders leben. Du hast Kraft. Versuche ein anderes Leben. Du wirst sehen, dass es dir guttut.« Jesus fordert keine Unterwerfung von der Frau, sondern er richtet sie auf, indem er sich an die Kraft wendet, die in ihr ist, und an die Würde, die sie eigentlich leben möchte.

Selbstvertrauen können wir in andern hervorlocken, indem wir ihnen etwas zutrauen. Das zeigt auch die Begegnung Jesu mit der Sünderin in Lk 7. Nachdem Jesus ihr die Sünden vergeben hat, sagt er zu ihr: »Dein Glaube hat dir geholfen. Geh in Frieden!« (Lk 7,50). Jesus lobt ihren Glauben. Er verstärkt das Positive, das die Frau getan hat, und bringt sie so mit ihrer guten Kraft in Berührung. Und er traut ihr zu: »Geh in Frieden! Zerfleische dich nicht mehr mit Schuldgefühlen. Es ist gut, was du getan hast. Jetzt kannst du in Frieden gehen, in Frieden mit dir selbst, in Frieden mit den Menschen. Du musst dich nicht mehr entschuldigen, dass du überhaupt da bist. Du bist wertvoll. Du hast Frieden, du hast volles und erfülltes Leben in dir. Lebe es nun!«

> Selbstvertrauen können wir in andern hervorlocken, indem wir ihnen etwas zutrauen. Das zeigt auch die Begegnung Jesu mit der Sünderin. Nachdem Jesus ihr die Sünden vergeben hat, sagt er zu ihr: »Dein Glaube hat dir geholfen. Geh in Frieden!« (Lk 7,50).

Glücklich sind
die Barmherzigen

Die moderne Gesellschaft und ihre Ökonomie stehen unter dem Zeichen des Marktes. Der Markt ist unbarmherzig. Nur der Stärkere kann sich durchsetzen. Die anderen bleiben auf der Strecke. Die Unbarmherzigkeit des Marktes scheint heute auch auf das gesellschaftliche Leben abzufärben. Der gnadenlose Wettkampf zwischen den Firmen setzt sich fort in einem unbarmherzigen Konkurrenzkampf innerhalb der Firmen. Da streben manche mit aller Macht nach oben und opfern ihr eigenes Leben der Karriere, aber auf dem Altar ihrer Karriere bringen sie auch Menschenopfer dar. Da werden andere kalt gestellt und zunichte gemacht. Alles soll nur dem eigenen Fortkommen und dem Fortschritt in der Ökonomie dienen.

Menschen werden nach ihrem Marktwert und ihrer Kaufkraft gemessen oder danach, wie gut sie sich »verkaufen«. Wer sich gut »verkaufen« kann, der ist etwas »wert«. Doch die seelischen Kosten dieses Denkens steigen ins Unermessliche. Zurück bleiben seelische Krüppel, die kein Gespür mehr haben für sich und für die Menschen in ihrer Umgebung. Da zählen nur noch die Zahlen, nicht mehr der Mensch.

Eine Welt ohne Mitleid wird immer brutaler. Der Mangel an Barmherzigkeit führt zur Verhärtung und zur Gewalt im Umgang miteinander.

Zur Barmherzigkeit gehören Mitleid und Mitleiden. Das Dritte Reich verkündete des Slogan »Mitleid ist Schwäche«. Und trotz aller Abwendung von der Ideologie des Dritten Reiches scheint dieser Slogan überlebt zu haben. Man merkt die grausame Haltung, die dahinter steckt, gar nicht mehr. Dieser Mangel an Kraft zum Mitleiden zeigt sich in unserem Umgang mit den Alten und Kranken. Auch sie werden nur noch nach finanziellen Gesichtspunkten beurteilt und behandelt. Leiden wird unzumutbar. Man muss es möglichst unauffällig entsorgen. Doch eine Welt ohne Mitleid wird immer brutaler. Der Mangel an Barmherzigkeit führt zur Verhärtung und zur Gewalt im Umgang miteinander.

Unser Umgang miteinander scheint immer mehr auf die biologische Ebene des Darwinismus herabzugleiten. Da kann sich nur der Stärkere durchsetzen. Die andern sterben aus. Wir beginnen schon im Kindergarten, um Kinder heranzuziehen, die möglichst leistungsfähig sind und sich im Konkurrenzkampf einer globalisierten Welt durchsetzen können. Auf die Psyche der Kinder wird kaum Rücksicht genommen. Alles wird unter finanziellem Gesichtspunkt gesehen. Die Entscheidungen der Politik und die Bewertungen der Menschen richten sich nur noch nach ökonomischer Rationalität.

In dieser kalten Welt wächst die Sehnsucht nach einer barmherzigeren Welt, nach einer Welt, in der wir nicht Opfer finanzieller Berechnungen werden, sondern in unserer menschlichen Würde geachtet werden. Wir sehnen uns nach Barmherzigkeit. Denn nur in einer barmherzigen Welt können wir ohne Angst leben, die nächsten zu werden, die als zu schwach aussortiert werden. Heinrich Böll, der sich durchaus kritisch mit der Kirche und dem Christentum auseinandergesetzt hat, hat ein Plädoyer für diese barmherzige Welt gehalten. Dass Jesus die Barmherzigkeit gepredigt und den Menschen erwiesen hat, dass er sich den Schwachen und Armen zugewandt hat, das ist für Böll Grund genug, Christ zu bleiben. Denn das macht die Welt barmherziger, auch wenn die Kirche selbst diese Barmherzigkeit in ihrem Umgang mit den Menschen nicht immer durchgehalten hat.

Jesus hat mitten in der unbarmherzigen Welt römischer Gewalt an der Barmherzigkeit festgehalten. Und er hat die selig gepriesen, die barmherzig sind. Denn sie werden Barmherzigkeit erfahren. Er hat an den Sieg der Barmherzigkeit und des Mitleids geglaubt, obwohl nach außen hin alles für deren Niederlage spricht. Seine Worte klingen auch in unsere unbarmherzige Zeit hinein und halten in uns die Sehnsucht nach einer barmherzigen Welt wach. Sie mahnen uns, diese Sehnsucht niemals zu vergessen, auch wenn wir oft genug den Eindruck haben, dass wir härter werden müssen. Das Wort Jesu klingt in uns nach und schlägt eine Bresche in die Unbarmherzigkeit der Welt. In der Wärme der Worte Jesu und in seiner Art, wie er zu den Jüngern und zu uns spricht, wird seine Barmherzigkeit in unserem Herzen Wirklichkeit.

> Wir sehnen uns nach Barmherzigkeit. Denn nur in einer barmherzigen Welt können wir ohne Angst leben, die nächsten zu werden, die als zu schwach aussortiert werden.

Wenn man wirtschaftliche Indikatoren über die globale Entwicklung liest und erfährt, dass das Durchschnittseinkommen in den 20 reichsten Ländern der Erde gegenüber den 20 ärmsten Ländern 37 mal höher ist und sich der Abstand in den letzten vierzig Jahren verdoppelt hat, dass unter den 100 größten Wirtschaftseinheiten der Welt 52 Konzerne, aber nur 48 Staaten sind, dann muss man zu dem Eindruck kommen: In der politischen Debatte wird heute über die ungerechte Güterverteilung in der Welt zu Recht diskutiert. In dieser Debatte wird betont: Die Armen haben keine wirkliche Chance, ihr Leben selbst in die Hand zu nehmen. Sie sind benachteiligt bei der Bildung. Es gibt keine Chancen-

Glücklich sind,
die nach Gerechtigkeit dürsten

gerechtigkeit. Die Ungerechtigkeit in der Wahrnehmung von Lebensmöglichkeiten führt zur Flucht in die reichen Länder. Die Bilder der Flüchtlinge, die in überfüllten Booten an den Küsten Europas ankommen und Todesgefahren auf sich nehmen, weil sie sich ein anderes, besseres Leben wünschen – und oft genug auch tatsächlich mit ihrem Leben dafür bezahlen –, haben sich in unsere Seelen eingebrannt. Hier in Europa erhoffen sich unzählige Afrikaner bessere Chancen für ihr Leben. Oft genug finden sie, wenn sie überhaupt lebend ankommen, nur Diskriminierung. Dabei handelt es sich keineswegs nur um individuelle Schicksale. Ungerechtigkeit führt letztlich immer wieder zu Kriegen. Sie steht hinter Wirtschaftskatastrophen. Sie verursacht tiefgreifendes Leid.

Der Ruf nach Gerechtigkeit wirkt sich aber auch unter weniger dramatischen Umständen aus. Hierzulande beobachten wir eine immer stärkere Verrechtlichung des Lebens. Alles wird reglementiert. Überall werden Gesetze aufgestellt. Die Juristen bestimmen mehr und mehr das Zusammenleben. Pascal Bruckner spricht von der Viktimisierung als gesellschaftlicher Tendenz. Viele fühlen sich als Opfer und versuchen, nun ihr Recht einzuklagen. Man vermag nicht mehr in Frieden miteinander auszukommen. Es gilt nicht mehr Treue und Glaube, sondern nur noch die rechtliche Absicherung. Und wo ein Fehler vorkommt, müssen Schuldige gefunden werden. Es kann ja nie sein, dass ich meine eigene Schuld zugebe. Diese zunehmende Verrechtlichung lässt die Welt immer kälter werden. Sie ist nicht das, was Menschen sich unter einem gerechten Leben erhoffen.

Im privaten Bereich scheinen viele das Gespür für Recht und Unrecht verloren zu haben. Sie übertreten die Rechte anderer und nehmen sich das, was sie brauchen, ohne jedes Unrechtsbewusstsein. Manager bedienen sich am Vermögen der Firmen und fordern gleichzeitig die Mitarbeiter auf, Lohnverzicht zu akzeptieren. Wenn wir manche Gerichtsurteile lesen, haben wir nicht den Eindruck, dass da Recht gesprochen wird, sondern dass im Gegenteil dem Stärkeren Recht gegeben wird. Große Firmen haben ihre Rechtsabteilung und treiben kleinere Handwerksunternehmen mit ihren Ver-

weigerungen, Anklagen und Prozessen in den Ruin. Viele sehen die Ungerechtigkeit und fühlen sich ohnmächtig, den Schwachen Recht zu schaffen.

In dieser ungerechten Welt sehnen sich die Menschen nach wahrer Gerechtigkeit, nach einer Welt, in der gerechte Verteilung der Güter und Chancen herrscht, in der man jedem Menschen gerecht wird, den Armen genauso wie den Reichen, den Starken genauso wie den Schwachen. Und sie sehnen sich danach, richtig, gerecht zu leben, sich selbst und den Menschen in der Umgebung gerecht zu werden. Es ist die Sehnsucht nach einem Leben, in der alles richtig geordnet ist, in der alles stimmt. Tief in den Menschen ist die Überzeugung: Nur wo Gerechtigkeit herrscht, kann Frieden aufblühen.

Und nur wenn ich meinem Wesen gerecht werde, vermag ich richtig zu leben.

> In dieser ungerechten Welt sehnen sich die Menschen nach wahrer Gerechtigkeit, nach einer Welt, in der gerechte Verteilung der Güter und Chancen herrscht, in der man jedem Menschen gerecht wird, den Armen genauso wie den Reichen, den Starken genauso wie den Schwachen.

Nicht zu
vereinnahmen

Biblische Religion lebt aus der Sehnsucht. Der Begründer der »Kritischen Theorie« und der Frankfurter Schule, Max Horkheimer, sieht in seiner jüdischen Wurzel, die dies immer bewusst hielt, einen Grund dafür, dass er auch als Philosoph für die Theologie eintritt. Als Theologie versteht er dabei nicht die Wissenschaft von Gott, sondern »die Sehnsucht danach, dass der Mörder nicht über das unschuldige Opfer triumphieren möge«. Für ihn hat die Religion eine wesentliche Aufgabe in dieser Welt. Sie soll »dem Menschen bewusst machen, dass er ein endliches Wesen ist, dass er leiden und sterben muss; dass aber über dem Leid und dem Tod die Sehnsucht steht, dieses irdische Dasein möge nicht absolut, nicht das Letzte sein«. Horkheimer spricht von der Sehnsucht nach dem ganz Anderen. Gott selbst kann man sich nicht mehr vorstellen. Und als Jude vertritt er das alttestamentliche Gebot, dass man sich von Gott kein Bild machen solle, »dass Gott nicht darstellbar ist, dass aber dieses Nicht-Darstellbare der Gegen-

stand unserer Sehnsucht ist«. Die Religion hat die Aufgabe, die Sehnsucht nach dem ganz Anderen wach zu halten. Die Sehnsucht verlangt nach konkreten Ausdrucksformen. Indem der Mensch in der Kirche oder in der Synagoge Liturgie feiert, indem er die Gebote Gottes beachtet, hält er seine Sehnsucht nach dem ganz Anderen lebendig. Daher ist Horkheimer skeptisch, wenn sich die Religion allzu sehr den weltlichen Maßstäben anpasst. »Religion kann man nicht säkularisieren, wenn man sie nicht aufgeben will.« Sie braucht das Sperrige, weil gerade das in dieser Gesellschaft die Sehnsucht nach dem ganz Anderen wach hält.

Die Sehnsucht nach dem ganz Anderen ist nicht eine Flucht vor der Wirklichkeit. Für Horkheimer ist sie vielmehr »die Sehnsucht nach vollendeter Gerechtigkeit. Diese kann in der säkularen Gesellschaft niemals verwirklicht werden.« Die Religion als Sehnsucht nach vollendeter Gerechtigkeit ist also ein Stachel, sich für diese Welt einzusetzen. Aber zugleich kritisiert sie jeden Versuch, absolute Gerechtigkeit hier schon verwirklichen zu wollen. Für Horkheimer gibt es keine Liebe ohne Sehnsucht. Die Sehnsucht hält die Liebe lebendig. »Liebe gründet in der Sehnsucht, in der Sehnsucht nach der geliebten Person. Sie ist nicht frei vom Geschlechtlichen. Je größer die Sehnsucht nach Vereinigung mit dem geliebten Menschen ist, umso größer ist die Liebe.« Sein Verständnis von Liebe drängt Horkheimer dazu, die umstrittene Pillenenzyklika von Papst Paul VI. zu verteidigen. Damit stieß der große alte Philosoph seine studentischen Anhänger völlig vor den Kopf. Doch er sieht seine Pflicht als kritischer Philosoph darin, »den Menschen klarzumachen, dass wir für diesen Fortschritt einen Preis bezahlen müssen und dieser Preis ist die Beschleunigung des Verlustes der Sehnsucht, letztlich der Tod der Liebe.« Ohne Sehnsucht – so seine Überzeugung – »verliert die Liebe ihre Basis«.

Religion hat die Aufgabe, die Sehnsucht nach dem ganz Anderen wach zu halten. Das hat gesellschaftliche Auswirkungen – und es hat Folgen für das persönliche Leben. Die manchmal so altmodisch erscheinende Religion darf sich nicht völlig dem Zeitgeist anpassen. Sonst verliert sie ihre kritische Funktion. Die Religion darf nicht so tun, als wisse sie Bescheid, wer Gott ist. Sie muss vielmehr die Unsichtbarkeit und Unbegreiflichkeit Gottes in dieser Welt bezeugen und die Menschen in ihrer Sehnsucht ansprechen. Horkheimer wehrt sich dagegen, diese Sehnsucht nach dem ganz Anderen und die Sehnsucht nach Ewigkeit zu verweltlichen. Denn das würde das Ende der Religion bedeuten.

> Die manchmal so altmodisch erscheinende Religion darf sich nicht völlig dem Zeitgeist anpassen. Sonst verliert sie ihre kritische Funktion. Die Religion darf nicht so tun, als wisse sie Bescheid, wer Gott ist.

Diese Gedanken formulieren im Grunde, was auch große christliche Denker im Blick auf die Sehnsucht sagen: Sehnsucht ist etwas, über das diese Welt nicht verfügen kann. Sie kann von der Gesellschaft nicht vereinnahmt werden. Denn sie geht über diese Welt hinaus. Die Sehnsucht muss transzendent sein und diese Welt übersteigen. Sie muss ihre Heimat im ganz Anderen haben. Aber gerade indem ich mit dieser Sehnsucht nach vollendeter Liebe, vollendeter Gerechtigkeit, absoluter Heimat in Berührung bin, kann ich in dieser Welt leben, ohne mich von ihr bestimmen zu lassen. Ich bewahre die kritische Distanz zur Welt, die es mir ermöglicht, mich für diese Welt einzusetzen und an der Verbesserung der gesellschaftlichen und wirtschaftlichen Verhältnisse mitzuarbeiten. Die Sehnsucht nach dem ganz Anderen ist der Stachel, politische Ideologien zu entlarven und Verabsolutierungen von Ideen zu demaskieren. Zugleich ist sie der Stachel, über den gegenwärtigen Zustand der Gesellschaft hinauszuschauen und so diese Welt menschlicher zu gestalten. Die Sehnsucht also braucht in dieser Welt gerade Räume, die der Welt entzogen sind, damit sie Kraft genug bekommt, in die Welt hineinzuwirken. Sie muss aus der Welt ausziehen und sich im Raum des Religiösen, im Kult, in den Ritualen, in der Erfüllung der Gebote immer wieder ihrer selbst bewusst werden. Nur dann wird sie diese Welt aufbrechen für das Nicht-Darstellbare, für die Utopie, für das Noch-Nicht, von dem der andere jüdische Philosoph, Ernst Bloch, immer wieder schreibt.

Sinn
und Orientierung

Viele erfahren das Leben als anstrengend und mühevoll, weil sie keinen Sinn in ihrem Leben erkennen. Sie wissen nicht, was sie eigentlich wollen. Viktor E. Frankl, ein jüdischer Psychologe, hat die geistige Dimension als Faktor von Gesundheit und Krankheit erkannt. Er sieht in der Erfahrung von Sinnlosigkeit heute die häufigste Ursache von Neurosen und spricht in diesem Zusammenhang von noogener Neurose. Das sind Neurosen, die durch Probleme mit Sinnfragen ausgelöst werden. Frankl hat im KZ die Bedrohung des Lebenssinnes selber hautnah und auf schreckliche Weise erlebt. Er stand die Sinnlosigkeit des KZs durch, weil er für sich selbst einen Sinn für sein Leben entdeckt hatte. Immer mehr Menschen fragen sich heute, in einer wesentlich weniger extremen Situation, warum sie überhaupt leben und welchen Sinn ihr Leben haben könnte. Die Sinnlosigkeit raubt ihnen alle Energie. Sie lässt ihre inneren Quellen grundlos versiegen. Ich erlebe in Gesprächen immer wieder Menschen, die darüber jam-

> **Immer mehr Menschen leiden heute an Orientierungslosigkeit. Sie sind auf einem Weg. Aber sie wissen gar nicht, ob sie ihn wirklich weitergehen möchten.**

mern, dass ihnen so vieles misslingt. Sie probieren manches aus. Aber weil sie kein Ziel haben, können sie auch nicht konsequent auf dem Weg bleiben, den sie beschritten haben. Sie wissen ja nicht, ob er überhaupt weiterführt. Sie verfolgen kurzfristige Ziele, sei es Berufsausbildung, Studium oder eine Partnerschaft. Aber dann wissen sie nicht, ob sie den Beruf überhaupt möchten und was sie mit dem Studium anfangen können. Sie möchten heiraten, aber zugleich zweifeln sie daran, ob sie überhaupt mit dem Partner oder der Partnerin zusammenpassen. Immer mehr Menschen leiden heute an einer solchen Orientierungslosigkeit. Sie sind auf einem Weg. Aber sie wissen gar nicht, ob sie ihn wirklich weitergehen möchten. Sobald sich Hindernisse in den Weg stellen, verlieren sie ihre Energie. Sie haben gar keine Motivation weiterzukämpfen. Sie fragen sich, ob es sich überhaupt lohnt, zu leben und sich anzustrengen. Manche sehen keinen Sinn in ihrem Leben, weil sie zu hohe Erwartungen an sich selber haben. Sie spüren die Ohnmacht, angesichts der Weltsituation die Verhältnisse zu verbessern. Sie haben als Einzelne keine Chance, den Frieden in der Welt zu schaffen. Sie sind fixiert auf die Probleme der Welt und meinen, es sei sinnlos, dagegen anzugehen. So übersehen sie den Sinn, den sie ihrem Leben geben könnten. Meinen Sinn finde ich nicht dadurch, dass ich die ganze Welt verändere. Der erste Sinn meines Lebens besteht darin, dass ich das einmalige Leben, das Gott mir geschenkt hat, auch lebe, dass ich meine persönliche Lebensspur in diese Welt eingrabe. Jeder von uns steht morgens auf. Er begegnet Menschen, spricht mit ihnen, schaut sie an. Jeder hat mit seinem Gesicht eine Ausstrahlung. Jeder verbreitet mit seiner Stimme eine Stimmung und erzeugt mit seinen Worten um sich herum eine Atmosphäre. Was wollen wir in unsere Umgebung hinein ausstrahlen? Darüber sollten wir uns zuerst einmal Gedanken machen. Denn das ist unser Beitrag, diese Welt menschlicher zu gestalten. Es geht nicht in erster Linie um Leistung. Es geht um Stimmigkeit. Jeder Mensch ist einmalig. Der

> Um zu erkennen, was mein Auftrag in dieser Welt ist, muss ich also zunächst und vor allem ehrlich auf meine Lebensgeschichte und auf meine Anlagen schauen.

Sinn meines Lebens besteht nicht in erster Linie darin, Großes zu Wege zu bringen, sondern das eigene Leben so authentisch zu leben, dass das, was Gott mir geschenkt hat, für diese Welt fruchtbar wird. Wenn ich den Sinn meines eigenen Lebens erkannt habe, werde ich auch genügend Kraft haben, etwas für diese Welt zu tun, was sie menschlicher macht. Um zu erkennen, was mein Auftrag in dieser Welt ist, muss ich also zunächst und vor allem ehrlich auf meine Lebensgeschichte und auf meine Anlagen schauen. Ich muss mein Maß finden und meine Berufung erkennen. Das kann ich am besten, wenn ich in mich hineinhorche

> Sinnlosigkeit macht den Menschen krank. Daher muss der Mensch bei allem, was er tut, immer auch nach dem Sinn fragen.

und beobachte: Wo fühle ich mich lebendiger? Wo strömt in mir Energie? Wo wird mein Herz weit? Bei welcher Alternative entstehen in mir Frieden und Freude? Jeder Mensch hat eine besondere Berufung, sein Leben zu leben und dadurch einen Beitrag zu leisten, dass diese Welt immer mehr dem ursprünglichen Schöpfungswillen Gottes entspricht. Ich erlebe viele Menschen, die die verschiedenen Möglichkeiten aufzählen, die sie eigentlich verwirklichen könnten. Aber bei jeder Möglichkeit gibt es für sie Hindernisse und Fragen. Sie wissen nicht, ob es sich lohnt, sich anzustrengen, um das Studium zu schaffen. Sie wissen nicht, ob sie sich an diese konkrete Frau oder diesen bestimmten Mann wirklich binden oder nicht doch lieber auf die Traumfrau oder den Traummann warten sollen. Diese Unsicherheit lähmt sie. Die Folge: Das Leben insgesamt ist für sie zu anstrengend. Doch wenn man es von außen her betrachtet, müsste das nicht so sein: Sie leben in geordneten Verhältnissen. Sie haben genügend Geld. Sie sind gesund. Doch die Sinnlosigkeit raubt ihnen jeden Lebenswillen. Sie können sich für nichts entscheiden und für nichts engagieren. Ihre Zweifel überschatten alles. Nichts gibt ihnen Sinn und Richtung. So können sie ihr Leben nicht ausrichten. Ihre Energie verpufft richtungslos und ziellos. Für die pessimistische Psychologie eines Sigmund Freud gibt es keinen Sinn des Lebens: »Den Sinn des Lebens gibt es nicht. Wer nach dem Sinn des Lebens fragt, ist krank!« Dagegen setzt die Logotherapie Viktor Frankls auf den Sinn des Lebens als die gesundmachende Kraft. Allerdings gibt Frankl keine allgemein gültige Antwort wie etwa die christliche Tradition, für die der Sinn des Lebens die Erkenntnis Gottes bzw. die Vergöttlichung des Menschen ist. Alfried Längle, ein Schüler Viktor Frankls, versteht unter Sinn »eine besondere Art der Gestaltung der Situation«. Sinnlosigkeit – davon ist Frankl überzeugt – macht den Menschen krank. Daher muss der Mensch bei allem, was er tut, immer auch nach dem Sinn fragen. Und wenn er mit Leid und Krankheit konfrontiert wird, stellt er umso bohrender die Frage nach dem Sinn des Ganzen. Frankl beschreibt drei »Hauptstraßen zum Sinn«: die Erlebniswerte, schöpferische Werte und Einstellungswerte. Wenn ich etwas intensiv erlebe, etwa die Schönheit einer Blume oder die Harmonie einer mozartschen Symphonie, dann ist dieses Erlebnis voll von Sinn, auch wenn ich dabei nicht an den Sinn denke. Wer mit allen Sinnen lebt, der erlebt das Leben auch als sinnvoll. Zum Sinn gehört es aber auch, dass der Mensch sein Leben selbst in die Hand nimmt und es gestaltet, dass er schöpferisch damit umgeht. Dabei geht es nicht um große Werke, die jemand vorweisen kann. Viktor Frankl meint genau das, wenn er sagt: »Der Roman, den einer gelebt hat, ist noch immer eine unvergleichlich größere schöpferische Leistung als der, den jemand geschrieben

hat.« Die Bibel drückt den schöpferischen Wert des Menschen mit dem Bild der Sendung aus. Der Mensch ist von Gott in die Welt gesandt, um diese Welt zu gestalten, zu hegen und zu pflegen. Sinnvoll wird das Leben erst, wenn der Mensch seinen Auftrag erkennt, den er in dieser Welt hat, und ihn auch lebt.

Wenn ich etwas intensiv erlebe, etwa die Schönheit einer Blume oder die Harmonie einer mozartschen Symphonie, dann ist dieses Erlebnis voll von Sinn, auch wenn ich dabei nicht an den Sinn denke. Wer mit allen Sinnen lebt, der erlebt das Leben auch als sinnvoll.

Mein Tagesablauf

Um zu zeigen, wie so eine gesunde Lebenskultur aus dem Evangelium aussehen könnte, möchte ich meinen Tageslauf mit den persönlichen und gemeinsamen Ritualen, die ich als Benediktinermönch seit vierzig Jahren lebe, beschreiben – nicht, um mich als Vorbild hinzustellen, sondern um dem Leser Anregungen für sein eigenes Leben zu geben.

Um 4.40 Uhr läutet bei uns die Hausglocke. Ich mache sofort das Licht an und höre in mich hinein, ob da noch ein Traum präsent ist oder welches Gefühl die Träume dieser Nacht in mir hinterlassen. Wenn mich der Traum näher interessiert, schreibe ich ihn gleich auf. Dann stehe ich auf mit dem Gebet: »Ich stehe heute in deinem Dienst. Segne du diesen Tag!« Ich wasche mich und ziehe mich an und gehe dann bewusst in den halbdunklen Kreuzgang, wo ich mich von Gottes Gegenwart eingehüllt fühle.

Es ist jedes Mal ein geheimer Schauer, so früh am Morgen durch den Kreuzgang zum Gebet zu gehen, das dann um 5.05 Uhr beginnt. Wenn ich die Kirche betrete, nehme ich bewusst Weihwasser und bekreuzige mich in Erinnerung an meine Taufe, in der ich Christus übereignet wurde, und als Zeichen, dass all mein Tun heute aus der Quelle seiner Gnade und seiner Liebe und nicht aus eigener Kraft strömt.

Das erste Wort des Tages ist das dreimalige Gebet: »Herr, öffne meine Lippen, damit mein Mund dein Lob verkünde.« Dabei zeichne ich mit dem Daumen das Kreuz auf meine Lippen, um auszudrücken, dass alle Worte, die ich heute sagen werde, letztlich Gott verherrlichen sollen. Die Vigil (Stundengebet zur Nachtwache) und die Laudes (Morgenlob), die wir gemeinsam rezitieren, bestehen vor allem aus Psalmen. In ihnen fühle ich mich verbunden mit den Menschen, die mir von ihrer Not erzählt und mich um Fürbitte gebeten haben, aber auch mit allen, von denen die Psalmen in ihren archetypischen Bildern erzählen. Es ist nicht mein Privatvergnügen, so früh schon zu beten. Ich tue es stellvertretend für die Menschen, die nicht mehr beten können, die stumm geworden sind in ihrer Verzweiflung. Und ich bete die Psalmen gemeinsam mit Christus, um einzutauchen in seine Liebe zum Vater und um die Welt bewusst von Christus her zu meditieren. Natürlich bin ich manchmal noch recht müde dabei. Aber wenn wir nach jedem Psalm aufstehen und uns zum »Ehre sei dem Vater« tief verbeugen, dann sammelt sich in dieser Gebärde die Sehnsucht, mit meiner ganzen Existenz in Gott einzutauchen, Gott zu verherrlichen und ihm zu dienen.

Nach der Laudes gehe ich um 5.45 Uhr in meine Zelle, zünde vor einer Christusikone eine Kerze an und meditiere 25 Minuten davor mit dem Jesusgebet »Herr Jesus Christus, Sohn Gottes, erbarme dich meiner«, das ich mit dem Atemrhythmus verbinde. Es ist für mich eine heilige Zeit, in der ich spüre: Da hat jetzt niemand Zutritt. Die Leute, die heute zu mir kommen und etwas von mir wollen, erreichen mich hier nicht. Hier bin ich ganz frei. Hier bin ich allein mit meinem Gott. Natürlich ist die Meditation oft auch zerstreut und unruhig. Aber immer wieder erahne ich auch diesen inneren Raum der Stille in mir, in dem Gott selbst in mir wohnt mit seiner Liebe und Barmherzigkeit, in dem ich in Einklang bin mit mir selbst. Das gibt mir das Gefühl von Heimat und Geborgenheit und von Stimmigkeit: Es ist gut, dass du hier bist, dass du Mönch bist. Es ist alles gut.

Wenn die Hausglocke um 6.10 Uhr läutet, gehe ich langsam in die Sakristei, um mich für die Eucharistiefeier mit Albe und Stola zu bekleiden. Alles geschieht in Stille. Und bis zum gemeinsamen Einzug stehen wir noch einige Augenblicke schweigend da. Solche Augenblicke sind für mich wichtig. Sie zeigen mir, dass mein Leben ein Geheimnis ist und ich im Gebet und in der Eucharistie immer wieder eintauchen darf in das Geheimnis des »Tremendum et Fascinosum«, in das Geheimnis des Gottes, der voller Schauder ist und zugleich faszinierend.

Nach der Eucharistiefeier, die etwa um 7.00 Uhr endet, gehe ich schweigend zum Frühstück und dann etwa um 7.10 Uhr in meine Zelle, um eine Dreiviertelstunde zu lesen. Auf diese Zeit freue ich mich jeden Tag. Es ist für mich wichtig, dass ich mir gute Bücher aussuche, die ich immer erst zu Ende lese, bevor ich das nächste anfange. Am Dienstag und Donnerstag habe ich Abendmesse. Da ist der Morgen nach der Vigil frei. In dieser Zeit von 6.00 bis 8.00 Uhr schreibe ich dann jeweils kleinere Artikel oder Bücher.

Um 8.00 Uhr gehe ich in die Verwaltung. Dort erwartet mich eine ganz andere, eine weltliche Tätigkeit. Da muss ich organisieren, mit Mitarbeitern sprechen, mit Banken und Behörden verhandeln, Bausitzungen leiten und so weiter. Natürlich sind die Morgenrituale keine Garantie dafür, dass ich bei der Arbeit nicht doch manchmal in Hektik gerate. Aber normalerweise wirkt der ruhige Morgen nach. Wenn ich in Berührung bin mit dem inneren Raum der Stille, dann laugt mich die Arbeit nicht aus. Sie macht mir vielmehr Spaß, und ich habe den Eindruck, dass sie aus der inneren Quelle fließt, die in mir sprudelt. Wenn ich mich in die Unruhe treiben lasse, ist es für mich immer ein Zeichen, dass ich die Verbindung mit diesem inneren Raum verloren habe.

Um 12.00 Uhr unterbricht das Mittagsgebet die Arbeit. Die zwanzig Minuten gemeinsamen Betens tauchen mich wieder in die Welt Gottes ein und zeigen mir, was die wahren Maßstäbe für mein Leben und Arbeiten sind.

Dann ist ein gemeinsames Mittagessen, das schweigend eingenommen wird. Dabei wird zu Beginn aus der Heiligen Schrift und dann aus einem Buch vorgelesen, das der Prior jeweils ausgewählt hat. Das ist auch eine gute Zeit, von der Unruhe des Vormittags abzuschalten. Dann lege ich mich eine halbe Stunde hin und döse vor mich hin oder schlafe mit dem Jesusgebet ein.

Um 13.20 Uhr läutet die Hausglocke wieder zur Arbeit. Nach einer Tasse Kaffee beginne ich wieder, entweder in der Verwaltung oder im Recollectiohaus, in dem ich die Gäste im geistlichen Gespräch begleite.

Um 18.00 Uhr ziehen wir gemeinsam zur Vesper ein, zum Abendlob der Kirche, das wir unter Orgelbegleitung singen. Da habe ich immer das Gefühl von Freiraum. Während viele stöhnen, wie viel sie arbeiten müssen, gönne ich es mir, die Psalmen zu singen und mich vom Gesang zu Gott hintragen zu lassen. Nach der Vesper bleiben noch knappe zehn Minuten, in denen ich schweigend im Kreuzgang herumgehe und meditiere.

Um 18.40 Uhr ist dann das Abendessen, wieder mit Tischlesung. Danach treffen wir uns zur so genannten Rekreation, zur Erholung. Im Sommer gehen wir eine halbe Stunde lang im Park spazieren. Im Winter setzen wir uns zum lockeren Gespräch zusammen.

Um 19.35 Uhr singen wir dann die Komplet, das kirchliche Nachtgebet, das mit dem »Salve Regina«, dem lateinischen Marienlob, schließt.

Dann ist der Tag noch lange nicht zu Ende. Meistens habe ich noch ein oder zwei Gespräche mit Gästen, die ich in Einzelexerzitien begleite. Einzelexerzitien sind stille Tage, in denen jemand sich täglich einem Schrifttext stellt und ihn meditiert und dann in einem kurzen Gespräch davon erzählt, was Gott heute in ihm bewegt hat. Am Mittwoch ist meistens gemeinsamer Abend im Konvent oder in kleinen Gruppen. Manchmal halte ich auch einen Vortrag im Gästehaus oder außerhalb. Wenn nicht, dann freue ich mich, dass ich in meiner Zelle noch etwas lesen oder schreiben kann.

Kurz vor 22.00 Uhr gehe ich ins Bett. In einer kurzen Gebetsgebärde übergebe ich Gott nochmals den Tag. Im Bett lese ich dann noch ein Kapitel aus der Heiligen Schrift. Dann mache ich das Licht aus und bete noch ein paar Teile vom Rosenkranz für die Menschen, die sich mir heute anvertraut haben oder deren Not mich gerade bewegt. Darüber schlafe ich dann ein.

Vielleicht klingt dieser Tageslauf für manchen zu romantisch. Kaum ein Leser wird ihn so für sich kopieren können. Es ist eben der Tageslauf eines Mönches. Aber ich spüre, dass mir diese konkrete Form des Lebens mit den gemeinsamen und persönlichen Ritualen gut tut. Ich habe das Gefühl, dass es mein Leben ist und dieses Leben wertvoll ist, dass ich Lust an diesem Leben habe. Natür-

lich wird diese klare Tagesordnung immer wieder gestört, etwa wenn ich einen Kurs halte oder auswärts einen Vortrag. Dann komme ich erst nachts wieder heim. Die nächtliche Autofahrt ist dann für mich eine gute Gelegenheit, Rückschau zu halten und nachzuspüren, was die Menschen heute eigentlich bewegt und wie ich Worte finden könnte, die ihre Sehnsucht treffen. Wenn ich vor Mitternacht heimkomme, beginnt der neue Tag wie immer um 4.40 Uhr. Nur wenn ich nach Mitternacht heimkomme, stehe ich erst um 5.45 Uhr zur Eucharistiefeier auf. Ich weiß, dass es mir gut tut, mich auch durch solche Ausnahmen nicht allzusehr in meiner Tagesordnung stören zu lassen.

Manchmal habe ich mich schon gefragt, ob meine persönlichen Rituale einfach nur Gewohnheiten sind, die mich »betriebsblind« machen, oder ob sie ein guter Weg für mich sind, als Mönch im Geiste Jesu Christi zu leben.

Die Beschäftigung mit der Psychologie hat mir die Gewissheit gegeben, dass ich mit meinen Ritualen nicht falsch liege.

Die Beschäftigung mit der Psychologie hat mir die Gewissheit gegeben, dass ich mit meinen Ritualen nicht falsch liege.

Die heilende
Erfahrung der Liebe Gottes

Ernesto Cardenal hat in seinen Meditationen über die Liebe versucht, den Menschen die Augen dafür zu öffnen, dass Gottes Liebe sie überall umgibt, dass alles Ausdruck dieser göttlichen Liebe ist. Ich kenne keinen, der sich dem Zauber seiner Worte ganz entziehen könnte. Aber auch da ist ein Unterschied, ob ich mich an seinen Worten erbaue oder ob ich versuche, sie wirklich zu glauben. Glauben heißt dabei nicht nur, für wahr halten, sondern versuchen, mich mit allen Sinnen dem zu öffnen, was Cardenal mir zusagt: »Die Liebe Gottes umgibt uns von allen Seiten. Seine Liebe ist das Wasser, das wir trinken, die Luft, die wir atmen, und das Licht, das wir schauen. Alle natürlichen Phänomene sind nichts anderes als verschiedene materielle Formen der Liebe Gottes. Wir bewegen uns in Seiner Liebe wie der Fisch im Wasser.« Es braucht nicht nur den Glauben, um diese Wirklichkeit erfahren zu können. Ich muss dann auch auf neue Weise mit dem Wasser, mit der Luft, mit der Nahrung umgehen. Ich muss mir bei jedem Schluck Wasser vorstellen, dass ich Gottes Liebe darin trinke. Und bei jedem Schluck Wein kann ich mir mit dem Verlieb-

> »Die Liebe Gottes umgibt uns von allen Seiten. Seine Liebe ist das Wasser, das wir trinken, die Luft, die wir atmen, und das Licht, das wir schauen. Alle natürlichen Phänomene sind nichts anderes als verschiedene materielle Formen der Liebe Gottes. Wir bewegen uns in Seiner Liebe wie der Fisch im Wasser.«

ten aus dem Hohenlied sagen: »Süßer als Wein ist deine Liebe« (Hl 4,10). Der achtsame und behutsame Umgang mit allen Dingen kann mir vermitteln, dass ich in allem auf Gottes Liebe stoße, dass ich in allem Gottes Liebe zu mir berühre. Das wird mein Leben verändern. Ich werde aufhören zu jammern, dass keiner mich liebt, dass ich mich so sehr nach Nähe sehne, sie aber nicht erfahre, weil sich keiner um mich kümmert, weil niemand mich für liebenswert hält. Die Liebe umgibt mich. Ich muss sie nur ergreifen. Ähnlich wie viele nicht an die Liebe ihrer Eltern oder Freunde glauben wollen, so weigern sie sich, an die Liebe Gottes zu glauben, die sie genauso real umgibt wie die Liebe ihrer Eltern.

Aber wie kann ein Mensch an die Liebe Gottes glauben, der gerade den Verlust eines lieben Menschen erfahren oder seine Kindheit als Hölle erlebt hat? Ich kann die Liebe Gottes nicht als Trostpflaster nehmen und auf die schwärende Wunde kleben. Ich muss erst behutsam die Wunde anschauen und sie verbinden.

Ich muss erst behutsam die Wunde anschauen und sie verbinden. Das ist dann Ausdruck der Liebe Gottes, während die zu frühen Worte von seiner Liebe eher als Flucht vor der Wirklichkeit und als Sich-Verschließen vor dem Schmerz des andern erscheinen. Viele machen gerade im tiefsten Schmerz über ihr Scheitern, über das Zusammenbrechen einer Freundschaft, über den Verlust des geliebten Menschen eine spirituelle Erfahrung. Wenn ihnen alles genommen ist, worauf sie ihre Existenz gebaut haben, erahnen sie auf einmal, dass sie in der Tiefe eins sind mit dem Grund allen Seins und dass trotz aller Enttäuschung im Grunde alles gut ist. Sie würden das nicht als Gotteserfahrung bezeichnen. Geistliche Begleitung heißt für mich, mit dem anderen Menschen gemeinsam seine Erfahrungen so anzuschauen, dass er darin seine Sehnsucht und sein Erahnen einer ihn tragenden Liebe Gottes erkennt.

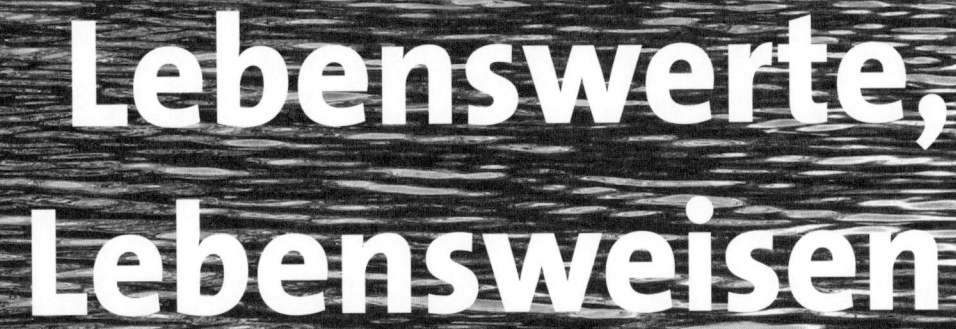

Lebenswerte, Lebensweisen

Wenn wir uns die Mühe machen, unsere Freudenbiographie zu schreiben,
bringt uns das in Kontakt mit uns selbst.
Wir spüren die Freude in unserem Leben von neuem.
In Augenblicken der Freude sind wir einverstanden
mit uns selbst und unserem Leben.
Von solchen Augenblicken geht die Einladung aus,
auch heute Ja zu sagen zu unserem Leben,
uns eins zu fühlen mit uns, so wie wir geworden sind.

Der volle
Pott

Virginia Satir, eine amerikanische Familientherapeutin, bringt in ihrem Buch »Selbstwert und Kommunikation« ein schönes Bild für das Selbstwertgefühl. Sie nimmt den großen Eisenpott, der auf ihrer Farm steht und je nach Jahreszeit voll mit Seife, mit Eintopf oder mit Dünger ist, als Bild für das Selbstwertgefühl. Wenn jemand sagt: »In meinem Pott ist heute viel«, wissen alle, dass er gerade voller Energie und Selbstwertgefühl ist. »Lass mich in Ruhe, mein Pott leckt«, sagt den andern, dass heute mit mir nicht viel los ist. In unserem Recollectiohaus haben die Gäste, die für drei Monate bei uns sind, um in der therapeutischen und geistlichen Begleitung ihre inneren Quellen zu entdecken, das Bild des Pottes schnell übernommen. Da hat der eine dem andern zugerufen, dass sein Pott heute übervoll sei. Oder da haben sie übereinander im Bild des Pottes gesprochen. Von dem einen sagte man, der habe heute wohl einen durchlöcherten Eimer als Pott, von einem andern, er hätte einen Pott wie einen Betonmischer. Die Gäste konnten im Bild des Pottes ausdrücken, wie es ihnen gerade ging.

Das Selbstwertgefühl ist nicht angeboren. Es wird in der Familie gelernt. Es liegt an den Botschaften, die ein Kind von den Eltern empfängt, ob es sich angenommen und wertvoll fühlt. Das Kind nimmt den Ausdruck im Gesicht der Eltern wahr und erkennt daran, ob die Eltern es achten oder nicht, ob sie von seinem Wert überzeugt sind oder nicht. Damit ein gutes Selbstwertgefühl entstehen kann, braucht es eine Atmosphäre der Offenheit. Man spricht offen miteinander und akzeptiert, wenn einer einen Fehler macht. Grund für mangelnden Selbstwert ist oft eine verschleierte Kommunikation, in der nicht klar wird, wie man dran ist.

Es ist aber nie zu spät, das Selbstwertgefühl zu erlernen und zu stärken. Man kann jederzeit die mangelnde Kommunikation durch eine positive ersetzen und so immer wieder neue Erfahrungen machen, die einem helfen, seinen leeren Pott zu füllen. Die Gäste in unserem Recollectiohaus haben sich gegenseitig durch neue Formen des Miteinanderredens geholfen, einen vollen Pott zu bekommen. Die Ebene der Kommunikation ist offensichtlich sehr wichtig für die Entstehung des Selbstwertgefühls. Es genügt nicht, wenn eine Familie nur fromm ist, aber unfähig, miteinander zu reden. Frömmigkeit allein schafft noch kein Selbstwertgefühl. Es braucht auch die menschliche Voraussetzung gelungener Kommunikation, damit wir uns voreinander und vor Gott für wertvoll halten.

> **Damit ein gutes Selbstwertgefühl entstehen kann, braucht es eine Atmosphäre der Offenheit.**

Zu mir
stehen

Selbstvertrauen hat etwas damit zu tun, dass ich zu mir selber stehen kann. Dieses Zu-mir-selber-Stehen kann ich einüben, wenn ich die innere Haltung durch körperlichen Ausdruck unterstütze. Ich stelle mich also hin wie ein Baum, die Füße etwa in Hüftbreite auseinander. Dann stelle ich mir vor, wie der Atem beim Einatmen von den Fußsohlen bis zur Decke geht und beim Ausatmen von der Decke bis zum Fußboden. Beim Ausatmen wurzele ich mich immer tiefer ein, so wie ein Baum seine Wurzeln in den Boden gräbt. Dann stelle ich mir vor: «Ich stehe zu mir. Ich stehe für mich ein. Ich habe Stehvermögen. Ich kann etwas durchstehen.» Der Leib ist ein Barometer, das uns anzeigt, wie es um uns steht. Oft beobachte ich, wie Menschen, die einen Vortrag zu halten haben, von einem Bein auf das andere tänzeln oder sich am Pult festklammern. Der Leib drückt ihre Unsicherheit aus. Aber der Leib – so sagt Graf Dürckheim, durch den ich in den siebziger Jahren die Bedeutung meines Leibes neu entdeckt habe – ist auch ein Instrument menschlicher Selbstwerdung. Wir können durch Übungen im Leib innere Haltungen einüben.

> Der Leib ist ein Barometer, das uns anzeigt, wie es um uns steht.

Durch ein gutes und gesundes Stehen können wir nicht nur äußerliches Stehvermögen erwerben, sondern auch inneres. Und das ist nichts anderes als Selbstvertrauen, als Selbstwertgefühl. Dabei ist wichtig, dass wir uns nicht aufplustern. Manche werfen sich dann in die Brust. Doch wenn wir richtig stehen, haben wir unsere Mitte nicht im Brustbereich – der steht eher für das eigene Ego, das wir in den Mittelpunkt stellen –, sondern im Unterbauch (auf Japanisch Hara genannt). Wer im Hara steht, wer im Unterbauch seine Mitte hat, der ist durchlässig für etwas Größeres, letztlich für Gott. Nur wenn wir uns selbst nicht in den Mittelpunkt stellen, sondern durchlässig sind für Christus, bekommen wir wahres Selbstvertrauen. So ist die körperliche Haltung zugleich eine Einübung, das Ego loszulassen und in die eigene Mitte zu gelangen, in der wir in uns und zugleich in Gott ruhen und durchlässig sind für Jesus Christus.

Stell dich aufrecht hin, die Füße etwa in Hüftbreite auseinander. Dann sprich dir die Sätze vor: »Ich habe einen Standpunkt. Ich stehe etwas durch. Ich stehe für mich ein. Ich stehe zu mir.« Wie fühlst du dich dabei? Stimmen die Sätze in dieser Haltung? Dann stell dich bewusst eng hin und ziehe die Schultern nach oben. In dieser Haltung kannst du die gleichen Sätze sagen. Du wirst spüren, dass sie nicht stimmen. Wenn du dich breitbeinig hinstellst, werden dich die Sätze eigenartig berühren. Es ist kein klarer Standpunkt, sondern ein Standpunkt, der verschwimmt. Und das Durchstehen ist zu gewollt. Dann stell dich wieder in der mittleren Haltung hin. Stell dir vor, dass du wie ein Baum deine Wurzeln tief in die Erde eingräbst. Du stehst wie ein Baum, den der Wind hin und her bewegt, aber nicht umwirft. In dieser Haltung kannst du dir Menschen vorstellen, bei denen es dir schwer fällt, du selbst zu bleiben. Wenn sie dich kritisieren, fällst du leicht um. In dieser Haltung erahnst du, was es heißt, auch vor scheinbar mächtigen Menschen zu dir zu stehen und ganz du selbst zu sein. Es ist gar nicht so anstrengend. Du brauchst nur in dir selbst zu stehen. Dann wirft dich kein Sturm und kein Unwetter um.

Stell dir vor, dass du wie ein Baum deine Wurzeln tief in die Erde eingräbst. Du stehst wie ein Baum, den der Wind hin und her bewegt, aber nicht umwirft.

Die Annahme
des Schattens

Ein gesundes Selbstwertgefühl muss nicht unbedingt darin bestehen, dass man sicher auftreten kann. Entscheidend ist, dass einer zu sich selbst Ja sagen kann. Ich hielt vor vielen Jahren einmal einen Kurs für Psychologen. Der eine erzählte bei seiner Ankunft, dass er ganz durcheinander sei, weil ihn das Fahren so anstrenge. Ich hatte gedacht, dass sich Psychologen vor allem durch große Selbstsicherheit auszeichnen würden. Aber da wurde mir klar, dass nur der wirklich ein gutes Selbstwertgefühl hat, der sich auch mit seinen Schwächen und Schattenseiten aussöhnen kann. Wer vor andern seine Fehler zugeben kann, wer zu sich steht, wenn er sich vor andern blamiert, der hat wirklich ein gutes Selbstwertgefühl. Er kann sich selbst so annehmen, wie er ist, auch mit seinen weniger angenehmen Seiten.

Wer vor andern seine Fehler zugeben kann, wer zu sich steht, wenn er sich vor andern blamiert, der hat wirklich ein gutes Selbstwertgefühl.

Nach C. G. Jung gehört zur Selbstannahme auch die Annahme des eigenen Schattens. Der Mensch lebt immer zwischen zwei Polen, zwischen Angst und Vertrauen, zwischen Verstand und Gefühl, zwischen Liebe und Aggression, zwischen Disziplin und Disziplinlosigkeit. Manche, die sich so selbstbewusst nach außen geben, sind nur mit einem Pol in Berührung. So argumentiert der Verstandesmensch selbstsicher, aber er kann keine Gefühle zeigen. Sobald die Sprache auf die Gefühlsebene kommt, gerät er in Panik, oder aber er verschließt sich. Er hat kein wirkliches Selbstwertgefühl. Er fühlt sich nur einseitig. Wer nur einen Pol bewusst lebt, verdrängt den andern in den Schatten. Von dort aus wird er sich negativ auswirken. So äußert sich das verdrängte Gefühl als Sentimentalität. Oder die verdrängte Disziplinlosigkeit führt dazu, dass ein Mensch in einem Bereich seines Lebens völlig die Kontrolle verliert. Der Schatten kann sich auch in empfindlichen Reaktionen äußern, sobald jemand die eigenen Schwachstellen anspricht. Da gerät dann einer, der nach außen hin selbstbewusst auftritt, auf einmal außer sich. Seine zur Schau gestellte Selbstsicherheit bricht jäh zusammen. Wer dagegen seinen Schatten angenommen hat, der kann gelassen reagieren, wenn er sich nach außen hin blamiert oder in das Feuer der Kritik gerät. Er weiß um sich, er hat sich ausgesöhnt mit seinen Höhen und Tiefen. So wundert ihn nichts mehr, was man über ihn sagt. Es kann ihn nicht so leicht erschüttern, weil das Fundament, auf dem er steht, zwei Beine hat, beide Pole, die er in sich zugelassen hat.

Für C. G. Jung geht der Weg zum gesunden Selbstwertgefühl über die Annahme des Schattens, die Integration von anima und animus und über das Zulassen des Gottesbildes, das sich in der menschlichen Seele in Bildern und Symbolen ausdrückt. Jung spricht von Selbstwerdung und nicht von Ichwerdung. Das Selbst ist etwas anderes als das Ich. Das Ich ist nur bewusst. Es ist der bewusste Kern, von dem aus ich mich entscheide. Das tritt deutlich nach außen, wenn ich sage: »Ich will das jetzt. Ich entscheide mich jetzt so. Ich gehe jetzt dahin. Ich habe keine Lust.« Das Ich will imponieren. Wir halten uns oft genug am Ich fest. Um zum Selbst zu gelangen, muss ich das kleine Ich loslassen. Ich muss in meine eigene Tiefe steigen und den wahren Personkern entdecken. Oft aber fällt es den Menschen nicht leicht, »von ihrer Höhe herunterzusteigen und unten auch zu bleiben. Man fürchtet einen sozialen Prestigeverlust in erster Linie, und in zweiter Linie eine Einbuße des moralischen Selbstbewusstseins, wenn man sich seine eigene Schwäche gestehen müsste«. Wir müssen zuerst in die eigene Tiefe steigen, bevor wir dort auf das Got-

tesbild stoßen, das im Grunde unserer Seele bereitliegt. Nur der kann sein Selbst finden, der die Gottesbilder in sich zulässt. Und nur, wer zu diesem inneren Kern, zu seinem wahren Selbst, gefunden hat, hat ein echtes Selbstwertgefühl.

Wer in Berührung ist mit seinem Selbst, der ist unabhängig von der Meinung der andern. Er findet zu sich selbst, zu seiner eigenen Würde. Und er wird fähig, bei sich zu bleiben, es bei sich auszuhalten. Die Reise in das eigene Innere ist so faszinierend, dass man Lob und Tadel von außen nicht mehr für so wichtig hält. Jung sagt das in einem Brief an einen deutschen Adressaten so: »Der Wert eines Menschen drückt sich in letzter Linie nie aus in der Beziehung zum andern Menschen, sondern er besteht in sich selbst. Deshalb dürfen wir auch nie unser Selbstgefühl oder unsere Selbstachtung vom Verhalten eines anderen Menschen abhängig machen, wie sehr wir auch menschlich dadurch in Mitleidenschaft gezogen werden können.« Selbstwerdung heißt, zu seinem wahren Selbst kommen und dadurch unabhängig werden vom Urteil der Menschen.

> Um zum Selbst zu gelangen, muss ich das kleine Ich loslassen. Ich muss in meine eigene Tiefe steigen und den wahren Personkern entdecken.

Zum Selbstwertgefühl gehört für Jung auch die Aussöhnung mit der eigenen Lebensgeschichte. Letztlich hat es keinen Sinn, immer wieder in seiner Vergangenheit herumzuwühlen und dort die Gründe für mangelndes Selbstvertrauen zu finden. Irgendwann einmal muss jeder die Verantwortung für sein Leben übernehmen. Er muss seine Vergangenheit als das Material annehmen, das zu formen er bereit ist. Man kann aus Holz eine schöne Figur schnitzen, aus Stein etwas Bewundernswertes hauen und aus Ton etwas Wertvolles formen. Aber ich muss das Holz wie Holz bearbeiten und den Stein als Stein. Sonst kann ich keine Figur daraus gestalten. Unsere Vergangenheit ist das Material, das uns zur Verfügung steht. Wir können mit unserer Vergangenheit, ganz gleich, ob sie Holz oder Stein oder Ton ist, eine schöne Gestalt formen. Aber wir müssen uns auf das Material einlassen. Wir müssen uns aussöhnen mit unserer Lebensgeschichte. Dann kann sie für uns wertvoll werden. Ich sage den Menschen, die ich begleite, immer wieder: »Deine Geschichte ist dein Kapital. Wenn du dich aussöhnst mit deinem Lebensweg, dann kann er gerade auch mit seinen schwierigen Wegstrecken Frucht bringen für viele.« Wenn ich die Verantwortung für mein Leben übernehme, höre ich auf, bei andern die Schuld für meine Misere zu suchen. Die Verantwortung wird mir die Augen öffnen für die Möglichkeiten, die allein ich habe, für das einmalige Bild, das Gott sich nur von mir gemacht hat. Dazu muss ich aber Abschied nehmen von allzu hohen Idealen, mit denen ich mich vielleicht identifiziere. Es geht nicht darum, perfekt und fehlerlos zu werden, sondern ganz, eins mit sich selbst, mit allen Gegensätzen, die in mir sind. Ein gesundes Selbstwertgefühl zu haben bedeutet für C. G. Jung, dass ich ein Gespür habe für das Helle und Dunkle in mir, für die Höhen und Tiefen, für das Gute und das Böse, für das Göttliche und für das Menschliche. Es besteht in der Ahnung, dass Gott in mir auf einmalige Weise geboren werden will. Das Selbst ist letztlich das Bild Gottes in mir, das einzigartige Bild, das Gott sich nur von mir gemacht hat.

> Es geht nicht darum, perfekt und fehlerlos zu werden, sondern ganz, eins mit sich selbst, mit allen Gegensätzen, die in mir sind.

Der
Vergleicher

Im 5. Kapitel des Johannesevangeliums sieht der Kranke die Ursache seiner Krankheit darin, dass er zu kurz gekommen ist. Die andern sind schneller. Sie haben jemanden, der sie in den Teich trägt, sobald das Wasser aufwallt. Das Vergleichen ist häufig Ausdruck mangelnden Selbstwertgefühls. Wer sich ständig mit andern vergleicht, hat kein Gespür für sich selbst, für den eigenen Wert, für sein Leben. Er definiert sich nur im Vergleich mit andern. Und da schneidet er immer schlechter ab. Es gibt immer Menschen, die schneller sind als ich, die begabter sind, die beliebter sind, die besser aussehen als ich. Solange ich mich mit andern vergleiche, bin ich nicht bei mir. Ich spüre mich nicht.

Eine Frau geht gerne in einen Frauenkreis. Aber oft fühlt sie sich dort unwohl. Sie vergleicht sich mit den andern. Die andern haben studiert, sie nicht. Die andern können besser reden als sie. Was werden sie denken, wenn sie so ungeschickt daherredet? Sie zergrübelt sich beim Gespräch den Kopf darüber, was die andern besser können als sie, wo

> Solange ich mich mit andern vergleiche, bin ich nicht bei mir. Ich spüre mich nicht.

sie selber benachteiligt ist. Jesus heilt den Vergleicher, indem er ihm das Grübeln verbietet. Er sieht ihn erst an und gibt ihm damit Ansehen. Er erkennt seinen Zustand, und er fragt ihn: »Willst du gesund werden?« (Joh 5,6). Er konfrontiert ihn mit sich selbst, mit dem eigenen Willen. Statt sich mit den andern zu vergleichen, soll er sich selber fragen, was er denn eigentlich mit seinem Leben wolle. Jesus schneidet dem Vergleicher jede Ausrede ab. Es ist nicht wichtig, was die andern tun und sagen, wie sie beschaffen sind, ob sie besser oder schneller sind. Es kommt nur darauf an, was ich selbst mit meinem Leben mache, ob ich für mich selbst die Verantwortung übernehme. Als der Kranke mit seinem Vergleichen der Frage Jesu ausweichen möchte, befiehlt er ihm ähnlich wie in der vorigen Geschichte: »Steh auf, nimm deine Bahre und geh!« (Joh 5,8). Du kannst aufstehen, du kannst gehen. Lass das Vergleichen, lass das Jammern, lass das Weinen! Steh auf, stell dich, richte dich auf, sei aufrecht! Du kannst gehen. Es geht schon.

Unser
unantastbarer Wert

Es kommt darauf, dass wir ein Gespür für unseren unantastbaren Wert bekommen und uns in unserer Einmaligkeit selbst annehmen. Annahme seiner selbst hat etwas mit Demut zu tun, mit humilitas, mit dem Mut, seine eigene Menschlichkeit anzunehmen. Viele raten Leuten mit mangelndem Selbstwertgefühl, dass sie ihre Stärken anschauen sollen. Das kann durchaus richtig sein. Aber wenn dahinter die Vorstellung steckt, dass nur die Starken wertvoll sind, dann führt so ein Rat nicht weiter. Entscheidend ist, dass ich mich mit allem, was in mir ist, annehme, nicht nur mit meinen Stärken, sondern auch mit meinen Schwächen. Für mich hat nur der ein gesundes Selbstwertgefühl, der sich auch erlaubt, schwach zu sein, der mit Humor seine eigenen Schwächen anschauen kann. Aber es ist oft ein langer Weg, sich mit all dem auszusöhnen, was wir in uns entdecken. Je intensiver wir mit andern zusammenleben, desto stärker entdecken wir unsere Schattenseiten, die verdrängten Bedürfnisse, die unterdrückten Gefühle. Wir können nie sagen, dass wir uns angenommen haben. Es ist ein lebenslanger Prozess.

> Für mich hat nur der ein gesundes Selbstwertgefühl, der sich auch erlaubt, schwach zu sein, der mit Humor seine eigenen Schwächen anschauen kann. Aber es ist oft ein langer Weg, sich mit all dem auszusöhnen, was wir in uns entdecken.

Selbstbewusst ist einer, der sich seiner bewusst ist, der weiß, wer er ist und was in ihm steckt. Als selbstsicher bezeichnet man einen, der sicher auftreten kann und sich nicht verunsichern lässt. Selbstbewusst kann ein Mensch auch auftreten, wenn er ein geringes Selbstwertgefühl hat. Er verdeckt dann sein schwaches Selbstwertgefühl mit selbstbewusstem und selbstsicherem Verhalten. Selbstwertgefühl ist das Wissen um den eigenen Wert, um die eigene Würde, um die Einmaligkeit als Person. Es ist das Gespür für mein Selbst,

Die eigene Würde

für mein wahres Wesen, für das Bild, das Gott sich von mir gemacht hat. Selbstvertrauen meint mehr den Aspekt, dass sich jemand etwas zutraut, seinen eigenen Gefühlen traut und auf Gott vertraut, der ihn trägt und annimmt. Selbstwertgefühl und Selbstvertrauen bedingen einander. Ich bin wertvoll auch noch in meiner Unsicherheit und in meinen Hemmungen. Während der Selbstbewusste

> Selbstbewusst ist einer, der sich seiner bewusst ist, der weiß, wer er ist und was in ihm steckt.

sich keine Schwäche leisten darf, erlaubt mir das Selbstvertrauen, auch schwach zu sein. Das Selbstwertgefühl ist das Gefühl für den eigenen Wert in allen Schwächen und Grenzen.

Der wahren
Freude auf der Spur

Mediziner und Psychologen sagen uns, dass die Freude einen Menschen gesund machen kann. Wer sich freut, dessen Herz wird weit und lebendig. Doch was hilft die gesundmachende Wirkung der Freude dem, der voller Trauer ist, der in sich keine Freude vorfindet? Ich kann mich nicht auf Befehl freuen. Und doch ist in jedem nicht nur Traurigkeit. Wenn ich einen Menschen begleite, höre ich mir alle seine Verletzungen an und gehe darauf ein. Aber ich bin überzeugt, dass in jedem Menschen auch ein Raum der Freude ist. Oft ist dieser innere Raum der Freude verschüttet von unseren Sorgen und Problemen. Aber jeder hat sich zumindest als Kind einmal über etwas gefreut, was ihm gelungen ist, was ihm geschenkt worden ist. Es ist heilsam, sich an die Erfahrungen von Freude zu erinnern. Daher lade ich die Menschen, die ich begleite, immer wieder ein, nach den Spuren der Freude in ihrer Lebensgeschichte zu suchen. Wer mit den Spuren der Freude in Berührung kommt, der wird in sich eine neue Lebendigkeit und Freiheit erfahren, Leichtigkeit und Heiterkeit. Und er wird spüren, wie das nicht nur seiner Seele, sondern auch seinem Leib gut tut. Er wird in sich wieder Lust am Leben entdecken.

Wer mit den Spuren der Freude in Berührung kommt, der wird in sich eine neue Lebendigkeit und Freiheit erfahren, Leichtigkeit und Heiterkeit.

Wie können wir die Spuren der Freude in uns finden? Ein Weg führt über die eigene Freudenbiografie, die Verena Kast als Therapeutin vorschlägt: Schaue Bilder aus deiner Kindheit an und versuche, in deinem Gesicht die Spuren der Freude wahrzunehmen! Erinnere dich an Situationen, in denen du dich freuen konntest! Welche Menschen haben in dir Freude ausgelöst? Wie hast du als Kind deine Freude ausgedrückt? Und was ist aus der Freude geworden, die du als Kind immer wieder gefühlt hast? Versuche, mit der Freude in Berührung zu kommen, die dir in deinen Kinderbildern entgegenkommt. Die Freude ist in dir, auf dem Grund deiner Seele, auch wenn du dich momentan davon abgeschnitten fühlst, auch wenn du gerade traurig und enttäuscht bist.

Freuden-
biographie

Verena Kast hat von der Psychologie her ähnliche Gedanken zum Thema der Freude beigesteuert. Sie spricht von der Freude als »gehobener Emotion«. Das Wort Emotion kommt von movere, bewegen. Emotionen setzen uns in Bewegung, sie bewegen uns zum Handeln oder aber auch zur Verweigerung des Tuns, das von uns gefordert ist. Die gehobenen Emotionen der Freude, der Inspiration und der Hoffnung machen uns weit, während uns die Angst einengt. Sie »beschwingen uns, regen uns an, sie geben uns eine gewisse Leichtigkeit, aber sie schaffen auch Verbundenheit unter den Menschen«. Die Freude hat also eine therapeutische Funktion. Sie macht den Menschen innerlich gesund, sie schenkt ihm Lebendigkeit und Lust am Leben und führt ihn aus der Vereinzelung heraus, in die ihn die Angst gedrängt hat, und führt ihn zur Solidarität mit den Menschen um ihn herum. Kast weiß von vielen Therapien her, dass die Erfahrung der Freude »den entscheidenden Umschlag im Leben eines Menschen bewirken« kann. Freude kann man nicht befehlen. Sie stellt sich oft dann ein, wenn wir sie gar nicht erwarten, und zwar dann, »wenn wir völlig aufgehen können in einer Aktivität«. Das ist für Verena Kast die entscheiden-

> **Freude kann nicht direkt angezielt werden, sie ist immer Ausdruck von Aktivität, von Liebe, von Offenheit, von Sich-vergessen-Können in einer Aufgabe oder in der Liebe.**

de Bedingung für die Erfahrung von Freude, »dass wir in einem Tun, einer Aktivität, einem Anblick aufgehen können«. Denn Freude hat mit Kreativität zu tun.

Freude hat mit Kreativität zu tun. Wenn ich etwas Neues herausfinde, löst das große Freude aus. Und Freude hat eine enge Beziehung zur Liebe. Wenn ich einem anderen etwas geben kann, freut das nicht nur ihn, sondern auch mich selbst. »Besondere Freude entsteht in Beziehungen, wenn in den Beziehungen und durch die Beziehungen etwas wächst. Das gemeinsame Kind, das gemeinsame Werk, die Idee, die im Gespräch entsteht, sie sind Verursacher großer Freude. Verena Kast sieht das Phänomen der Freude also ähnlich wie Aristoteles und Erich Fromm. Freude kann nicht direkt angezielt werden, sie ist immer Ausdruck von Aktivität, von Liebe, von Offenheit, von Sich-vergessen-Können in einer Aufgabe oder in der Liebe.

Es gibt tausend kleine Freuden, die jeder täglich erleben kann, die Freude am schönen Wetter, die Freude an der Schönheit der Berge, die Freude an jeder Begegnung. Während wir uns freuen, analysieren wir unsere Freude nicht. Das wäre schädlich. Aber wir sollten uns unserer täglichen kleinen

Freuden bewusst werden, sie bewusst wahrnehmen. Dann wird die positive Grundstimmung in uns verstärkt. Und das wirkt gesundheitsfördernd. Wer solche Erfahrungen der kleinen Freuden vernachlässigt oder überspringt, der fühlt sich – so zeigen es psychologische Untersuchungen – »müde, schläfrig, weniger gesund und angespannt … Man beurteilt sich selber unter solchen Bedingungen schlechter und fühlt sich vor allem weniger kreativ und vernünftig«. Verena Kast lädt daher ein, die eigene »Freudenbiographie« zu schreiben. Sie meint, wir sollten uns immer wieder daran erinnern, wo und wie und worüber wir uns in unserem Leben schon gefreut haben. Die Freudenbiographie lässt uns unsere Geschichte mit folgenden Fragen anschauen: »Wie habe ich Freude erlebt in meinem Leben? Wie habe ich sie abgewehrt? Wie wurde sie mir verwehrt? Und: Was ist aus der Freude im Laufe des Lebens geworden? Ist sie mehr geworden?« Wenn wir unser Leben unter diesem Blickwinkel anschauen, dann werden wir auf wichtige Spuren der Lebendigkeit stoßen, dann werden wir in Berührung kommen mit den heilenden Kräften, die in uns selbst liegen, dann machen wir eine Art Selbsttherapie, die wirksamer sein kann als Jahre qualvoller Fremdtherapie. Dabei sollten wir nicht nur über die Situationen nachdenken, in denen wir Freude erlebt haben, sondern uns auch an die Körperbewegungen erinnern, mit denen wir als Kind unsere Freude ausgedrückt und die wir besonders geliebt haben.

Wenn wir uns die Mühe machen, unsere Freudenbiographie zu schreiben, bringt uns das in Kontakt mit uns selbst. Wir spüren die Freude der Vergangenheit von neuem. In Augenblicken der Freude waren wir einverstanden mit uns und unserem Leben. Von solchen Augenblicken geht die Einladung aus, auch heute Ja zu sagen zu unserem Leben, uns eins zu fühlen mit uns, so wie wir geworden sind. Wenn wir uns durch die Erinnerung an frühere Freudenerfahrungen wieder von neuem freuen können, wächst in uns die Lust am Leben, und wir haben mehr Kraft in uns, uns den krankmachenden Strukturen in uns entgegenzusetzen. Von der Emotion der Freude geht eine heilende Kraft aus. Die Frage ist, warum wir uns lieber unseren Wunden zuwenden als unseren Freuden. Offensichtlich haben viele als Kinder die Erfahrung gemacht, dass sie von den Eltern mehr beachtet werden, wenn es ihnen schlecht geht. So kreisen wir um unsere Verletzungen, damit wir heute Zuwendung bekommen. Aber mit dieser Strategie programmieren wir eine ständige Enttäuschung vor. Denn wir werden nie genug an Zuwendung erhalten. Daher ist es heilsamer und sinnvoller, uns liebevoll uns selbst zuzuwenden. Eine solche Art positiver Selbstzuwendung ist die Erinnerung an vergangene Freuden und der Versuch, uns hier und heute an uns und unserem Leben zu freuen. Ständig auf die Zuwendung anderer aus zu sein, ist Ausdruck einer Mangelerfahrung. Sich zu freuen an den kleinen Dingen des Alltags, ist dagegen ein Zeichen, dass in uns Überfluss an Leben ist. Und wir können durch die Bereitschaft, uns immer wieder zu freuen, das Leben in uns auch zum Strömen bringen.

In Augenblicken der Freude waren wir einverstanden mit uns und unserem Leben.

Zur Freude
gehört auch die Trauer

Nur der wird wirklich mit seiner Freude in Berührung kommen, der auch bereit ist, die negativen Erfahrungen seines Lebens anzuschauen. Zur Freude gehört auch die Trauer. Wer sich weigert, der eigenen Traurigkeit, dem eigenen Schmerz über Kränkungen, dem bedrückenden Alleinsein und Alleingelassenwerden ins Auge zu schauen, der wird auch keine Freude erleben. Er wird ständig in Angst leben, dass er von depressiven Gefühlen eingeholt wird. Nur wer alle Gefühle zulässt und ihnen auf den Grund geht, wird in seinem Innern auch die Freude finden, die unter allem Ärger, aller Eifersucht, aller Angst und Wut als Grundstimmung bereitliegt. Ich darf mich nicht unter Gefühlsdruck stellen, als ob ich mich immer freuen müsste. Nur wenn ich mir erlaube, auch einmal traurig, ängstlich und hilflos zu sein, werde ich auch die Freude in mir entdecken.

> Wer sich weigert, der eigenen Traurigkeit, dem eigenen Schmerz über Kränkungen, dem bedrückenden Alleinsein und Alleingelassenwerden ins Auge zu schauen, der wird auch keine Freude erleben.

Jeder hat in sich einen Raum der Freude, auch wenn er oft verschüttet ist, auch wenn er nicht immer in Berührung damit ist. Anstatt immer nur nach krankmachenden Erfahrungen in der Kindheit Ausschau zu halten, sollten wir uns auch an die vielen Erlebnisse erinnern, in denen wir voller Freude und Fröhlichkeit waren, in denen wir so richtig die Lust am Leben gespürt haben. Solche Spuren bringen uns in Berührung mit der eigenen

Lust
am Leben

Lebendigkeit, sie können unsere Wunden, die genauso zu unserer Geschichte gehören, oft besser heilen als das ständige Kreisen um die Kränkungen, die wir erfahren haben. Die Spur der Lebendigkeit ist für mich zugleich auch die Spur, auf der ich Gott in meinem Leben entdecke. Für mich besteht die geistliche Begleitung darin, in den Menschen die Spur ihrer Lebendigkeit zu entdecken. Denn auf

> Die Spur der Lebendigkeit ist für mich zugleich auch die Spur, auf der ich Gott in meinem Leben entdecke.

dieser Spur begegnen sie dem wirklichen Gott, dem heilenden und befreienden Gott, dem Gott, der sie zu ihrer Lebendigkeit, zu ihrer Lebensfreude, zu ihrer einmaligen Gestalt führt. Mit der Freude in Berührung zu kommen ist für Leib und Seele heilsam.

Dann wird
das Herz weit

Ich muss nur bewusst wahrnehmen, was ist. Dann ist in mir Freude. Viele sehen nicht, was ist. Und sie sind nicht in Beziehung zur Schöpfung, in die sie eingebettet sind. Freude ist Ausdruck einer intensiven Beziehung. Und Freude hat immer mit Schönheit zu tun. Die Schönheit der Schöpfung erzeugt von selbst in mir Freude. Aber es braucht auch Offenheit dafür. Wenn ich bewusst die Schönheit der Schöpfung wahrnehme und mich daran freue, dann ist das gesundheitsfördernd, dann tut das nicht nur dem Leib, sondern auch der Seele gut. Ich habe dann nicht den Eindruck, das Leben sei eine Last. Ich denke dann nicht an den Termin, den ich wahrnehmen muss, sondern genieße die Farben der Bäume und Sträucher, das frische Grün im Frühling und das leuchtende Gelb und Rot im Herbst. Dann wird mein Herz weit. Wenn ich während einer Autofahrt nur daran denke, ob ich rechtzeitig zum Vortrag komme, dann strenge ich mich die ganze Zeit über an. Wenn ich dagegen die Schönheit der Landschaft beachte, dann habe ich in mir immer das Gefühl von Urlaub, von Freiheit und Weite, von Freude und Dankbarkeit.

> Freude ist Ausdruck einer intensiven Beziehung. Und Freude hat immer mit Schönheit zu tun. Die Schönheit der Schöpfung erzeugt von selbst in mir Freude.

Schauen,
was trägt

Er hat gelernt, in jedem Augenblick achtsam zu sein. Er richtet sich auf und blickt umher. So nimmt er bewusst die Berge wahr, die ihn umgeben, den See, an dem er entlanggeht. Er hört die Vögel und das Rauschen der Wälder. Dann steigt in ihm wieder Freude auf. Er spürt, dass er selbst Verantwortung für seine Gefühle hat. Er kann entscheiden, worauf er seinen Blick richten will, auf die negativen Ereignisse des Tages oder auf die Schönheit der Natur, die ihn umgibt. Das ist ein gesundes Sich-Distanzieren vom Alltag, um mitten in den Problemen auf das zu schauen, was ihn trägt. Es ist der gleiche Weg, den Henri Nouwen empfiehlt, wenn er sagt: »Klöster baut man nicht, um Probleme zu lösen, sondern um Gott mitten aus den Problemen heraus zu loben.« Im Loben komme ich mit der Freude in Berührung, die in mir ist.

Ich verschließe die Augen nicht vor den Problemen, aber ich höre auf, mich auf sie zu fixieren. Ich kann mitten aus den Problemen heraus auf Gott schauen, der mich trägt.

Ich verschließe die Augen nicht vor den Problemen, aber ich höre auf, mich auf sie zu fixieren. Ich kann mitten aus den Problemen heraus auf Gott schauen, der mich trägt. Dann verwandelt sich meine Stimmung. Ich bin offen für die Freude, die mich durchdringen möchte.

LEBENSWERTE, LEBENSWEISEN

Urvertrauen

Urvertrauen wird in der Kindheit gelegt. Wobei das Vertrauen zwei verschiedene Aspekte hat: das von der Mutter her, also das Urvertrauen, willkommen zu sein auf der Erde, getragen und geborgen zu sein, und das väterliche Vertrauen. Der Vater hat die Aufgabe, uns den Rücken zu stärken, damit wir in die Welt gehen, unser Leben in die Hand nehmen und etwas riskieren. Beide Pole gehören zusammen, der väterliche und der mütterliche. Es geht nicht um Wertung, sondern ebenso um zwei Aspekte von Gott her: Gott, der Geborgenheit schenkt, aber auch Gott, der uns in die Welt hinausschickt und uns ermutigt, Vertrautes zurückzulassen. Heute ist das Bedürfnis nach Geborgenheit und Heimat bei vielen größer als das des Aufbruchs. Das ist legitim, aber es darf nicht allein sein, sonst wird die Religion zu einer Kuschelecke.

Was das Urvertrauen angeht, sind viele sicher von ihrer Kindheit her benachteiligt, aber es wäre falsch zu sagen, die werden nie ein echtes Gottvertrauen entwickeln. Gott sei Dank gibt es in jedem Menschen die Sehnsucht nach Vertrauen. Und in der Sehnsucht nach Vertrauen ist bereits das Vertrauen begründet. Auch hier hilft C. G. Jung, denn nach ihm gibt es nicht nur die konkrete Mutter- und Vatererfahrung, sondern auch das archetypische Bild der Mutter und des Vaters in mir: Was eine Mutter und ein Vater ist, das weiß meine Seele von sich aus. Die väterliche und mütterliche Qualität ist in mir. Außerdem gibt es andere mütterliche und väterliche Erfahrungen. Die Mutter Erde zum Beispiel. Ich frage diejenigen, die mir von ihrer schweren Kindheit erzählen, immer, ob es nicht trotzdem Situationen gab, in denen sie sich geborgen fühlten und vergessen konnten. Manche erzählen dann von ihren Großeltern, dass sie bei ihnen so etwas erfahren haben, und manche von der Natur. Für sie war es eine wichtige Erfahrung, im Wald zu sein oder lediglich auf einer Wiese zu liegen. Dort haben sie Geborgenheit erfahren. Es sind Erfahrungen von Gnade, wenn sich

> **Gott sei Dank gibt es in jedem Menschen die Sehnsucht nach Vertrauen. Und in der Sehnsucht nach Vertrauen ist bereits das Vertrauen begründet.**

jemand zum Beispiel auf einmal in einer Kirche geborgen fühlt oder sich in der Natur irgendwie von Gott getragen fühlen kann. Es gibt auch Kinder, die nicht religiös aufgewachsen sind und dennoch auf einmal einen religiösen Sinn entwickeln und von allein in die Kirche gehen wollen. Insofern kann auch die Mangelerfahrung in eine Sehnsucht hineinführen. Man kann also nicht sagen: Nur wer eine gute Kindheit hatte, kann gut glauben. Das wäre eine Abschreibung von sehr vielen Menschen. Aber natürlich kann das Vertrauen auf Gott immer wieder einen Knacks bekommen, wenn die menschliche Vertrauenserfahrung fehlt.

Bei einem Kurs hat mir ein Mann erzählt, dass er erst mit 30 Jahren seinen Weg zum Glauben gefunden hat, weil sein Vater sehr antikirchlich und antireligiös eingestellt war. Der Vater hat auf alles, was mit Kirche und Glauben zu tun hatte, sehr aggressiv reagiert. Der junge Mann spürt nun beide Pole in sich: Auf der einen Seite fasziniert ihn alles Religiöse sehr, aber auf der anderen Seite über-

Ich brauche keine Angst vor dem Zweifel zu haben. Ich bin dankbar für den Glauben, aber ich weiß, der Zweifel hält mich lebendig.

kommen ihn auch immer große Zweifel. Es sind die Zweifel des Vaters, und er fühlt sich hin- und hergerissen. Ich habe ihm gesagt, er müsse nichts beweisen. Die Zweifel werden ihn sicher stets begleiten, aber er kann sagen: »Ja gut, der Zweifel ist da, aber ich werde jetzt nicht auf den Vater hören und mich ihm gegenüber rechtfertigen. Das ewige Ich-habe-recht-und-du-hast-nicht-recht bringt nichts.« Ich habe ihm geraten, sich mit seinen Zweifeln in die Kirche zu setzen (oder in die Natur oder wo auch immer), sich tragen zu lassen und zu sagen: »Ja, da sind die Zweifel, und wenn ich diese Erfahrung jetzt mache, wird der Zweifel nicht überwunden. Aber ich bin mit meinem Zweifel trotzdem getragen und spüre, im Tiefsten weiß ich: Ja, es stimmt. Aber morgen wird der Zweifel wiederkommen und ebenso in Zukunft. Ich brauche aber keine Angst vor ihm zu haben, denn er hält mich auch lebendig. Ich bin dankbar für den Glauben, aber ich weiß, der Zweifel hält mich lebendig. Es ist keine Garantie, dass ich immer im Glauben bin.«

Wunden
heilen

Wenn Menschen sich aussöhnen mit ihren Wunden, dann können sie ihnen zu Quellen des Lebens werden. Dann kann sie gerade ihre Wunde befähigen, andere zu verstehen und zu begleiten. Oft entdeckt jemand dann erst seine eigentliche Berufung, spürt, was er vor dem Hintergrund seiner Lebensgeschichte für ein Charisma hat. Wenn es jemand fertig bringt, sich mit seiner Geschichte auszusöhnen, dann wird er auch erkennen, dass alles einen Sinn hatte. Auch das Schwere war nicht sinnlos. Es befähigt ihn jetzt, auf andere Weise zu leben, sensibler, intensiver, dankbarer und offener für die Menschen. Die Wunden werden, sobald ich mich mit ihnen aussöhne, zu Quellen des Segens für mich und für andere. Um sich selber annehmen zu können, muss man das Vergleichen lassen. Solange ich mich mit andern vergleiche, bin ich immer im Nachteil. Es gibt immer irgendwelche Begabungen, die andere haben und ich nicht. Wenn ich vergleiche, bin ich nicht bei mir, da lebe ich immer nur im Vergleich zu andern. Es kommt aber darauf an, bei mir zu sein, mich anzunehmen, mich gerne zu haben.

> Solange ich mich mit andern vergleiche, bin ich immer im Nachteil. Es gibt immer irgendwelche Begabungen, die andere haben und ich nicht.

Versöhnung
leben

Natürlich weiß ich, wie erleichternd und befreiend es sein kann, mit jemandem Frieden zu schließen. Gerne würde ich mich mit einem Menschen aussöhnen.«

Das lateinische Wort für Versöhnung »reconciliatio« meint, dass wir mit dem Menschen, mit denen wir uns zerstritten haben, wieder Gemeinschaft aufnehmen. Das deutsche Wort Versöhnung hat verschiedene Bedeutungen. Es kann Wiedergutmachung heißen. Es kann aber auch »still machen, beschwichtigen, beruhigen« bedeuten. Wenn ich mich mit einem anderen versöhne, beruhige ich seine gegen mich aufgebrachte Seele. Es ist eine neue Beziehung möglich.

Wenn ich mich mit einem anderen versöhne, beruhige ich seine gegen mich aufgebrachte Seele. Es ist eine neue Beziehung möglich.

Die Versöhnung geschieht normalerweise zwischen zwei Menschen. Aber wenn der andere absolut nicht bereit ist zur Versöhnung, dann sollen wir uns davon nicht abhängig machen. Wir sollen uns dann selbst nicht aufgeben und verbiegen. Vielmehr geht es in einer solchen Situation darum, sich innerlich mit dem andern auszusöhnen, ihm zu vergeben und ihn innerlich frei zu lassen. Es tut weh zu sehen, wenn der andere nicht versöhnungsbereit ist. Wir sollen aber nicht über ihn urteilen, sondern betrauern, dass er so ist. Wie verletzt muss er sein, dass er an seiner Wunde so festhält? Wovor hat er Angst? Hat er Angst, sich selbst und seine Lebensgrundsätze in Frage zu stellen? Hat er Angst, sich selbst dabei zu verlieren? Jetzt geht es darum, zu respektieren, dass er noch nicht bereit ist, sich zu versöhnen. Aber ich soll die Hoffnung nie aufgeben. Ich soll ihn selbst nie aufgeben. Ich lasse immer eine Tür offen. Aber ich muss ihn nicht täglich drängen, durch die offene Tür zu gehen. Es ist seine Entscheidung, ob er das Angebot der offenen Tür eines Tages annimmt oder ob er für immer draußen bleiben möchte. Auch das muss ich respektieren, selbst wenn es mir schwer fällt. Doch auch wenn der andere nicht bereit ist, sich mit mir zu versöhnen, ist es meine Aufgabe, mich innerlich mit ihm zu versöhnen, das heißt ihm keine Vorwürfe mehr zu machen, ihn sein zu lassen, wie er ist, und ihm trotzdem die Hand zur Gemeinschaft hinzuhalten. Ich bin mit dem andern versöhnt, wenn ich nichts mehr gegen ihn habe. Das ist immer auch eine Wohltat für mich. Denn solange ich nicht versöhnt bin, bin ich noch an den andern gebunden, gebe ich ihm noch Macht. Seine negative Energie strömt noch in mir. Die Versöhnung befreit mich von dieser negativen Energie. Sie heilt die Wunde, die noch in mir ist und schenkt mir inneren Frieden.

Die Versöhnung mit der eigenen Lebensgeschichte ist die Voraussetzung dafür, dass ich Ja zu mir selbst sagen kann. Aber unabhängig von meiner Geschichte geht es immer wieder auch darum, mich mit mir zu versöhnen, so wie ich mich hier und jetzt erlebe. Wenn ich in mich hineinschaue, erlebe ich Haltungen, Phantasien, Emotionen und Leidenschaften, die ich am liebsten verbergen möchte. Ich brauche dann viel Energie, um all das zu unterdrücken, was ich nicht gutheiße in mir. C. G. Jung hat sich mit den »Schattenseiten«, die jeder Mensch hat, besonders einge-

Sich mit sich
selbst versöhnen

hend beschäftigt. Wir zeigen unsere guten Seiten; die anderen Seiten verstecken wir. Doch dann geraten sie in den Schatten und werden Dunkelheit in uns verbreiten. Aus dem Schatten heraus melden sie sich oft auf unangenehme Weise zu Wort. Die verdrängte Aggression blitzt durch unsere freundliche Fassade hervor, die unterdrückte Bedürftigkeit meldet sich durch das Überschreiten der Grenzen eines anderen. Der Schatten ist ein Bereich, mit dem ich mich versöhnen soll. Der andere Bereich sind die Selbstvorwürfe, Selbstbeschuldigungen und Selbstentwertungen. Sie weisen mich alle auf ein illusionäres Selbstbild hin, von dem ich mich verabschieden soll.

Folgendes Ritual könnte eine Hilfe sein, mich mit mir, so wie ich bin, auszusöhnen und Ja zu sagen zu mir selbst. Setz dich still in deine Meditations- oder Gebetsecke oder an einen Ort, an dem du dich geborgen fühlst. Untersuche deine eigenen Selbstvorwürfe. Was wirfst du dir vor? Welches Bild von dir selbst steht hinter deinen Schuldzuweisungen?

Versuche, alle Selbstbeschuldigungen loszulassen. Höre auf, dich zu beschuldigen oder zu entschuldigen. Halte dich, so wie du bist, und dein Verhalten, so wie es war, einfach in Gottes vergebende Liebe hinein. Und versuche, dir nun selbst zu vergeben. Vielleicht wird dann auch deine Schuld zu einer glücklichen Schuld. Sie stürzt dich vom Thron deiner Selbstgerechtigkeit. Sie lässt dich Mensch unter Menschen werden, barmherzig und milde, versöhnt und Versöhnung ausstrahlend.

Du brauchst Gott gar nichts vorzuweisen. Ihm ist es lieber, du hältst ihm dein zerbrochenes Herz hin. Das wird er nicht verschmähen (vgl. Ps 51,19). Frage dich, welche illusionären Selbstbilder hinter deinen Selbstvorwürfen stecken. Und dann betrauere, dass du so bist, wie du bist, nicht so ideal, wie du dir es erträumst, sondern durchschnittlich, mit Stärken und Schwächen. Nur wenn du bereit bist, deine Durchschnittlichkeit zu betrauern, wenn du durch den Schmerz über deine Brüchigkeit hindurchgehst, kannst du dich aussöhnen mit dir selbst. Und du wirst auf einmal das Potential entdecken, das in deiner Seele schlummert. Dann kannst du dankbar das leben, was du bist und was dich ausmacht.

Dann schau deine Schattenseiten an. Du erkennst sie, wenn du deine empfindlichen Reaktionen anschaust. Wo reagierst du empfindlich? Welche unterdrückte Seite in dir meldet sich da zu Wort? Was möchtest du am liebsten vor dir und vor anderen verstecken? Halte es Gott hin und stell dir vor, dass Gottes Licht all deine Schattenseiten durchdringt und verwandelt in eine Quelle von Lebendigkeit und Kraft.

> Halte dich, so wie du bist, und dein Verhalten, so wie es war, einfach in Gottes vergebende Liebe hinein. Und versuche, dir nun selbst zu vergeben.

Dinge
besser anpacken

»In meiner Arbeit schiebe ich alles Unangenehme immer vor mich her. Aber ich gehe dann immer mit Druck in die Arbeit. Der Druck ist umso stärker, weil ich weiß, dass da noch so viel Unerledigtes auf mich wartet.«

Es ist gut, wenn Sie sich morgens einen Plan machen, was Sie der Reihe nach anpacken möchten. Am besten ist es, wenn Sie die unangenehmen Dinge als erstes aufschreiben. Denn solange Sie sie vor sich hinschieben, wird der Druck immer größer und Sie haben auch nicht mehr genug Energie für das, was Sie gerade erledigen. Wenn Sie Unangenehmes erledigt haben, haben Sie mehr Kraft für das, was jetzt ansteht. Sagen Sie sich einfach vor: »Eins nach dem anderen.« Auch die schwierigste Aufgabe beginnt mit dem ersten Schritt. Versuchen Sie, den ersten Schritt zu machen, dann fallen die anderen nicht mehr so schwer.

> Auch die schwierigste Aufgabe beginnt mit dem ersten Schritt. Versuchen Sie, den ersten Schritt zu machen, dann fallen die anderen nicht mehr so schwer.

Und der erste Schritt muss nicht riesengroß sein. Schon kleine Schritte genügen, um anzufangen. Fragen Sie sich auch, warum das oder jenes unangenehm ist. Was würde Ihnen helfen, dass es nicht so unangenehm ist? Haben Sie Angst, sich mit jemandem zu konfrontieren? Oder ist das Problem nicht so einfach zu entscheiden? Analysieren Sie das Unangenehme. Dann werden Sie merken, dass sich die Probleme auf einige Fragen reduzieren lassen, die gelöst werden wollen. Nehmen Sie es mehr als sportliche Herausforderung, schwierige Dinge zu tun. Aber setzen Sie sich nicht unter Druck. Denn der Druck lähmt Sie und raubt Ihnen alle Energie. Der Druck scheint von außen zu kommen. Doch in Wirklichkeit machen wir uns den Druck oft selber. Bewahren Sie Ihre innere Freiheit gegenüber den Herausforderungen von außen.

Wie gelingen
Beziehungen?

Beziehungen, die nicht gelingen wollen, sind Belastungen und Konflikten ausgesetzt. Das ist ganz normal. Durch den Druck, der heute auf den Menschen lastet, sind auch die Beziehungen berührt. »Nicht ist die Liebe gelernt«, heißt es einmal bei Rilke. Auch wenn man Liebe vielleicht nicht lernen kann – mit Beziehungen und Beziehungskrisen umzugehen, das kann man lernen. Man kann sie auch neu sehen lernen. Das Erste ist, dass ich Konflikte nicht so interpretiere, als ob die Beziehung selbst gescheitert wäre. Ich bin durch einen Konflikt nicht als Person in Frage gestellt. Konflikte gehören dazu. Sie sind die Chance, zu neuen Möglichkeiten zu finden, in mir selbst und im Miteinander. Wichtig ist auch, das Bewusstsein dafür zu schärfen, dass es die zu hohen Erwartungen sind, die zu Belastungen führen. Es gibt in jeder Beziehung Phasen größerer Nähe und größerer Distanz. Wenn die Beziehung schwierig ist, ist es vielleicht eine Einladung, etwas mehr Distanz zu schaffen und erst einmal für sich selbst etwas zu tun, mit sich selbst gut umzugehen. Vielleicht wird dann der andere neugierig auf mich und meine Entwicklung. Dann wird er auch etwas für sich tun. Wenn ich aber immer meine, der andere müsse endlich etwas an sich arbeiten, damit unsere Beziehung gelingt, werde ich in ihm nur Widerstand hervorrufen. Und die Beziehung wird immer schwieriger.

Aber nicht nur Distanz ist wichtig. Damit Beziehung lebendig bleibt, ist es auch notwendig, immer Räume der Nähe zu suchen oder zu schaffen, die die gegenseitige Beziehung vertiefen können. Räume, die die Verbindung gerade deswegen stärken, weil sie frei sind von Beanspruchungen, die von außen kommen: Beruf, Kinder, Alltagssorgen …

Damit Beziehungen gelingen, brauchen wir zudem gute Kommunikationsformen und eine gesunde Streitkultur. Wir brauchen aber auch die richtige Einstellung zu uns selbst und zum andern.

Damit Beziehungen gelingen, brauchen wir zudem gute Kommunikationsformen und eine gesunde Streitkultur. Wir brauchen aber auch die richtige Einstellung zu uns selbst und zum andern. Wir dürfen vom andern nicht alles erwarten. Der andere kann uns nie absolute Liebe und absolute Geborgenheit und absolutes Verständnis schenken. Psychologen sprechen davon, dass man eine Paarbeziehung entmythologisieren muss, dass man die Ansprüche daran nicht übersteigern darf, damit die Liebe reif wird. Etwas Absolutes vermag allein Gott zu geben. Wenn wir die Beziehung zum Ideal überhöhen und vom anderen so etwas wie das Paradies auf Erden erwarten, überfordern wir ihn mit unseren Erwartungen. Dann wird die Beziehung immer schwieriger werden. Wenn wir aber dankbar annehmen, was der andere in seiner Begrenztheit uns an Liebe, Geborgenheit und Verständnis schenkt, dann wird unsere Beziehung entkrampft. Wir erkennen in dem, was wir vom andern erfahren, einen Verweis auf die absolute Liebe. Und so hält uns die Beziehung zum andern lebendig auf unserem Weg zu dieser absoluten Liebe hin, die Gott ist. Daher ist für mich die Beziehung zu Gott eine große Hilfe, damit die Beziehung zu den Menschen gelingt.

Eine andere Hilfe für das Gelingen von Beziehungen ist: achtsam sein auf den anderen, achtsam sein auch auf das andere in ihm. Es ist wichtig, sich immer wieder in den anderen hineinzuversetzen, sich zu fragen, wonach er sich sehnt, woran er leidet, warum er so empfindlich ist, warum er so reagiert. Ich darf nicht alles auf mich persönlich beziehen. Sein Verhalten sagt etwas über ihn aus. Und wenn er schwierig ist, dann hat das immer einen Grund in seiner Lebensgeschichte. Wenn ich zu einer solchen Sichtweise fähig bin, beiße ich mich nicht fest an seinem Verhalten. Ich versuche, dahinter zu sehen, es zu verstehen. Wenn ich es verstehe, kann ich besser darauf reagieren.

Bei allen Begrenzungen, die ich im andern sehe, muss ich aber auch an das Gute in ihm glauben. Nur wenn ich an das Gute in ihm glaube, wird er den guten Kern in sich entfalten. Dazu kann ich aktiv beitragen. Mein Glaube an das Gute im anderen wächst, wenn ich etwa für ihn bete oder wenn ich ihn segne. Im Segen wünsche ich einem Menschen das, was er braucht, um mit sich in Frieden zu kommen. Im Gebet lerne ich, den andern mit neuen Augen zu sehen. Und genau diese Fähigkeit – den anderen mit neuen Augen zu sehen – ist entscheidend für das Gelingen einer Beziehung. Denn oft genug scheitern Beziehungen – nicht nur in der Partnerschaft, sondern in den verschiedensten Zusammenhängen –, weil wir den andern nicht sehen, wie er ist, sondern ihn nur durch die Brille unserer Vorurteile wahrnehmen.

Und genau diese Fähigkeit – den anderen mit neuen Augen zu sehen – ist entscheidend für das Gelingen einer Beziehung.

Kein Wein,
keine Liebe

Irgendwann verflüchtigen sich unsere Gefühle der Liebe. Dann meinen wir, wir würden den andern gar nicht mehr lieben. So geht es auch dem Ehepaar, das die Hochzeit in Kana feiert. Ihnen geht der Wein, geht ihre Liebe aus, schon am dritten Tag haben sie keinen Wein und keine Liebe mehr. Da verwandelt Jesus sechs Krüge Wasser zu Wein, sodass der Wein nicht mehr ausgeht. Jesus zeigt den Brautleuten mitten in ihrer Unfähigkeit, wirklich zu lieben, und mitten in ihren Verhärtungen und Blockaden eine andere Quelle der Liebe, die göttliche Quelle, die niemals aufhört zu sprudeln. Jesus spricht sein Wort der Liebe in das Schalgewordene und Gefühllose, in das Unvollkommene und Verhärtete in uns hinein. Wenn wir seinem Wort trauen, kann es auch in uns alles zur Liebe verwandeln. Auf einmal können wir mit unseren Stärken und unseren Schwächen, mit unseren Unvollkommenheiten und Fehlern, mit unseren Verkrampfungen und Versteinerungen lieben. Alles in uns kann die göttliche Liebe ausstrahlen, sodass sich um uns das Fest des Lebens entfalten kann.

Jesus zeigt eine andere Quelle der Liebe, die göttliche Quelle, die niemals aufhört zu sprudeln.

Feuer
in der Seele

Der holländische Theologe und Psychologe Henri Nouwen fühlte sich seinem Landsmann Vincent van Gogh geistesverwandt. Er spürte selbst etwas von der Zerrissenheit dieses großen Künstlers. Aber zugleich zog ihn das Feuer in den Bildern seines Landsmannes an. Darüber hatte der Maler ausdrücklich gesagt: »Das Feuer in seiner Seele soll man nie ausgehen lassen, sondern es schüren.«

Vincent van Gogh war ein leidenschaftlicher Mensch und Gottsucher. Er fühlte sich den armen und an den Rand gedrängten Menschen tief verbunden. Und er träumte davon, »die Hoffnung durch einen Stern auszudrücken, die Sehnsucht einer Seele durch einen strahlenden Sonnenuntergang«. Das Feuer, das in seiner Seele brannte, ließ er nie ausgehen, sondern entfachte es immer wieder von neuem, auch wenn es ihn an den Rand der Verzweiflung brachte. Während seines Lebens wollte sich niemand an diesen »Ofen« setzen, um sich daran zu wärmen. Ein einziges Bild konnte sein Bruder Theo zu Lebzeiten des großen Künstlers für ihn verkaufen. Doch heute – so meint Henri Nouwen –, heute nehmen sich viele die Zeit, seine Bilder zu betrachten, weil sie intuitiv das Feuer darin spüren, das ihr kaltes Herz mit Wärme erfüllt. Und so beginnt auch das Feuer in ihnen wieder zu brennen, das in der Unrast ihres Lebens erloschen ist.

Das Feuer, das van Gogh zeit seines Lebens in seiner Seele trug, brennt noch heute in seinen Bildern. Der »Funke«, der von ihnen überspringen und sich entzünden kann, hat seinen Grund in der menschlichen Wärme und Glut des Künstlers. Nur wer selbst das Feuer in sich trägt, kann andere damit

Nur wer selbst das Feuer in sich trägt, kann andere damit entflammen.

entflammen. Wer heute van Goghs Bilder anschaut und sich in sie vertieft, kommt in unmittelbare Berührung mit der Sehnsucht nach Liebe, mit jener Kraft, die den leidenschaftlichen Künstler getrieben hat, zu malen und in seinen Bildern auch andere an dem Feuer teilhaben zu lassen, das in ihm brannte.

In einer Freundschaft oder in der Ehe können wir die Liebe eines Menschen intensiv erleben. Aber zugleich wissen wir, wie schnell diese Liebe umschlagen kann in Gleichgültigkeit, in Aggression, in Besitzansprüche, in Einengung, in gegenseitige Kränkung. Ich kann mich von der brüchigen Menschenliebe aber auch auf Gottes Liebe verweisen lassen. Dann sind beide keine Gegensätze, die sich ausschließen. Vielmehr werde ich von der Erfahrung menschlicher Liebe immer wieder auf die Liebe Gottes verwiesen. Das hilft mir, die Liebe zu einem Menschen zu genießen, ohne Angst, dass ich

Brüchige Liebe

sie verlieren könnte. Die Erfahrung der göttlichen Liebe befreit mich von einem zu starken Klammern an den anderen. Ich weiß, dass unsere Liebe nur bestehen kann, wenn wir uns beide auf Gottes Liebe verweisen lassen. So ist die Erfahrung von Gottes Liebe der Grund, auf dem wir auch unsere menschliche Liebe bauen können. Das ist ja wohl der Sinn des Ehesakramentes, dass die Liebe zwischen Mann und Frau Gottes Liebe vermittelt und auf Gottes Liebe verweist. Das gibt ihrer Liebe Halt und Beständigkeit.

Die Erfahrung der göttlichen Liebe befreit mich von einem zu starken Klammern an den anderen. Ich weiß, dass unsere Liebe nur bestehen kann, wenn wir uns beide auf Gottes Liebe verweisen lassen.

Die Liebe
spüren

Viele Menschen beklagen sich, dass ihre Liebe zu dem, in den sie sich verliebt haben, nicht erwidert wird. Sie leiden an der unerfüllten Liebe. Doch die Liebe, die sie in sich spüren, gehört ihnen selbst. Statt zu klagen, dass ihre Liebe im anderen keine Resonanz findet, sollten sie die Liebe als Macht verstehen, die ihrem Leben einen eigenen Glanz gibt. So hat sie Paulus in seinem »Hohen Lied der Liebe« verstanden. Die Liebe verwandelt unser Leben. Die Liebe ist in uns, unabhängig davon, ob der Mensch, den wir lieben, auch uns liebt.

> **Die Liebe verwandelt unser Leben. Die Liebe ist in uns, unabhängig davon, ob der Mensch, den wir lieben, auch uns liebt.**

Das folgende Ritual kann uns helfen, die Liebe in uns zu spüren: Der Ort, an dem wir mit der Liebe in uns in Berührung kommen, ist der gleiche, an dem die Liebe in uns wohnt: Es ist die Brustmitte. Legen Sie also die Hände auf die Brustmitte, bis es dort warm wird, bis Sie die Liebe in sich wahrnehmen. Spüren Sie sich in diese Liebe hinein. Und sagen Sie sich: Diese Liebe gehört mir. Sie strömt in mir. Niemand kann sie mir nehmen. Keine Enttäuschung kann mir diese Liebe zerstören. Sie hat in sich etwas Unzerstörbares. Genießen Sie diese Liebe, die Sie wärmt, und sind Sie dankbar dafür. Sie ist ein Geschenk Gottes an Sie.

Die Liebe bringt Sie in Berührung mit Ihrem innersten Kern, der sich hell und warm anfühlt, in dem Sie es bei sich selbst aushalten können und in dem Sie bei sich daheim sein dürfen. In dieser Liebe, die Sie in sich spüren, können Sie etwas erahnen von der Liebe Gottes, die in Ihnen ist. Gott ist Liebe. So sagt uns der 1. Johannesbrief. Wenn Sie die Liebe in sich spüren – oder wenn Sie die Sehnsucht nach Liebe in sich spüren –, dann berühren Sie in sich Gottes Liebe, die unerschöpflich ist, die nicht so brüchig und ambivalent ist wie unsere menschliche Liebe. Unsere menschliche Liebe kann uns verzaubern, aber auch verletzen. Wenn Sie in Ihrer Liebe, die Sie in sich tragen, Gottes Liebe erkennen, dann ist Ihre Sehnsucht nach Liebe erfüllt. Dann sind Sie in Gott, und Gott ist in Ihnen.

Grenzen setzen,
ohne zu verletzen

Meine Mutter liebe ich zwar, aber ich leide manchmal auch unter der Liebe, die sie mir entgegenbringt. Sie sucht die Liebe, die sie selber bei ihrer eigenen Mutter nie erfahren hat, bei mir – und überschreitet dabei oft die Grenze. Etwa wenn sie sich in mein Leben einmischt, oder wenn ich merke, wie sie nicht genug davon haben kann, von mir und meinen angeblichen Erfolgen unter ihren Bekannten zu erzählen.«

Sie können Ihre Mutter nicht ändern. Sie können nur selbst die Grenze bestimmen. Wenn Sie sich in Ihr Leben einmischt, können Sie bestimmen, was Sie ihr erzählen wollen und was nicht. Wenn Ihre Mutter Ihnen Ratschläge erteilt, ärgern Sie sich nicht, hören Sie sie an, aber lassen Sie sich davon nicht beeindrucken. Am besten überhören Sie die Ratschläge. Es hat keinen Sinn, darüber zu diskutieren. Die Wünsche Ihrer Mutter hören Sie sich an, aber dann hören Sie in das eigene Herz hinein und sagen klar: Nein, das will ich nicht oder das kann ich nicht. Ein gutes Bild für Ihren Umgang mit Ihrer Mutter wäre: Sie stellen sich vor, Sie gehen ins Theater. Sie schauen zu, aber Sie spielen nicht mit. Sie schauen zu, welche Spiele Ihre Mutter spielt. Sie werten diese Spiele nicht, sondern suchen sie wie ein Zuschauer zu verstehen. Aber Sie spielen nicht mit. Sie lassen sich nicht vereinnahmen. Sie schützen Ihre eigene Grenze, die Grenze zwischen der Bühne, auf der Ihre Mutter spielt, und Ihnen, die da im Zuschauerraum sitzt. Dann fällt Ihnen der Kontakt zur Mutter leichter. Sie setzen sich nicht unter Druck, auf jedes vereinnahmende oder belehrende Wort der Mutter reagieren zu müssen. Wenn Ihre Mutter von Ihnen und Ihren Erfolgen unter ihren Bekannten erzählt, dann können Sie das nicht groß ändern. Ihre Mutter ist eben stolz auf Sie. Das braucht sie. Wenn Sie selbst bei solchen Erzählungen dabei sind, dann können Sie die Mutter stoppen und ihr sagen, dass Sie das nicht wollen. Aber wenn Sie in Ihrer Abwesenheit über Sie spricht, dann betrachten Sie das mit Humor. Es ist ja auch ein Zeichen dafür, dass Ihre Mutter stolz auf Sie ist und Sie liebt. Nehmen Sie es als Ausdruck ihrer Liebe.

> Ein gutes Bild für Ihren Umgang mit Ihrer Mutter wäre: Sie stellen sich vor, Sie gehen ins Theater. Sie schauen zu, aber Sie spielen nicht mit.

Die Macht
der Liebe

Christen glauben nicht nur an die Macht des Gebetes, sondern genauso an die Macht der Liebe. Die Liebe Gottes ist in Jesus Christus hier auf Erden aufgeleuchtet. Sie hat die Kranken geheilt, und sie hat Menschen aufgerichtet. Im Kreuz wurde die Liebe Christi am reinsten sichtbar. Da hat Jesus selbst die noch geliebt, die ihn ans Kreuz schlugen. So lädt uns diese Liebe ein, unsere Selbstverurteilung aufzugeben. Wenn Jesus selbst seine Mörder noch liebt, so darf auch ich mich von ihm geliebt wissen und mich selber lieben. Die Liebe Jesu Christi hat in den letzten 2000 Jahren überall auf der Welt Inseln der Menschlichkeit entstehen lassen. Da haben sich immer wieder Menschen von dieser Liebe anstecken lassen und damit ein Stück Welt menschlicher und liebenswerter gemacht. Es war immer wieder die Liebe, die Barrieren zwischen Menschen und Völkern abgebaut hat.

Das Gebet will mich zur Liebe bewegen. Die Liebe muss aber dann sowohl in der Gesinnung als auch im Tun sichtbar werden. Es war die Liebe, die Anwar Sadat als frommer Moslem in seinem Herzen hatte, die es möglich machte, mit Israel Frieden zu schließen. Es war die Liebe in Martin Luther King, die gewaltlos die Fronten zwischen Schwarz und Weiß aufgebrochen hat. Die Versöhnung zwischen Frankreich und Deutschland ist nicht allein durch die Politiker zustande gekommen, sondern weil es auf beiden Seiten genügend Menschen gab, die einander liebten, für die die Liebe stärker war als der Hass, den eine jahrhundertelange Rivalität erzeugt hatte. Die Märchen erzählen uns, wie die Liebe einen Menschen verwandeln kann, wie sie den Stein zum Schmelzen bringt und aus dem Tier einen Menschen erstehen lässt. Das haben wir in den vergangenen Jahrzehnten immer wieder erleben dürfen. Die Liebe hat die Mauer eingeschmolzen, die die beiden Teile Deutschlands trennte. Und die Liebe macht aus Verrückten, die sich bis aufs Blut bekämpfen, immer wieder Menschen, die miteinander einen Weg gehen.

Das Paradox der Liebe besteht darin, dass sie gerade in ihrer Ohnmacht mächtig ist. Die Liebe verzichtet auf alle äußere Macht.

Das Paradox der Liebe besteht darin, dass sie gerade in ihrer Ohnmacht mächtig ist. Die Liebe verzichtet auf alle äußere Macht. Die Liebe Jesu wird gerade in der Ohnmacht seines Todes sichtbar. Die Liebe wagt sich in die äußerste Finsternis und Bosheit hinein und verwandelt sie. In seiner Liebe wehrt sich Jesus nicht gegen die, die ihn ermorden. Er durchbricht den Teufelskreis der Vergeltung. Er durchdringt mit seiner Liebe das Böse und bricht es so auf. Johannes hat uns in der Szene der Fußwaschung beschrieben, wie diese Liebe Jesu aussieht: »Da er die Seinen, die in der Welt waren, liebte, erwies er ihnen seine Liebe bis zur Vollendung« (Joh 13,1). Jesus beugt sich zur Erde und wäscht den Jüngern die Füße, an denen sie schmutzig und verwundbar sind. Seit dem Tod Jesu am Kreuz haben sich unzählige Christen aus der Kraft dieser göttlichen Liebe für diese Welt engagiert und sie gestaltet. Ihre ohnmächtige Liebe wurde wohl zur stärksten Macht in dieser Welt. Sie hat unsere Erde wohl am nachhaltigsten geprägt.

Im persönlichen Bereich hat vermutlich jeder schon erfahren, dass eine absichtslose Liebe im andern etwas in Bewegung gebracht hat. Da gibt es die chassidische Geschichte, dass ein Vater machtlos war seinem ungezogenen Sohn gegenüber. Er bringt ihn zum Rabbi. Der drückt ihn an sein Herz und hält ihn so mit seinen Armen fest. Nach einem Tag übergibt er ihn völlig verwandelt an den Vater zurück. Im Kindergarten blüht ein fünfjähriges Mädchen, das vom Vater sexuell missbraucht worden ist, unter den liebenden Augen der Schwester auf, die die Gruppe neu übernommen hat. Was die andern Erzieher ein ganzes Jahr nicht zustande brachten, das hat der liebende Blick bewirkt. Das erste Mal spricht sie von sich aus die Kindergärtnerin an, und zum ersten Mal macht sie beim Malen mit. Oft braucht es einen großen Glauben und einen langen Atem, um der ohnmächtigen Liebe und ihrer verwandelnden Macht zu vertrauen. Es dauert oft sehr lange, bis eine Mutter es erlebt, dass der Sohn, der auf Abwege geraten ist, auf ihre Liebe reagiert.

Im gesellschaftlichen und politischen Bereich erleben wir uns noch ohnmächtiger mit unserer Liebe. Was soll da unsere Liebe schon bewirken gegen die Macht der Waffen? Die Beispiele eines Sadat, eines Gandhi, eines Martin Luther King scheinen da doch Ausnahmen zu sein. Die Diskussionen um den gewaltlosen Kampf für den Frieden haben gezeigt, dass es ohne eine gewisse militärische Macht offensichtlich doch nicht gelingt, den Frieden zu sichern. Und dennoch schaffen die Waffen nicht nur Frieden, sondern immer wieder auch Krieg. Die gewaltlose Liebe vieler Menschen ist wie das Senfkorn, das zu einem Baum heranwächst, in dessen Schatten die Menschen in Frieden miteinander leben können. Sie ist wie der Sauerteig, der den ganzen Trog Mehl durchdringt.

Ein Mitbruder meinte einmal, drei Mönche, die es ernst meinen mit ihrer Hingabe und Liebe, würden genügen, um eine Gemeinschaft von 200 Mönchen zu verwandeln. Vielleicht genügen dreißig Menschen, die durchlässig sind für Gottes Liebe, um ein ganzes Volk in Bewegung zu bringen. Wer an die Macht der Liebe glaubt, der fühlt sich zumindest nicht ganz ohnmächtig der heutigen Weltsituation gegenüber. Er setzt seine Liebe dagegen, auch wenn sie über lange Zeit völlig wirkungslos zu sein scheint. Er glaubt an die verwandelnde Kraft der Liebe und überwindet mit seinem Glauben die Resignation und Verzweiflung, in die viele angesichts ihrer Ohnmacht gegenüber dem Kriegstreiben fallen. Aber er kann die Macht seiner Liebe nicht beweisen. Er kann nur glauben und hoffen, dass die Saat der Liebe aufgeht und reiche Frucht bringt.

> Die gewaltlose Liebe vieler Menschen ist wie das Senfkorn, das zu einem Baum heranwächst, in dessen Schatten die Menschen in Frieden miteinander leben können. Sie ist wie der Sauerteig, der den ganzen Trog Mehl durchdringt.

Rituale
der Zweisamkeit

Paare brauchen Rituale der Zweisamkeit, in denen sie sich abschirmen von den Belastungen und Einflüssen von außen. Oft muss die gemeinsame Zeit dafür erkämpft werden; sonst stehen entweder die Kinder im Mittelpunkt, oder aber äußere Belastungen bestimmen das Miteinander. Rituale schützen das Paar vor dem Stress, dem es sich oft ausgesetzt sieht. Und sie schaffen einen Freiraum für die Zweisamkeit. Das ermöglicht es dem Paar, sich immer wieder füreinander zu öffnen und die Gefühle auszudrücken, die beide im Tiefsten verbinden. Viele Paare haben das Ritual des Begrüßungskusses und des Gute-Nacht-Kusses. Das sind kurze Augenblicke. Und dennoch sind sie wichtig, damit sich das Paar immer wieder der Liebe vergewissert, die es trägt. Es gibt viele Rituale der Zweisamkeit. Für das eine Paar ist es der gemeinsame Spaziergang, für ein anderes der gemeinsame Besuch eines Konzerts, eines Theaterstücks oder eines Museums. Auch die Zärtlichkeit zwischen Mann und Frau braucht Rituale.

Ich möchte folgendes Ritual empfehlen: Reservieren Sie sich einen Abend oder irgendeine andere Stunde während der Woche für einen gemeinsamen Spaziergang. Gehen Sie die ersten zehn Minuten schweigend nebeneinander. Schauen Sie die Natur an, die Sie umgibt. Hören Sie auf die Geräusche um sich herum. Und riechen Sie den Geruch des Waldes, der Wiese, der Felder. Und horchen Sie in sich hinein, was Ihre tiefste Sehnsucht ist. Und dann sprechen Sie miteinander, aber nicht über Ihre Sorgen und Probleme, sondern über das, was Sie wahrgenommen haben. Natürlich braucht es auch einen Raum, über Ihre Sorgen und Ängste zu reden. Aber es tut auch gut, einmal über sich und den engen Horizont der eigenen Familie hinauszusehen und auf das zu blicken, was Sie im Innersten berührt. Die Natur, die Sie umgibt, wertet nicht. Sie trägt Sie. Sie haben teil an ihrer Lebenskraft, an ihrer Liebe, die sie durchdringt. Sie brauchen immer wieder die Erfahrung der gemeinsamen Quelle, aus der Sie trinken. Und in der Natur kommen Sie mit der Quelle der Liebe Gottes in Berührung, die alles durchdringt und die auch in Ihnen strömt, ohne je zu versiegen, weil sie göttlich ist.

> **Rituale schützen das Paar vor dem Stress, dem es sich oft ausgesetzt sieht. Und sie schaffen einen Freiraum für die Zweisamkeit.**

Dankbarkeit
macht den Menschen aus

Dankbarkeit kommt von denken. Wer denkt, der erkennt, wie er täglich für vieles dankbar sein kann. Er sieht auf die vielen kleinen Geschenke, die ihn im Alltag erreichen: das Geschenk eines freundlichen Blicks, einer guten Begegnung, eines Wortes, das ihn aufrichtet und berührt. Der römische Philosoph Cicero hat die Undankbarkeit als Vergessen bezeichnet. Für ihn ist die Dankbarkeit die wichtigste Haltung des Menschen. Sie ist die Voraussetzung für die »concordia«, für die Eintracht unter den Menschen und für das Zusammenklingen der Herzen. Das Fehlen der Dankbarkeit bedroht für ihn die »humanitas«, die Menschlichkeit. Daher haben viele Denker die Undankbarkeit als eine der elementarsten Sünden bezeichnet. Der Talmud sagt, Undank sei schlimmer als Diebstahl. Und Johann Wolfgang von Goethe meint: »Der Undank ist immer eine Art Schwäche. Ich habe nie gesehen, dass tüchtige Menschen wären undankbar gewesen.«

Gerade wenn wir uns auf unser eigenes Selbst besinnen, erkennen wir: Keiner ist eine Insel. Dankbarkeit macht den Menschen aus, weil wir uns in dieser Haltung unserer existentiellen Bezogenheit bewusst werden, die Verbundenheit mit anderen spüren und anerkennen, dass wir nicht allein leben. Das gilt für unsere Beziehung zu anderen Menschen, auf die wir verwiesen sind und ohne die wir gar nicht leben könnten. Es gilt aber auch für unsere Beziehung zu Gott, der der tiefste Grund für unser Dasein ist. Dankbarkeit sei das tiefste Gebet, hat der Benediktinermönch David Steindl-Rast einmal gesagt.

Der Undankbare ist nicht wirklich Mensch, schon deswegen, weil er wichtige positive Möglichkeiten gar nicht wahrnehmen und leben kann. Cicero ist überzeugt: Nur dankbare Menschen können Freundschaft eingehen und miteinander Gemeinschaft leben. Undankbare Menschen sind unangenehme Menschen. Mit ihnen möchte man am liebsten nichts zu tun haben. In der Nähe undankbarer Menschen fühlt man sich unwohl. Man hat das Gefühl, dass man es ihnen nie recht machen kann. So hält man sich von ihnen fern. Denn von ihnen geht eine negative und destruktive Stimmung aus. Der

> Johann Wolfgang von Goethe meint: »Der Undank ist immer eine Art Schwäche. Ich habe nie gesehen, dass tüchtige Menschen wären undankbar gewesen.«

Undankbare zerstört das Zusammenklingen der Herzen. Er vermag nicht zu feiern und ist letztlich unfähig zur Freude. Undankbaren Menschen kann man keine Freude machen. Sie sind unersättlich und nie zufrieden. Mit gedankenlosen Menschen lässt sich nicht gut auskommen. Wer nicht denken kann oder will, der lebt nicht wirklich. Dankbarkeit gibt dem Leben einen wunderbaren Geschmack.

Die Dankbarkeit verwandelt mein Leben. »Wer anfängt zu danken, beginnt das Leben mit neuen Augen zu sehen« (Irmela Hofmann). Albert Schweitzer gibt den Rat: »Wenn du dich schwach und matt und unglücklich fühlst, fang an zu danken, damit es besser mit dir werde.« Wenn ich mein Leben mit Dankbarkeit anschaue, wird sich das Dunkle erhellen und das Bittere wird einen angenehmen Geschmack bekommen. Die Dankbarkeit bewahrt mich vor Kleinmut und Verbitterung und bringt mich Gott näher. Von dem Heiligen Philipp Neri wird berichtet, dass er folgendes Abendgebet sprach: »Herr, ich danke Dir, dass heute die Dinge nicht so gelaufen sind, wie ich wollte, sondern wie Du wolltest.« Wer mit einer solchen Haltung der Akzeptanz – die Humor und eine Relativierung der Ich-Perspektive zugleich ist – auf den vergangenen Tag schaut, der ärgert sich nicht, und der gerät nicht in die Versuchung der Selbstzufriedenheit, sondern für den wird alles zu einer Quelle der Freude und des Friedens.

Zwei Missverständnisse sollten erwähnt werden. Zunächst: Dankbarkeit ist nichts, was man als Pflicht von anderen einfordern kann. Und: Dankbarkeit heißt nicht, dass ich für das Schlechte in der Welt danke. Das Schlechte sollen wir sehen, wie es ist. Wir dürfen ihm keine Macht über uns geben. Und oft genug müssen wir es auch bekämpfen. Die Dankbarkeit übersieht das Schlechte nicht. Aber sie ist auch nicht darauf fixiert, sie sieht in dieser oft genug unvollkommenen Welt doch das Gute, das uns täglich begegnet. Sie sieht das Ganze der Wirklichkeit und weitet unsere Wahrnehmung. Und so eröffnet uns der Blick der Dankbarkeit die Augen für das Geschenk, das das Leben in sich schon ist. Wir sind dankbar, dass wir jeden Tag gesund aufstehen dürfen, dass wir atmen, dass wir ganz wir selbst sind, dass wir Menschen begegnen, die uns achten. Das höchste Glück freilich ist, dass wir selber, als Menschen, mit Gott eins werden dürfen und uns in seiner Liebe finden können.

> Das höchste Glück freilich ist, dass wir selber, als Menschen, mit Gott eins werden dürfen und uns in seiner Liebe finden können.

Überfordert

Meine Beanspruchung durch Familie – wir haben drei Kinder, die noch in die Schule gehen – und durch den Job wird immer größer. Das nimmt Ausmaße an, die mich an den Rand der Depression und der Erschöpfung führen. Ich bin zu Hause kaum mehr ansprechbar, schnell gereizt, aggressiv und lustlos. Es macht nicht nur mich krank, sondern auch die Beziehung zu meinem jetzigen Lebenspartner. Ich kann den Job auch nicht hinschmeißen – obwohl ich das am liebsten täte. Aber aus dem ›Netz‹ ist man heutzutage ja schnell herausgefallen, wenn man einmal ohne Arbeit ist.«

Wenn Sie auf Dauer überfordert sind, ist es sinnvoll, sich nach einem andern Job umzusehen. Aber erst wenn Sie etwas anderes gefunden haben, würde ich kündigen. Solange Sie nichts anderes finden, würde ich eine andere Strategie fahren. Zunächst fragen Sie sich, wie Sie sich am besten regenerieren können. Ist es der Sport, die Musik, das Spielen mit den Kindern? Oder ist es die Stille, in der Sie für sich selbst sind? Dann brauchen Sie gute Rituale, um die Arbeit von der Familie zu trennen. Rituale schaffen eine Zäsur zwischen Arbeit und Familie. Aber zugleich braucht es innere Bilder. Wenn Sie

> Gehen Sie nicht mit dem Bild in die Arbeit, dass Sie ausgequetscht werden, sondern mit dem Bild des aufrechten und freien Menschen, der Lust hat, andern zu begegnen und mit ihnen etwas zu unternehmen.

mit dem Bild nach Hause kommen, dass jetzt auch noch die Kinder ihre Erwartungen an Sie haben, dann fühlen Sie sich überfordert. Sie brauchen andere Bilder. Stellen Sie sich vor, dass es Ihnen gut tut, sich auf die Kinder einzulassen. Die bringen Sie auf andere Gedanken. Die helfen Ihnen, die Arbeit zu relativieren und loszulassen. Und stellen Sie sich vor, dass Sie nach Hause kommen, wo Sie Ihren eigenen Bereich haben und Ihre eigene Welt aufbauen, dann bekommen Sie Lust darauf, nach Hause zu gehen. Und Sie werden das Miteinander mit den Kindern nicht als Stress erleben. Setzen Sie sich nicht unter Druck, sondern nehmen Sie die Familie als Übungsfeld, die Arbeit loszulassen und in eine andere Welt einzutauchen, die Ihnen gut tut. Solche Bilder brauchen Sie auch für Ihre Arbeit. Gehen Sie nicht mit dem Bild in die Arbeit, dass Sie ausgequetscht werden, sondern mit dem Bild des aufrechten und freien Menschen, der Lust hat, andern zu begegnen und mit ihnen etwas zu unternehmen. Achten Sie auf Ihre Gefühle, wenn Sie zur Arbeit gehen. Lassen Sie sich nicht von der Situation bestimmen, sondern setzen Sie der Situation Ihre eigenen Gefühle und Bilder entgegen.

Heilsame
Unterbrechungen

Es gibt während der Arbeit immer wieder kleine, heilsame Unterbrechungen. Ich gehe zu einem Kollegen, um etwas zu besprechen. Ich kann jetzt zielgerichtet und möglichst schnell durch den Gang gehen. Dann komme ich gehetzt an. Oder ich benütze den Gang, um mich selbst zu verlangsamen. Ich gehe langsam und habe das Gefühl: Die Zeit gehört mir. Ich genieße es, langsam zu gehen. Ich habe nichts anderes zu tun, als jetzt in diesem Augenblick einfach nur zu gehen.

Jeder hat seine eigenen kleinen Rituale während der Arbeit. Sie alle sind dazu da, mitten in der Arbeit aufzuatmen und Gottes heilende Nähe wahrzunehmen.

Es gibt viele andere Möglichkeiten einer solchen heilsamen Unterbrechung. Bevor ich in eine Sitzung gehe, halte ich kurz inne und versuche, mit mir selbst in Berührung zu kommen. Wenn ich in meiner Mitte bin, wird mich das Gespräch nicht so leicht aus meiner Mitte herausreißen. Wenn ein Telefonanruf kommt, kann ich bewusst den Hörer in die Hand nehmen und mich auf diesen Anrufer einlassen.

Jeder hat seine eigenen kleinen Rituale während der Arbeit. Sie alle sind dazu da, mitten in der Arbeit aufzuatmen, sich selbst wieder zu spüren und Gottes heilende und liebende Nähe mitten in der oft aufdringlichen Nähe von gehetzten Menschen wahrzunehmen.

Wenn ich einmal beim Schreiben nicht mehr weiterkomme, dann unterbreche ich die Arbeit. Entweder gehe ich austreten. Dabei fallen mir oft neue Gedanken ein. Oder aber ich lege mich für fünf Minuten auf das Bett. Ich denke nicht angestrengt nach, sondern lasse mich in Gottes Hand fallen. In dieser entspannten Haltung kommt mir oft ein Einfall, wie ich weiterschreiben könnte. Die heilsame Unterbrechung gibt mir Abstand zu dem Blockiertsein, das ich gerade erlebt habe. Und auf einmal strömen neue Gedanken in mich ein. Dann stehe ich auf und habe wieder Lust, weiterzuschreiben.

Ich kenne Psychologen, die nach jedem Gespräch mit einem Klienten ein kleines Ritual machen. Sie öffnen das Fenster und stellen sich an das offene Fenster, um die frische Luft einzuatmen und all das, was im therapeutischen Gespräch war, auszuatmen und loszulassen. Andere beten kurz für den Klienten. Das entlastet sie vom Grübeln darüber, ob das Gespräch gut war und ob es dem anderen wirklich geholfen hat. Und sie segnen den nächsten Klienten. So lassen sie das alte Gespräch los und stellen sich innerlich auf das neue ein. Sie gehen dann mit Gottes Segen in die Begegnung mit dem nächsten Klienten. Das entlastet sie und öffnet sie zugleich für das Geheimnis des Menschen, der jetzt für diesen Augenblick der wichtigste ist. – Im Gespräch mit Ärzten erfahre ich immer wieder, dass viele sehr darunter leiden, wenn das Wartezimmer voller Patienten ist und sie ohne Pause einen nach dem anderen behandeln müssen, damit die Wartezeiten nicht zu lang werden. So können sie zwischendurch gar nicht durchatmen oder »verschnaufen«. Gerade wenn der Tag aus einer langen Reihe von Gesprächen und Behandlungen besteht, würden aber kleine, heilsame Unterbrechungen nottun. Für den einen Arzt ist es die Mittagspause, die er genießt. Für den anderen ist es das kurze, aber bewusste Aus- und Aufatmen nach jedem Gespräch. Im Atem kommt er wieder mit sich selbst in Berührung. So kann er den eben behandelten Patienten loslassen, und er stellt sich bewusst auf den nächsten ein, damit er für ihn ganz »da« sein kann.

> Die heilsame Unterbrechung gibt mir Abstand zu dem Blockiertsein, das ich gerade erlebt habe. Und auf einmal strömen neue Gedanken in mich ein.

Den Tag
segnen

Ein schönes Morgenritual ist es, wenn wir mit zum Segen erhobenen Händen den Segen strömen lassen: zu unserer Familie, zu den Kindern, zum Ehepartner, zu den Freunden und Bekannten. Wenn wir am Morgen all diese Menschen segnen, können wir sie voll Vertrauen in den Tag entlassen. Wir brauchen uns nicht mehr um sie zu sorgen. Gottes segnende Hand beschützt und begleitet sie. So können wir sie loslassen und entlasten uns von dem Druck, immer nachsehen oder kontrollieren zu müssen, ob es den Kindern auch gut geht und ob sie auch geschützt sind auf ihren Wegen zur Schule und zur Arbeit. Wir können uns vorstellen, dass wir durch unsere segnenden Hände Gottes Segen und Gottes Liebe zu den Kindern und Freunden fließen lassen, so dass Gottes heilende und liebende Nähe sie gleichsam umgibt und einhüllt.

Wir können diesen Segen auch in die Räume unserer Wohnung fließen lassen. Oft genug sind manche Räume noch voll von negativen Gefühlen, von dem Streit des gestrigen Tages, von der Enttäuschung über unsere Kinder oder über misslungene Gespräche und von der Verletzung, die wir dort erfahren haben. Wenn wir bewusst den Segen Gottes in diese Räume schicken, werden wir sie anders betreten. Dann überfällt uns in ihnen nicht mehr die Verletzung. Dann erwartet uns ein gesegneter Raum, in dem wir aufatmen können.

Genauso können Sie den Segen zu den Menschen senden, mit denen Sie heute zu tun haben, zu den Arbeitskollegen, zu den Kunden, zu den Menschen, denen Sie heute begegnen. Dann werden Sie ihnen mit anderen Augen gegenübertreten. Und schicken Sie den Segen in die Räume, in denen Sie heute arbeiten und wirken werden. Dann werden Sie sich in allem, was Sie tun, unter dem Segen Gottes wissen.

Segnen Sie am Morgen auch all die Menschen, mit denen Sie Schwierigkeiten oder Konflikte haben. Wenn wir hören, dass Jesus sagt, wir sollten die segnen, die uns verfolgen, dann klingt das zunächst wie eine Überforderung. Doch wenn Sie die segnen, mit denen Sie gestern im Streit lagen, dann können Sie ihnen heute anders begegnen. Sie sind nicht blockiert, wenn Sie sie treffen. Sie begegnen dann gesegneten Menschen. Das verwandelt Ihre Einstellung zu ihnen. Und Sie haben das Gefühl, dass der Segen Sie selber stärkt. Sie können anders auf die Menschen zugehen, die Sie gesegnet haben.

> Wenn wir bewusst den Segen Gottes in diese Räume schicken, werden wir sie anders betreten. Dann erwartet uns ein gesegneter Raum, in dem wir aufatmen können.

Warten
weitet das Herz

Selbst etwas so Alltägliches wie das Warten kann zur spirituellen Haltung werden. Das deutsche Wort »warten« meint eigentlich, auf der »Warte« wohnen. »Warte« ist der Ort der Ausschau, der Wachtturm. Warten meint also: Ausschau halten, ob jemand kommt, umherschauen, was alles auf uns zukommt. Warten kann aber auch heißen: auf etwas Acht haben, etwas pflegen, so wie der »Wärter« auf einen Menschen aufpasst und auf ihn Acht gibt. Warten bewirkt beides in uns: die Weite des Blickes und die Achtsamkeit auf den Augenblick, auf das, was wir gerade erleben, auf die Menschen, mit denen wir gerade sprechen. Warten macht das Herz weit. Wenn ich warte, spüre ich, dass ich mir selbst nicht genug bin. Jeder von uns kennt das, wenn er auf einen Freund oder eine Freundin wartet. Er blickt jede Minute auf die Uhr, ob es noch nicht Zeit für ihr Kommen ist. Er ist gespannt auf den Augenblick, da der Freund oder die Freundin aus dem Zug aussteigt oder an der Haustüre klingelt. Und wie enttäuscht sind wir, wenn statt des Freundes jemand anders an der Haustüre steht. Warten erzeugt in uns eine Spannung. Wir spüren, dass wir uns selbst nicht genug sind. Im Warten strecken wir uns aus nach dem, der unser Herz berührt, der es höher schlagen lässt, der unsere Sehnsucht erfüllt. Heute können viele nicht mehr warten. In der Adventszeit erleben wir es: Für viele wird Advent nicht als Zeit des Wartens erfahren, sondern als vorweggenom-

menes Weihnachten. Manche feiern ständig Weihnachten, anstatt Ausschau zu halten und das Herz im Warten auszustrecken nach dem Geheimnis von Weihnachten. Kinder können nicht warten, bis die Mutter das Tischgebet gesprochen hat. Sie müssen sofort essen, wenn etwas auf dem Tisch steht. Sie warten nicht, bis die Schokolade in den Einkaufskorb verstaut ist. Sie müssen sie schon essen, bevor sie noch an der Kasse des Supermarktes bezahlt ist. Die Leute vor der Kasse oder vor dem Fahrkartenschalter können nicht warten. Sie drängeln sich vor. Dabei geht es um etwas Wichtiges: Wer nicht warten kann, der wird nie ein starkes Ich entwickeln. Er wird jedes Bedürfnis sofort befriedigen müssen. Aber dann wird er völlig abhängig von jedem Bedürfnis. Warten macht uns innerlich frei. Wenn wir warten können, bis unser Bedürfnis erfüllt wird, dann halten wir auch die Spannung aus, die das Warten in uns erzeugt. Das macht unser Herz weit. Und es schenkt uns überdies das Gefühl, dass unser Leben nicht banal ist. Wir sehen dies, wenn wir auf etwas Geheimnisvolles warten, dann warten wir auf die Erfüllung unserer tiefsten Sehnsucht. Dann erkennen wir: Wir sind mehr als das, was wir uns selbst geben können. Warten zeigt uns, dass das Eigentliche uns geschenkt werden muss.

Warten erzeugt im Menschen eine gesunde Spannung. Wer wartet, schlägt nicht die Zeit vor Langeweile tot. Er ist auf ein Ziel hin ausgerichtet.

Zeiten der Stille

Wir brauchen immer wieder Zeiten der Stille,
in denen wir uns zurückziehen können vom Lärm, der uns oft genug umgibt,
vom Lärm der Arbeit, von den vielen Gesprächen.
Jeder hat eine andere Weise entwickelt, wie er sich zurückziehen kann.
Der eine geht spazieren, der andere macht einen so genannten Wüstentag –
einen Tag der spirituellen Vertiefung und Konzentration,
ohne die Anforderungen des Alltags.
Jeder braucht die Möglichkeit, in die Ruhe und Stille zu gehen,
damit er Rückhalt findet: einen festen Halt, auf dem er stehen kann.
Dabei gehe ich rücksichtsvoll mit mir um,
damit die innere Quelle wieder fließen kann.

Leitmotiv:
Der innere Raum

Einer meiner Lieblingsgedanken ist der vom inneren Raum der Stille. Diese Idee habe ich in der Mystik und in der Transpersonalen Psychologie gefunden. Jede Art von Mystik kennt diesen inneren Raum. Evagrius Ponticus spricht bereits im 4. Jahrhundert von dem Ort Gottes in uns. Er nennt ihn auch Jerusalem, das heißt: Schau des Friedens. Dort, am Ort Gottes in uns, wohnt Gott in uns und wir kommen in Berührung mit unserem wahren Selbst. Evagrius spricht davon, dass wir unser wahres Selbst wie einen blauen Saphir erblicken. Andere Mystiker nennen diesen Raum anders: Katharina von Siena spricht von der inneren Zelle, Meister Eckhart spricht vom Seelenfünklein, Johannes Tauler vom Seelengrund, Teresa von Avila vom innersten Gemach der Seelenburg. Ich hatte diese Gedanken bei den Mystikern gefunden, ohne noch selbst die Erfahrung gemacht zu haben. Die Gedanken faszinierten mich einfach. Und ich versuchte aufgrund dieser Ideen, mir das vorzustellen. Schließlich durfte ich immer wieder einmal die Erfahrung machen, dass ich innerlich ganz still geworden bin, dass ich in diesem inneren Raum der Stille völlig eins war mit mir und mit Gott.

Die Erfahrungen der Mystik habe ich dann in der Transpersonalen Psychologie wiedergefunden.

Jesus spricht von der Tempelaustreibung und sagt, er meine den Tempel seines Leibes (vgl. Johannes 2,21).

Die Transpersonale Psychologie spricht von der Disidentifikation. Sie geht davon aus, dass ein unbeobachteter Zeuge in uns ist, der unsere Gefühle beobachten kann. Wenn Ärger aufsteigt, gibt es auch den Punkt in uns, der den Ärger beobachtet, der nicht vom Ärger infiziert ist. Dieser Punkt entspricht dem spirituellen Selbst. Und er entspricht dem Raum der Stille, von dem die Mystik spricht, dem Raum, in dem Gott in uns wohnt. Diese Verbindung vom Modell der Transpersonalen Psychologie und der Mystik war für mich wichtig. Da ist mir aufgegangen, dass die Mystik nicht eine völlig fremde Erfahrung ist, sondern eine, die unserem Wesen entspricht. Und es ist eine heilsame Erfahrung.

Mystik hat eine therapeutische Wirkung auf uns. Die Beschäftigung mit diesen Gedanken hat mich auch zur Erfahrung dieses inneren Raumes geführt. Ich durfte diese innere Stille immer wieder einmal erfahren in der Meditation. Für einen Augenblick war es dann völlig still in mir. Ich war eins mit mir, kam in dieser Stille innerlich zur Ruhe. Viele Menschen fragen mich, wie sie es selbst erfahren können. Ich antworte ihnen, dass allein die Vorstellung, dass dieser Raum in mir ist, bereits hilft. Und diese Vorstellung durchzieht die ganze spirituelle Tradition, auch schon die Bibel.

Jesus spricht von der Tempelaustreibung und sagt, er meine den Tempel seines Leibes (vgl. Johannes 2,21). Also wir sind Tempel und nicht Markthalle, in der lärmende Händler und Geldwechsler sind. Oft erleben wir uns allerdings als Markthalle. Da sind in uns die lärmenden Gedanken der Händler. Die Geldwechsler stehen für die Überlegungen, wie ich auf dem öffentlichen Markt gehandelt werde, wie mein Kurswert ist. In der Markthalle sind Rinder, Schafe und Tauben, das Triebhafte, das Oberflächliche, und die Gedanken, die wie Tauben herumschwirren. Christus will einziehen in seinen Tempel. Wenn wir uns als Tempel erfahren, wird es in uns weit. Wir atmen auf. Wir fühlen uns frei. Dort, wo Christus in uns einzieht, ist das Reich Gottes. Bei Lukas heißt es: Das Reich Gottes ist »in uns«, entos hemin (Lukas 17,21). Die Exegeten übersetzen in den letzten 50 Jahren meistens »unter euch«, aber eigentlich heißt entos wörtlich »in euch«, und Martin Luther hat das auch so schön übersetzt: Das Reich Gottes ist »inwendig in euch«. Er hat noch um die mystische Erfahrung gewusst, die Jesus in diesem Wort anspricht, und hat das ernst genommen. Das ist nicht nur ein frommer Satz, sondern ich kann ihn erfahren, und allein, indem ich dieses Wort nehme und versuche, es zu erfahren, relativiert sich etwas. Also, ich kann nicht genau sagen, da ist der Ort oder da ist der Ort. Ich kann ihn nicht lokalisieren. Aber ich weiß: Wenn ich in mich hineinhorche, stoße ich nicht nur auf meine Emotionen, auf meine Lebensgeschichte, auf meine Verletzungen, sondern unterhalb meiner Emotionen ist in mir ein Raum, in dem alles still ist. Ich kann nicht ständig da drin

Aber es gibt einen Raum, in den ich mich zurückziehen kann. Dort haben die Ängste und Sorgen keinen Zutritt, und es gibt so eine Art von Befreiung.

bleiben, aber ich kann mich immer einmal zurückziehen und ihn erfahren, vielleicht nur für ein paar Sekunden. Aber in diesem Augenblick, in dem ich frei bin, da relativiert sich alles andere. Ich kann selbst zusehen, dass meine Ängste, meine Sorgen nicht den ganzen Menschen bestimmen, sondern nur meine Emotionen und meine Gedanken. Aber es gibt einen Raum, in den ich mich zurückziehen kann. Dort haben die Ängste und Sorgen keinen Zutritt, und es gibt so eine Art von Befreiung. Das heißt nicht, dass alles gelöst ist, weil ich ja auch wieder in die Welt hinaus und mich mit dem Problem beschäftigen muss, aber die Erfahrung des inneren Raumes relativiert einfach meine Probleme. Das ist für mich ein wichtiges Bild für die Arbeit, dass manches, was von außen auf mich einströmt, da nicht hineinkommt. Es hilft mir auch in der Begleitungssituation, wenn ich mit Menschen spreche. Ich kann mich emotional öffnen, zugleich aber weiß ich: Es gibt einen Bereich, in dem die anderen keinen Zutritt haben. Viele fragen mich, wie ich es aushalten könne, so viele Probleme anzuhören. Das würde mich doch belasten. Aber ich versuche, mich emotional zu öffnen. Ich habe keine Angst, dass die Probleme der anderen mich völlig in Beschlag nehmen. Ich höre aufmerksam zu und lasse mich auf die anderen ein. Aber ich weiß auch, es gibt einen geschützten Bereich, zu dem die Probleme der anderen keinen Zutritt haben. Dieses Wissen ermöglicht mir die Offenheit für die andern, ohne mich zu überfordern. Insofern ist das für mich eine sehr wichtige Erfahrung. Wenn ich davon rede, berührt es die Menschen.

Der Raum
der Stille

Ich erlebe immer wieder Menschen, die darunter leiden, dass andere sie bestimmen. Sie können kein Selbstvertrauen entwickeln, weil andere es ihnen nehmen. Da kritisiert sie ständig die Mitarbeiterin oder der Chef, da beeinflusst sie der launische Nachbar oder die unzufriedene Tante. Ich versuche, den Ratsuchenden dann auf den Raum der Stille hinzuweisen, der schon in ihm ist. Er sollte sich vorstellen, dass da keiner Macht über ihn hat. Was der Nachbar über ihn denkt, erreicht diesen Ort nicht. Was die andern von ihm reden, ihre Kritik, ihre Ablehnung, ihre Ansprüche, ihre Erwartungen, all das hat dort keinen Zutritt. Auf der emotionalen Ebene bin ich zwar immer noch empfindlich und werde von der Kritik der anderen getroffen. Aber dahinter ist dieser Raum der Stille, wo das nicht hindringen kann. Wenn ich mir das vorstelle, dann entsteht ein Gefühl von Freiheit. In diesem Raum der Stille kann ich aufatmen. Da werde ich nicht von andern bestimmt, auch nicht von meinen eigenen Erwartungen oder Terminen.

Ich habe einmal einen Kurs für Eheberater gehalten über Spiritualität und Beratung. Da versuchte ich, den Psychologen zu vermitteln, dass Spiritualität in der Beratung nicht bedeutet, fromme Worte zu machen, sondern die Menschen an ihren wahren Kern, an ihre unantastbare Würde, an den Raum der Stille heranzuführen. Manche Berater hatten berichtet, dass es in einer verfahrenen Ehe oft unmöglich ist, durch bessere Kommunikationsmethoden wirksam zu helfen. Da fühlt sich eine Frau so tief verletzt, dass ein Gespräch nicht mehr möglich ist. Da fühlt sich ein Mann so radikal abgelehnt, dass er kein Wort mehr zur Partnerin hin findet. Da kann es hilfreich sein, den Partner oder die Partnerin an diesen inneren Raum zu führen, zu dem der andere keinen Zutritt hat, zu dem die Verletzung und die Ablehnung nicht hindringen können, in dem jeder seine unantastbare Würde entdeckt, den Raum, der unverletzt und heil ist. Schon die Ahnung von diesem inneren Ort kann mitten in der tiefsten Ablehnung und Verletzung ein neues Selbstwertgefühl vermitteln, eine Würde, die einem niemand zu rauben vermag.

> In diesem Raum der Stille kann ich aufatmen. Da werde ich nicht von andern bestimmt, auch nicht von meinen eigenen Erwartungen oder Terminen.

Im Einklang sein

In der geistlichen Begleitung mache ich immer wieder die Erfahrung, dass die Menschen durch eine krankmachende Spiritualität selbst krank geworden sind. Sie haben manchmal eine Theologie verinnerlicht, die sie in ihrer Krankheit bestärkt und festhält. Daher versuche ich, eine gesundmachende Theologie und Spiritualität zu entfalten. Die gesunde Theologie will dem Geist Jesu entsprechen, der in seiner Verkündigung den Menschen einen Weg zum gelingenden Leben gewiesen und kranke Menschen geheilt hat. Jesus hat sich gegen eine Theologie gewehrt, die den Menschen Lasten aufbürdet, die sie nicht zu tragen vermögen, und die ein Gottesbild verkündet, das den Menschen Angst macht. Von ihm heißt es, dass er mit Vollmacht von Gott gesprochen habe. Und er hat so von Gott gesprochen, dass die unreinen Geister sofort aufgeschrien haben. Die unreinen Geister stehen für mich für krankmachende Gottesbilder. Offensichtlich hat der vom unreinen Geist besessene Mann, der Jesus angeschrien hat, Gott dazu benutzt, sein eigenes Lebensgebäude zu rechtfertigen, sich ein Sicherungssystem aufzubauen und sich über andere Menschen zu stellen. Jesus hat so von Gott

Die gesunde Theologie will dem Geist Jesu entsprechen, der in seiner Verkündigung den Menschen einen Weg zum gelingenden Leben gewiesen und kranke Menschen geheilt hat.

gesprochen, dass diese falschen Bilder ins Wanken kamen. Der Mann wurde hin- und hergezerrt zwischen seinem kranken Gottesbild und der Ahnung von Freiheit und Heilung, die durch das Gottesbild Jesu in ihm geweckt wurde (vgl. Markus 1,23–28).

Krankmachend ist eine Spiritualität immer dann, wenn sie spaltet und den Menschen dazu führt, dass er wesentliche Bereiche seines Lebens verdrängt, unterdrückt oder gar abspaltet. Wenn wir in unserer Spiritualität zu hohe Ideale verfolgen, sind wir in Gefahr, das, was diesen Idealen nicht entspricht, zu leugnen oder zu unterdrücken. Doch das Unterdrückte meldet sich schließlich doch zu Wort – manchmal in unerklärlichen Aggressionen und Ausbrüchen, manchmal in neurotischen Symptomen oder in körperlichen Krankheiten. Oder aber das Unterdrückte führt dazu, dass wir zweigleisig leben und auf der einen Seite streng konservativ sind, aber auf der anderen Seite uns ganz lax über alle Vorschriften der Kirche hinwegsetzen. Wir merken oft gar nicht, wie die beiden Seiten in uns nicht übereinstimmen, weil wir ein Doppelleben führen, das uns auf Dauer krank macht.

Der krankmachenden Spiritualität möchte ich eine gesunde Spiritualität entgegensetzen. Ich muss diese Spiritualität nicht erfinden. Ich finde sie vielmehr bei den Wüstenvätern, bei den Kirchenvätern, bei den Mystikern und in allen bewährten Traditionen, wie der benediktinischen, der franziskanischen, der karmelitanischen und der jesuitischen Spiritualität. Gesund ist eine Spiritualität, die die psychischen Gesetze des Menschen berücksichtigt und in der Askese die Kräfte des Menschen trainieren möchte, aber nicht gegen die psychische Struktur wütet. Gesund ist eine Spiritualität, die mir erlaubt, alles, was in mir ist, anzuschauen, ohne es zu bewerten, und die mich einlädt, meine ganze Wahrheit Gott hinzuhalten. Heilung geschieht stets in der Begegnung mit Gott. Aber in der Begegnung mit Gott begegne ich auch mir selbst mit all den Abgründen meiner Seele. Es braucht Demut, Gott meine Wirklichkeit ungeschminkt hinzuhalten. Aber nur so kann mein Leben verwandelt werden. So sind für mich die wichtigsten Haltungen einer gesunden Spiritualität die Demut, die der heilige Benedikt als einen spirituellen Verwandlungsweg schildert, die Wahrhaftigkeit, in der ich alles Gott

Die gesunde Spiritualität ist die Erfüllung der Kunst des gesunden Lebens.

hinhalte, die Freiheit, vor Gott ich selbst sein zu dürfen, und letztlich die Liebe, die das Ziel aller geistlichen Wege ist.

Ein wichtiges Kriterium für eine gesunde Spiritualität ist für mich die Lebendigkeit. Dort, wo ein Mensch lebendig ist, hat er das Wort Jesu verstanden, dass er gekommen sei, das Leben in Fülle zu bringen (Johannes 10,10). Das andere Kriterium ist der innere Frieden, das Ausgesöhntsein mit sich selbst und mit den Menschen, das Im-Einklang-Sein mit sich selbst und dem Leben. Eine gesunde Spiritualität äußert sich einmal in der Durchlässigkeit für den Geist Jesu Christi. Ich bin sowohl in meinen Stärken als auch in meinen Schwächen durchlässig für Jesu Geist. Und eine gesunde Spiritualität drückt sich zum anderen in heilenden Ritualen aus, in einer gesunden Lebensweise, die alles berücksichtigt: den Rhythmus meines Lebens, die Kultur meines Lebens, meines Wohnens, meines Essens, meines Arbeitens und meines Redens. Die gesunde Spiritualität ist die Erfüllung der Kunst des gesunden Lebens, wie sie die griechische Philosophie entfaltet hat.

Kann Gebet
etwas bewirken?

Im Gebet wenden wir uns an Gott. Wir sagen ihm das, was uns bewegt. Natürlich spüren wir Gott nicht als Gegenüber wie einen Menschen, der uns direkte und hörbare Antwort gibt. Aber allein die Vorstellung, dass wir vor Gott sitzen und ihm unser Herz öffnen, tut uns gut. Beten kann Sprechen sein. Wir sprechen im Gebet zu Gott. Wir sagen einem andern, was uns bewegt. Wir sind immer auf ein Du bezogen, auch wenn uns dieses Du oft entzogen ist. Beten heißt aber nicht nur sprechen. Es kann auch heißen: einfach vor Gott schweigen. Ich sitze schweigend vor Gott und halte ihm hin, was in mir an Gedanken hochkommt. Das ist nicht zu verwechseln mit einer Art Selbstanalyse. Es ist eine Selbstbegegnung im Angesicht Gottes. Ich horche im Gebet in die Stille hinein, um zu hören, was Gott mir antwortet. Die Frage ist, wie Gott antwortet. Sicher ist: Er antwortet nicht wie ein Mensch in klaren Worten. Doch oft taucht dann, wenn wir ihm unsere Anliegen vorgetragen oder ihm unser Herz ausgeschüttet haben, ein Gedanke oder ein Gefühl in uns auf. Die Frage ist, woher dieser Gedanke kommt. Natürlich läuft dieser Gedanke in unserem Gehirn ab. Die Psychologie würde sagen, dass er aus dem Unbewussten stammt. Aber warum gerade dieser Gedanke hochkommt, das kann die Psychologie auch nicht sagen. So dürfen wir durchaus glauben, dass der Gedanke von Gott kommt. Allerdings kommen nur die Gedanken von Gott, die unser Herz weiten, es mit Liebe und Frieden erfüllen. Gedanken, die uns einengen, Angst machen oder überfordern, kommen eher vom eigenen Über-Ich und nicht von Gott.

Was kann das Gebet bewirken? Zunächst verändert es uns selbst. Das Beten tut uns gut. Es bringt uns in die eigene Wahrheit, und es schenkt uns das Vertrauen, dass wir mit unseren Anliegen nicht allein sind.

Was kann das Gebet bewirken? Zunächst verändert es uns selbst. Das Beten tut uns gut. Es bringt uns in die eigene Wahrheit, und es schenkt uns das Vertrauen, dass wir mit unseren Anliegen nicht allein sind. Wenn wir im Gebet etwas erbitten, dann erfüllt sich das Gebet nicht automatisch. Wir dürfen Gott um alles bitten, für uns oder für andere Menschen. Und manchmal dürfen wir auch erfahren, dass das Gebet etwas bewirkt, sodass es uns oder dem andern besser geht, dass eine Krankheit geheilt wird. Aber das ist nicht selbstverständlich.

Beten heißt, an ein Wort fassen, an den Endpunkt einer Schnur, die gleichsam zu Gott führt. Je größer die Kraft, umso höher ist der Aufstieg an dem Wort. Beten heißt aber auch, dass der Widerhall des Wortes wie ein Senkblei in die Tiefe der Person fällt. Je reiner die Bereitschaft, umso tiefer dringt das Wort.

In jedem Gebet fügen wir hinzu: »Dein Wille geschehe!« Wir können im Gebet Gott nicht zu etwas zwingen. Wir können ihn bitten. Im Bitten verwandelt sich schon unsere Situation. Und manchmal dürfen wir auch das Wunder erfahren, dass sich wirklich etwas wendet. Zumindest verwandelt das Gebet uns. Wenn ich für einen anderen bete, bekomme ich mehr Hoffnung ihm gegenüber und kann ihm so vertrauensvoller begegnen. Oft erkenne ich im Gebet, was ich dem andern sagen könnte. Das Gebet verändert mich und meine Beziehungen. Und ich darf vertrauen, dass Gott im anderen neue Gedanken bewirkt, ihn mit Frieden und Zuversicht erfüllt.

Man kann das, was im Gebet geschieht, nur in Bildern ausdrücken. Ein schönes Bild hat der jüdische Philosoph Abraham J. Heschel in seinem Aufsatz »Das Gebet als Äußerung und Einfühlung« verwendet: »Beten heißt, an ein Wort fassen, an den Endpunkt einer Schnur, die gleichsam zu Gott führt. Je größer die Kraft, umso höher ist der Aufstieg an dem Wort. Beten heißt aber auch, dass der Widerhall des Wortes wie ein Senkblei in die Tiefe der Person fällt. Je reiner die Bereitschaft, umso tiefer dringt das Wort.« Das Beten führt mich also immer näher zu Gott heran. Aber es bringt mich auch in Berührung mit meinem eigenen Wesen, das mir in der Tiefe meiner Seele oft genug verborgen bleibt.

Das
Abendgebet

Das Abendgebet ist ein gesundes Ritual. Es hat eine zweifache Funktion. Zum einen schafft es Distanz zu den Erlebnissen des Tages. Ich halte meinen Ärger Gott hin und kann ihn so ein Stück loslassen. Und ich danke Gott für das, was gelungen ist. Ich übergebe meinen Tag Gott. So wird es mein eigener Tag. Wenn ich einfach müde ins Bett gehe, entsteht das Gefühl, in einer Tretmühle zu sein und von den Terminen hin und her getrieben zu werden. Wenn ich den Tag im Abendgebet bewusst loslasse, beschließe ich ihn wirklich und kann so den neuen Tag auch neu beginnen. Die zweite Funktion des Abendgebetes ist die Bitte um gute Träume, die Bitte, dass Gott seine heiligen Engel senden und mir im Traum sagen möge, wie es um mich steht und was er mit mir vorhat, worauf ich achten sollte und wo mögliche Lösungswege liegen. Ganz gleich wie der Abend verlaufen ist, die letzten Augenblicke

> Ich halte meinen Ärger Gott hin und kann ihn so ein Stück loslassen. Und ich danke Gott für das, was gelungen ist. Ich übergebe meinen Tag Gott.

kann jeder mit seinen persönlichen Ritualen füllen. Er kann nochmals kurz innehalten und für den Tag danken. Mir hilft oft die Gebärde der offenen Hände, um Gott den Tag zu übergeben mit allem, was war, Das sind keine Rituale, die Zeit brauchen, die aber den Tag dennoch gut beschließen und mich innerlich zufrieden machen. Viele lesen noch gerne im Bett. Aber auch da ist es wichtig, was ich lese, ob ich irgendwelche Illustrierten lese, die nur die Neugier befriedigen, oder geistliche Bücher oder Gedichte oder Kurzgeschichten. Die Lektüre will sorgfältig ausgewählt sein. Andere sind abends so müde, dass sie sofort einschlafen. Oder aber sie beten im Bett noch für die Menschen, mit denen sie sich verbunden fühlen, und lassen sich betend in die liebenden Arme Gottes fallen. Für sie wird der Schlaf zum Ritual, zum Bild dafür, dass sie in Gottes Armen ausruhen können von allem, was tagsüber auf sie eingeströmt ist.

Das
Herzensgebet

Seit dem 4. Jahrhundert wurde das so genannte Jesusgebet immer beliebter. Man sagte sich, so oft es möglich war, vor: »Herr Jesus Christus, Sohn Gottes, erbarme dich meiner.« Dabei verband man das Wort mit dem Atemrhythmus. Beim Einatmen sagte man »Herr Jesus Christus« und beim Ausatmen »Sohn Gottes, erbarme dich meiner«. Man kann das Wort auch abkürzen, etwa beim Einatmen »Jesus«, beim Ausatmen »erbarme dich« sprechen. Die kürzeste Weise ist: nur den Namen »Jesus« mit dem Atem zu verbinden. Es geht dabei nicht darum, über Jesus oder über das Jesusgebet nachzudenken. Vielmehr soll der Geist Jesu immer mehr in mich eindringen. Die Alten nannten dieses Gebet auch Herzensgebet. Man sollte sich beim Einatmen vorstellen, wie Jesus in das Herz einströmt und es mit Wärme und Liebe erfüllt. Beim Ausatmen soll man sich dann vorstellen, wie die Liebe Jesu den ganzen Leib durchdringt, vor allem auch in die dunklen und unbewussten Bereiche meines Leibes und meiner Seele einfließt und sie erhellt und verwandelt.

Die Meditation des Jesusgebetes hat ein unbekannter russischer Pilger wunderbar beschrieben in dem Klassiker »Aufrichtige Erzählungen eines russischen Pilgers«. Der Pilger übt das Jesusgebet, bis es von allein in ihm betet. Mit jedem Atemzug betet er diese Worte. Er braucht gar nicht mehr daran zu denken. Sie klingen von alleine in ihm auf. Und man bekommt beim Lesen den Eindruck, dass er ganz und gar von der Liebe und Zärtlichkeit Jesu erfüllt war. Das Jesusgebet ist auch mein persönlicher Weg der Meditation. Ich hoffe, dass ich durch dieses Gebet immer mehr vom Geist Jesu durchdrungen werde. Wenn ich die Erzählungen von russischen Starzen lese, spüre ich die Herzlichkeit und Liebe, die von ihnen ausgeht. Offensichtlich waren diese Mönche so vom Geist Jesu durchdrungen, dass sie für ihre Umgebung zu einer Quelle der Heilung und des Segens wurden …

Es geht dabei nicht darum, über Jesus oder über das Jesusgebet nachzudenken. Vielmehr soll der Geist Jesu immer mehr in mich eindringen.

Für mich ist das Herzensgebet der Weg, auf dem ich Jesus als meinen Freund erahne und ab und zu auch erfahren darf. Wenn ich vor einer Christusikone sitze und das Jesusgebet mit meinem Atem verbinde: »Herr Jesus Christus, Sohn Gottes, erbarme dich meiner«, dann stelle ich mir vor, wie Jesus in meinem Herzen wohnt und mit ihm die Freude. Und ich weiß, dass mit Jesus eine Freude in mir ist, die mir niemand nehmen kann. Jeden Morgen, wenn ich meditiere, komme ich in Berührung mit einer Quelle der Freude, die auch durch die Konflikte des Alltags nicht erstickt werden kann. Denn diese Freude liegt tiefer. Aber es ist eine ganz stille Freude, die sich nicht ekstatisch ausdrückt. In dieser Freude kann ich nicht sagen, worüber ich mich freue. Es ist einfach die Erfahrung von Freude. Der innere Raum, in dem Christus in mir wohnt, ist zugleich der Raum der Freude. Freude ist wie eine Qualität, die diesen Raum erfüllt. Es ist die Qualität von Leichtigkeit und Weite, von Heiterkeit und Frieden, von Helligkeit und Stimmigkeit. Wenn ich nach der Meditation zur Eucharistiefeier gehe, dann habe ich das Gefühl, dass ich diesen Raum der Freude in mir trage und dass es meine Aufgabe ist, diese innere Freude auch in die alltäglichen Besprechungen und Begegnungen hineinzutragen. Aber ich spüre auch, dass ich die Freude in mir schützen muss. Denn allzu leicht wird sie wieder verdeckt vom Ärger über dieses oder jenes Missgeschick. Allzu schnell kann die Freude sich auflösen in das Gefühl von Bitterkeit über die Enttäuschungen, die das Leben bereitet. Die Freude braucht Achtsamkeit, damit sie nicht erstickt unter den negativen Emotionen, denen ich in vielen Gesprächen ausgesetzt bin. Und ich erlebe es manchmal wie einen Machtkampf zwischen der Freude, die in mir ist, und dem Ärger und der Depressivität, die mir im Gespräch entgegenkommen. Lasse ich mich von den destruktiven Gefühlen des anderen anstecken, oder gelingt es mir, die Freude in mir durchzuhalten und dem anderen einen Funken davon zu vermitteln?

> Der innere Raum, in dem Christus in mir wohnt, ist zugleich der Raum der Freude. Freude ist wie eine Qualität, die diesen Raum erfüllt.

Die Mönche auf dem Berg Athos sind überzeugt, dass nur deshalb unsere Welt noch nicht in Schutt und Asche versunken ist, weil überall auf der Welt gebetet wird, weil es keine Minute gibt, in der nicht irgendjemand sein Gebet zu Gott richtet. Starez Siluan glaubt: »Allein das Gebet der Liebe ist stark genug, den Lauf der Geschichte bedeutsam zu beeinflussen und die Ausmaße des Bösen einzudämmen.« Die Schweizer glauben heute noch, dass sie ihren jahrhundertelangen Frieden dem Gebet des heiligen Klaus von der Flüe verdanken. Man kann die Macht des Betens nicht beweisen. Aber alle Religionen sind davon überzeugt, dass das Gebet ein Machtpotential

Die Macht
des Gebets

darstellt, das den destruktiven Mächten dieser Welt überlegen ist. Ich wurde von Vertretern der Friedensbewegung gefragt, ob denn das Beten für sich allein nütze. Demonstrieren würde doch viel eher etwas in den Köpfen der Politiker bewegen. Natürlich kann ich nicht beweisen, ob und wie das Beten die Denkstrukturen der Mächtigen verwandelt. Demonstrationen haben sicher auch ihren Wert. Aber für mich hat das Gebet durchaus die Macht, in dieser Welt etwas in Bewegung zu bringen. Die Frage ist, was die Wandlung im Osten oder die Aufhebung der Apartheid in Südafrika bewirkt hat. Ich glaube an die Macht des Gebetes, das einen Stein ins Rollen bringt.

Das
Sehnsuchtsgebet

Gott selbst können wir nicht direkt erfahren. Aber in der Sehnsucht spüren wir ihn in unserem Herzen. Der spirituelle Weg besteht für die christliche Tradition daher geradezu ausdrücklich darin, dass wir mit unserer Sehnsucht in Berührung kommen. Sie ist – nach Augustinus – wie ein Anker, den Gott in unsere Seele geworfen, mit der er sich geradezu sprichwörtlich in unserem Innersten »verankert« hat.

Viele Menschen leiden heute darunter, dass sie nicht mehr beten können. Sie zweifeln daran, dass Gott ihr Gebet hört und auf ihr Gebet hin handelt. Wenn sie mir ihre Zweifel an der Wirksamkeit des Gebetes erzählen, dann versuche ich nicht, ihnen zu beweisen, dass das Gebet schon oft geholfen hat. Und ich verzichte auf theologische Erklärungen, wie Gott auf unser Gebet reagiert. Denn das führt nicht weiter. Ich rate ihnen, das Beten erst einmal zu lassen. Stattdessen sollten sie sich einfach still hinsetzen, ihre Hand auf das Herz legen und spüren, was da an Sehnsucht in ihnen hochsteigt. Das ist schon Gebet. Die Sehnsucht ist das wahre Gebet. In der Sehnsucht streckt sich ihre Seele nach Gott aus. Und Gebet ist nicht in erster Linie Bittgebet, auch nicht Dankgebet, sondern Sich-Ausstrecken nach Gott, Sich-Sehnen nach ihm, der unser Herz mit seiner Liebe und mit seinem Geist erfüllen kann. Wenn ich in der Sehnsucht Gottes heilende und liebende Nähe erahne, dann ist all das schon erfüllt, wonach ich im Bittgebet flehe. Dann bin ich frei von dem negativen Einfluss des Menschen, der mich verletzt hat. Dann ist Frieden in mir. Dann erfahre ich mich heil und ganz. Dann hat mich meine Angst nicht mehr im Griff. Die Sehnsucht führt mich in Gott hinein und erfüllt so, was der Sinn jeden Betens ist: eins zu werden mit Gott, in ihm Frieden und Heil, Freiheit und Liebe zu erfahren.

> Dann bin ich frei von dem negativen Einfluss des Menschen, der mich verletzt hat. Dann ist Frieden in mir. Dann erfahre ich mich heil und ganz.

Die Spur

meiner ureigensten Spiritualität

Für mich als geistlichen Begleiter ist die Spur der Selbsttherapie immer auch eine Spur der ureigensten Spiritualität. Viele klagen in der Lebensmitte darüber, dass ihr geistliches Leben zusammengebrochen sei. Sie haben den Eindruck, ihre Spiritualität sei ihnen von den Eltern, von der Kirche, vom Orden übergestülpt worden. Jetzt sind sie ratlos, meinen, Gott sei bloß eine Einbildung. Sie haben in ihrem geistlichen Leben ganz viel Energie auf die Einhaltung von stillen Zeiten, von Gebet und Meditation verwendet. Und jetzt spüren sie, dass das alles eine Illusion war. Die spirituelle Spur war für sie wesentlich. Ohne sie hätten sie nicht überlebt. Aber jetzt stimmt sie nicht mehr. Sie können nicht mehr beten. Die Meditation ist leer. Gott ist ihnen abhanden gekommen, zwischen den Fingern zerronnen. Das stürzt sie in eine tiefe Krise. Manche versuchen dann, krampfhaft an ihrer Ordnung festzuhalten. Aber immer wieder scheitern sie daran. Es gelingt ihnen einfach nicht, ihre Meditation durchzuhalten. Sie fühlen sich so leer dabei, dass sie keinen Sinn mehr darin sehen, weiterzumachen. Der innere Widerstand wird so groß, dass sie es mehr und mehr aufgeben, überhaupt noch zu beten oder zu meditieren. Und sie wissen keinen Weg, aus dieser Verzweiflung herauszukommen. Auch da hilft es oft, die urpersönlichste Spur zu entdecken, auf der man als Kind Gottes Nähe erfahren hat, auf der man als Kind sich am wohlsten gefühlt hat. Denn dort, wo ich mich als Kind ganz im Einklang mit mir und der Welt gefunden habe, dort war ich auch eins mit Gott. Genau das ist auch die spirituelle Spur, die nicht aufgesetzt ist, sondern die Spur, auf der ich Gott begegnet bin und ihn gefunden habe. Wenn ich diese Spur wieder neu entdecke, kann auch mein geistliches Leben wieder aufblühen.

Es sind oft archetypische Erfahrungen, die mir Erwachsene erzählen, wenn ich sie danach frage, wo sie sich als Kinder am wohlsten gefühlt und wie sie als Kind auf die Verletzungen und auf unerträgliche Situationen reagiert haben, und sie klingen erstaunlich ähnlich. Da ist eine Frau, die sich sehr erschöpft fühlt. Sie meint, die viele Arbeit sei schuld an ihrer Erschöpfung. Aber auch ein langer Urlaub hat ihr nicht geholfen. So ahne ich, dass die Erschöpfung mit einer inneren Struktur zu tun haben muss. Als Kind hat sie immer den Eindruck gehabt, sie müsse aufpassen, sonst würde sie geschimpft, sonst gäbe es Streit zwischen ihrem Onkel und den Eltern. Sie wuchs auf mit einem ständigen Gefühl der Überforderung: »Wie kann ich es dem Onkel recht ma-

> Denn dort, wo ich mich als Kind ganz im Einklang mit mir und der Welt gefunden habe, dort war ich auch eins mit Gott.

chen? Schaffe ich auch alles, was von mir verlangt wird? Hoffentlich gibt es heute keinen Streit. Was kann ich nur machen, dass es einigermaßen friedlich zugeht?« Dieses Gefühl, dass andere ständig etwas von ihr wollen, hat sie letztlich ihr ganzes Leben lang überfordert. Sie lebte in einer ständigen Anspannung und konnte sich nicht fallen lassen, sich nicht entspannen. Jeder Konflikt hat diese Grundspannung aus ihrer Kindheit wieder neu aufleben lassen und ihr ihre ganze Energie geraubt. So fragte ich sie, wo sie sich denn als Kind am wohlsten gefühlt habe.

Sie meinte, sie habe sich als Kind oft Höhlen in das Heu oder Stroh gegraben und habe sich darin zurückgezogen. Da hat sie sich richtig wohl gefühlt. Da war sie geschützt. Da konnte sie kein Konflikt erreichen. Da konnte niemand mit ihr schimpfen. Da hat sie sich lebendig gefühlt, da war Lebensfreude. Da war sie ganz bei sich, mit sich im Einklang.

Die Höhle ist ja ein Symbol für den Mutterschoß. Es war eine gesunde Regression, die das Kind da für sich als Lebensspur entdeckt hat. Und sie hat noch einen anderen Weg gefunden. Sie ist gerne auf eine große Linde geklettert, die vor ihrem Haus stand. Dort konnte man sie nicht sehen. Dort konnte sie alles von oben betrachten. Da hat sie sich richtig frei gefühlt. Und zugleich hat sie sich größer gefühlt als die Menschen, die da auf der Erde herumliefen und nach ihr suchten. Die Höhle und der Baum sind zum einen mütterliche Symbole, zum anderen haben sie auch eine religiöse Bedeutung. Sich in die Höhle zurückziehen kann auch heißen: Gott als Schutzraum erfahren, bei Gott daheim sein, in Gott Heimat und Geborgenheit erleben. Gott schützt diese Frau vor der bedrohenden Nähe der Menschen, die ständig etwas von ihr wollen, die übertriebene Erwartungen an sie haben, denen sie alles recht machen möchte, vor denen sie Angst hat, dass sie sich zerstreiten und ihr die Schuld für ihre Konflikte zuschieben. Das Bild der Höhle zeigt, welches Gottesbild ihr heute helfen kann, sich fallen zu lassen und sich zu entspannen. Nicht der Gott, dem sie alles recht machen muss, vor dem sie alle Gebote erfüllen muss, dessen Willen sie immer neu entdecken muss, sondern der Gott, bei dem sie geborgen ist, bei dem sie sein darf, wie sie ist, geschützt und frei, geborgen und daheim, dieser »Höhlengott« wird sie heute heilen und ihr den Raum schenken, in dem sie regenerieren kann. Natürlich ist das mütterliche Bild der Höhle auch ein einseitiges Gottesbild. Es braucht den Gegenpol des Exodusgottes, der mich herausführt aus Abhängigkeiten, der mich in die Verantwortung stellt. Aber für ihre jetzige Situation braucht sie dieses mütterliche Gottesbild, damit sie aufhört, sich zu überfordern, damit sie sich in Gottes liebende Arme fallen lassen kann.

> Nicht der Gott, dem sie alles recht machen muss, dessen Willen sie immer neu entdecken muss, sondern der Gott, bei dem sie geborgen ist, bei dem sie sein darf, wie sie ist, geschützt und frei, geborgen und daheim, wird sie heute heilen.

Mein
göttlicher Kern

Wenn ich mich auf den Ort der Stille in mir einlasse, dann wächst in mir das Gefühl von Freiheit und Vertrauen. Es ist dann kein zur Schau gestelltes Selbstvertrauen, sondern ein Vertrauen aus der inneren Freiheit heraus. Ich kämpfe dann nicht gegen andere, sondern ich genieße die Freiheit. Es gibt einen Raum in mir, über den niemand Macht hat, der Raum, in dem Gott in mir wohnt. Dort, wo Gott in mir wohnt, dort komme ich auch in Berührung mit meinem wahren Selbst. Dort bin ich ganz ich selbst. Dort ist mein Selbst geschützt. Dort wächst mein Selbstwertgefühl, und ich werde mehr und mehr eins mit mir selbst.

Alle religiösen Wege führen uns allmählich zum Gefühl unseres Selbstwertes. Es gibt keinen spirituellen Trick, sich schnell Selbstvertrauen und Selbstwert zu verschaffen. Es sind immer Übungswege, die uns weiterbringen. Ich muss das Wort Gottes immer wieder meditieren, bis es mein Herz verwandelt und die Angst daraus vertreibt. Ich muss im Gebet immer wieder in Berührung kommen mit dem Raum der Stille in mir, um mich unabhängig von der Meinung der andern und von den Maßstäben des eigenen Über-Ichs zu fühlen. Wenn ich treu und behutsam diesen Weg der Übung gehe, dann kann in mir ein gesundes Selbstwertgefühl wachsen. Ich bin nicht einfach dazu verdammt, mit dem geringen Selbstvertrauen zu leben, das ich als Kind mitbekommen habe. Das Selbstwertgefühl kann gelernt werden. Der Glaube ist eine geeignete Schule, in der wir Selbstvertrauen und Selbstwert erlernen können. Aber wie jede Schule braucht es Ausdauer und Übung. Und der Glaube darf die psychologische Wirklichkeit nicht überspringen. Als Glaubender muss ich mich aussöhnen mit meinen Verletzungen, die mein Selbstwertgefühl angekratzt haben. Als Glaubender muss ich auch all die Hilfen in Anspruch nehmen, die mir die Psychologie anbietet. Aber ich kann im Glauben darüber hinaus einen Weg finden, zu meinem wahren Selbst zu gelangen, zu dem Selbst, so wie Gott es geformt hat. Im Glauben übersteige ich die psychologische Ebene und entdecke in mir die transpersonale Ebene, den Raum in mir, in dem Gott in mir wohnt und in dem ich ganz ich selber bin. Wenn ich mit meinem wahren Selbst in Berührung bin, dann habe ich ein Selbstwertgefühl, das auch durch Versagen und Kränkungen nicht zunichte gemacht werden kann. Es ist ein Gefühl für meinen göttlichen Kern, über den diese Welt keine Macht hat.

> Wenn ich mit meinem wahren Selbst in Berührung bin, dann habe ich ein Selbstwertgefühl, das auch durch Versagen und Kränkungen nicht zunichte gemacht werden kann.

Zeiten von
Stille und Ruhe

Wir alle brauchen immer wieder Zeiten der Stille, in denen wir uns zurückziehen können vom Lärm, der uns oft genug umgibt, vom Lärm der Arbeit, von den vielen Gesprächen und Vorträgen. Jeder hat andere Formen entwickelt, wie er sich zurückziehen kann. Der eine geht spazieren, der andere macht einen so genannten Wüstentag – einen Tag der spirituellen Vertiefung und Konzentration, ohne die Anforderungen des Alltags. Ein anderer zieht sich in sein Zimmer zurück und zieht den Telefonstecker heraus, damit er nicht erreichbar ist. Jeder von uns braucht die Möglichkeit des Rückzugs, damit er Rückhalt findet, einen festen Halt, auf dem er stehen kann. Der Rückzug ist immer verbunden mit der Rücksicht auf mich selbst. Ich schone mich selbst, gehe rücksichtsvoll mit mir um, damit die innere Quelle wieder fließen kann. Die frühen Mönche haben solche Zeiten des Rückzugs und der Stille verglichen mit dem ruhig werdenden Wasser. In einer Mönchsgeschichte heißt es, dass drei Studierende Mönche wurden. Jeder nahm sich ein gutes Werk vor. »Der erste erwählte dies: Er wollte Streitende zum Frieden zurückführen, nach dem Wort der Schrift: Selig sind die Friedfertigen. Der zweite wollte Kranke besuchen. Der dritte ging in die Wüste, um dort in Ruhe zu leben. Der erste, der sich um die Streitenden mühte, konnte doch nicht alle heilen. Und von Verzagtheit übermannt, ging er zum zweiten, der den Kranken diente, und fand auch den in gedrückter Stimmung. Denn auch er konnte sein Vorhaben nicht ganz ausführen. Sie kamen daher beide überein, den dritten aufzusuchen, der in die Wüste gegangen war, und sie erzählten ihm ihre Nöte und baten ihn, er möge ihnen aufrichtig sagen, was er gewonnen habe. Er schwieg eine Weile, dann goss er Wasser in ein Gefäß und sagte ihnen, sie sollten hinein-

> Jeder von uns braucht die Möglichkeit des Rückzugs, damit er Rückhalt findet, einen festen Halt, auf dem er stehen kann. Der Rückzug ist immer verbunden mit der Rücksicht auf mich selbst.

schauen. Das Wasser war aber noch ganz unruhig. Nach einiger Zeit ließ er sie wieder hineinschauen und sprach: Betrachtet nun, wie ruhig das Wasser jetzt geworden ist. Und sie schauten hinein und erblickten ihr Angesicht wie in einem Spiegel. Darauf sagte er weiter: So geht es dem, der unter den Menschen weilt: Wegen der Unruhe und Verwirrung kann er seine Sünden nicht sehen. Wer sich aber ruhig hält und besonders in der Einsamkeit, der wird bald seine Fehler einsehen.« Viele machen heute ähnliche Erfahrungen wie die drei jungen Mönche. Sie möchten sich für andere einsetzen und andern helfen. Aber sie spüren, dass ihr Werk nicht so gelingt, wie sie es sich vorgenommen haben. Der Wille allein ist nicht genug, um die eigenen Ideale zu verwirklichen. Es braucht die Erfahrung der inneren Ruhe, in der wir uns selber so sehen können, wie wir wirklich sind. Wenn in der Stille das Wasser unserer Seele ruhig wird, dann können wir daraus schöpfen. Dann können wir das Werk, das wir uns vorgenommen haben, auch vollbringen. Solange wir innerlich aufgewühlt sind, können wir die Energie nicht wahrnehmen, die in uns strömt. Es braucht die Ruhe, um die Kraft zu entdecken, die in uns liegt. Viele vom Lärm und der alltäglichen An-

spannung geplagte Menschen suchen heute nach Auszeiten und Oasen der Ruhe. In unserer Abtei spüren wir, wie groß die Sehnsucht nach Rückzug ist. In unser Gästehaus kommen viele Menschen, die ein paar stille Tage verbringen möchten. Sie sehnen sich danach, vom Lärm ihres Alltags wegzukommen und einzutauchen in das Gebet der Mönche und in die stille Atmosphäre eines Klosters. In der Stille kommen sie in Berührung mit sich selbst. Das ist nicht immer angenehm. Daher suchen sie auch nach einer geistlichen Begleitung, um mit dem inneren Chaos, das in ihnen aufbricht, besser umgehen zu können. Nach einigen Tagen der Stille fühlen sie sich wieder gestärkt für den Alltag. Sie haben aus ihrer inneren Quelle getrunken.

Wille allein ist nicht genug, um die eigenen Ideale zu verwirklichen. Es braucht die Erfahrung der inneren Ruhe, in der wir uns selber so sehen können, wie wir wirklich sind. Wenn in der Stille das Wasser unserer Seele ruhig wird, dann können wir daraus schöpfen.

Die Erfahrung
der Natur

Für viele ist die Natur eine wichtige Quelle, aus der sie schöpfen. Wenn sie durch einen Wald wandern, fühlen sie sich nachher erfrischt. Oder sie setzen sich ins Grüne und schauen einfach in die Landschaft, hören den Vögeln zu, spüren den Wind und lassen sich von der Sonne bescheinen. In der Natur dürfen wir einfach sein, wie wir sind. Da müssen wir nichts leisten und werden nicht beurteilt. Da sind wir geborgen. Wir sind Teil der Schöpfung. Wir fühlen uns eins mit ihr, haben teil an der Kraft, die in ihr ist, und an dem Geist, der sie durchdringt. In der Natur kann ich spüren, dass das Leben, das ich überall wahrnehme, auch in mich einfließt. Ich werde lebendig und fühle neue Kraft in mir. Viele Menschen erzählen mir, dass Tiere für sie eine wichtige Quelle sind, aus der sie Kraft schöpfen. Eine Frau ist dankbar für ihren Hund. Er zwingt sie, dass sie täglich zweimal nach draußen geht und einen Spaziergang macht: Und wenn sie Kummer hat, findet sie bei ihm Trost. Denn er urteilt und bewertet nicht. Er ist einfach bei ihr. Andere erleben ihr Pferd in ähnlicher Wei-

In der Natur kann ich spüren, dass das Leben, das ich überall wahrnehme, auch in mich einfließt. Ich werde lebendig und fühle neue Kraft in mir.

se: Wenn sie es streicheln und füttern und wenn sie auf ihm reiten, haben sie teil an seiner vitalen Kraft. Da erfahren sie Weite und Freiheit, Verbundenheit und ein ganz elementares Verstehen. Eine Frau, die auf einem Bauernhof aufgewachsen war, erzählte mir, dass sie als Kind nach der Schule immer erst in den Stall ging, um den Kühen zu erzählen, was war. Sie hatte den Eindruck: Die hörten zu, wenn sie ihnen etwas sagte. Da fühlte sie sich geborgen und verstanden. Es war für sie eine wichtige Möglichkeit, nach der für sie so anstrengenden und energieraubenden Schule wieder neu Kraft zu schöpfen.

Gerade aktive Menschen erfahren ihre Quelle eher im Wandern als im stillen Sitzen. Wenn sie auf einen Berg steigen, kommen sie mit ihrer Energie in Berührung. Wenn sie vorher noch so erschöpft waren, noch so frustriert von der Arbeit, so bringt sie das Wandern wieder mit ihrer inneren Quelle in Berührung. Sie schwitzen vielleicht beim Bergsteigen und fühlen sich müde. Doch trotz der Anstrengung erleben sie eine innere Frische. Neue Kraft strömt in sie ein. Die Sorgen des Alltags sind wie weggewischt. Der Kopf ist wieder frei. Andere fahren nach der Arbeit mit dem Fahrrad durch die Gegend. Dabei können sie sich frei treten von allem, was sie belastet. Sie genießen die Landschaft mit ihrer Weite und spüren, wie das Herz davon weit wird. Ein Mann erzählte mir, dass das Radfahren für ihn bereits in seiner Kindheit Inbegriff von Freiheit war. Da hatte er den Eindruck, dass er selbst das Leben in die Hand nahm. Er konnte das Rad selbst lenken und wurde nicht mehr hin und her geschoben von seiner Mutter und von seinem Großvater. Daran knüpft er noch heute an.

Viele sind schon als Kinder bewusst in die Natur hinausgegangen, um Abstand zu bekommen von den Eltern und ihren Erwartungen und Beurteilungen. In der Natur wollte niemand etwas von ihnen. Da konnten sie tun und lassen, was sie wollten. Wenn sie heute als Erwachsene wandern, dann steigt dieses Gefühl von Freiheit und Geborgenheit wieder in ihnen auf. Eine Frau erzählte mir, wie sie als Kind stundenlang nur auf der Wiese sitzen konnte und sich eins fühlte mit dem Leben um sie herum, mit den Blumen, den Insekten, den Vögeln, dem Wind. Sie wusste sich von der Erde getragen.

> Die Erfahrungen, die wir in der Natur machen, beim Wandern, beim Radfahren, beim Liegen auf der Wiese, sind deshalb so heilsam für uns, weil sie uns mit wichtigen Erlebnissen in der Kindheit in Berührung bringen

Sie konnte sich einfach fallen lassen und sich der Erde anvertrauen. Auf der Wiese liegend, schaute sie in den Himmel, wie die Wolken ständig ihre Formen veränderten. Das war für sie der Himmel auf Erden. Wenn sie heute in die Natur geht, sucht sie sich solche Plätze aus, auf denen sie nur schauen, riechen, tasten und hören kann. Das genügt ihr. Es ist wie damals in der Kindheit. In der Erinnerung an die Erfahrung von Geborgenheit und Freiheit und Weite fühlt sie, dass das Leben, das sie umgibt, wieder in sie einströmt. Der Geist, der die Schöpfung durchdringt, fließt auch in ihr. Es ist der Geist Gottes, der sich gerade in der Natur als unermesslich erweist und ihr wieder neue Kraft schenkt. Die Erfahrungen, die wir in der Natur machen, beim Wandern, beim Radfahren, beim Liegen auf der Wiese, sind deshalb so heilsam für uns, weil sie uns mit wichtigen Erlebnissen in der Kindheit in Berührung bringen und weil sie uns neu und intensiv bewusst machen: In der Schöpfung Gottes ahnen wir etwas von der unerschöpflichen Fülle des Lebens, an der wir teilhaben dürfen. Da können wir uns nie satt sehen. Die Natur ist eine Einladung, immer wieder aus der Quelle des Lebens zu trinken.

Spiritualität
und Glaubensfragen

Menschen, die sich um religiöse Fragen kümmern und sich auf die spirituelle Suche machen, erleben heute zum einen die Verunsicherung durch Zeitgenossen, die Glaube und Religion ablehnen oder gar nichts damit anfangen können. Sie erfahren aber auch die Verunsicherung durch Menschen, die so fest in ihrem Glauben stehen, dass für sie alles klar und unbezweifelbar ist und die jeden Zweifel als Schwäche oder Untreue sehen.

Die Einstellung zur Religion ist auch im intellektuellen Klima unserer Zeit nicht mehr eindeutig. Auf der einen Seite sprechen wir von der Wiederkehr der Religion. Die spirituelle Suche ist weit verbreitet, auch in Kreisen, die nicht typisch kirchlich sind. Und viele Psychologen haben heute die positive Wirkung der Spiritualität entdeckt. Auf der anderen Seite scheint es heute auch eine Renaissance des Atheismus zu geben. Das verunsichert viele Glaubende. Entscheidend ist, dass der Glaube nicht mit wissenschaftlichen Argumenten aus der Welt

Die spirituelle Suche ist weit verbreitet, auch in Kreisen, die nicht typisch kirchlich sind. Und viele Psychologen haben heute die positive Wirkung der Spiritualität entdeckt.

geschafft werden kann, weil er auf einer anderen Ebene liegt als die »reine Vernunft«, die es als solche auch gar nicht gibt.

Die andere Herausforderung besteht für spirituell suchende und empfängliche Menschen, wenn sie selbst wahrnehmen, dass ihnen ihr Glaube abhanden gekommen ist, der ihnen früher wichtig und selbstverständlich war. Sie haben als Kind und als Jugendliche und vielleicht noch lange danach in dieser Glaubenssicherheit gelebt und sich lange ganz selbstverständlich in der kirchlich geprägten Lebenswelt bewegt. Auf einmal spüren sie nichts mehr von dem, was sie geglaubt haben und was sie in ihrem geistlichen Leben getragen hat. Sie empfinden eine Leere, eine Lücke in ihrem Leben und suchen ehrlich nach einem Glauben, der sie überzeugt und wirklich trägt und ihnen eine neue innere Sicherheit gibt.

Oft leiden gläubige Menschen auch daran, dass ihre Kinder und Enkelkinder vom Glauben nichts mehr wissen möchten. Ihre Kinder und Enkelkinder lehnen den Glauben nicht ab. Aber sie scheinen keine Antenne und kein Interesse dafür zu haben. Er ist ihnen einfach fremd. Das macht viele gläubige Eltern und Großeltern sprachlos.

Dann gibt es die Christen, die ganz und gar überzeugt sind von dem, was sie glauben. Für sie ist alles klar. Und sie machen den spirituell Suchenden ein schlechtes Gewissen, weil sie nicht die persönliche Beziehung zu Jesus oder zu Gott haben. Sie bräuchten Jesus nur alles anzuvertrauen, dann würde alles gut. Wir hätten gerne diese Sicherheit. Zugleich jedoch erzeugen sie in uns Zweifel, ob es wirklich so leicht geht. Und manchmal setzen uns solche Worte unter Druck, dass wir die gleichen Gefühle haben müssten, dass wir uns von Jesus geliebt fühlen müssten. Doch Gefühle kann man nicht einfach hervorrufen. Ehrlich suchende Gläubige suchen eine Bestärkung ihres Glaubens. Aber sie möchten nicht, dass man ihnen ein festes Glaubensgebäude überstülpt. Sie möchten weiterhin Menschen bleiben, die ehrlich suchen und fragen. Ihre Fragen sind eine Herausforderung an die Kirche, den Glauben in einer Sprache zu verkünden, die die Herzen berührt. Es soll eine Sprache sein, die den Glauben nicht verwässert, sondern unsere tiefste Sehnsucht nach Gott anspricht. Wir sehnen uns heute nach der Sprache, die die Jünger am Pfingstfest sprechen durften, weil der Heilige Geist in Feuerzungen über sie kam. Da konnten sie so sprechen, dass ein Funke übersprang und die Menschen sich in ihrem Herzen verstanden fühlten. Jeder verstand, was die Jünger sagen wollten. Es war kein intellektuelles Verstehen, auch nichts, was die Menschen in ihrer Innerlichkeit allein ließ, sondern ein Verstehen, das zu der Frage führte: »Was sollen wir tun?« (Apg 2,37).

Max Horkheimer meint, gerade eine Sprache, die nicht einfach angepasst ist, halte unsere Sehnsucht nach dem ganz Anderen wach. Aber es muss doch eine Sprache sein, die unser Herz berührt und es für Gott öffnet. Albert Biesinger meinte in einem Buch über religiöse Erziehung, wir sollten die »Kinder nicht um Gott betrügen«. Das gilt auch für die Erwachsenen. Sie möchten nicht um Gott betrogen werden. Sie möchten ihrer Sehnsucht trauen, dass Gott das Ziel ihres Lebens ist. Wie finden wir die Sprache, die diese Sehnsucht nach Gott anspricht und die Herzen für Gott und für das Geheimnis Jesu Christi öffnet?

Ehrlich suchende Gläubige suchen eine Bestärkung ihres Glaubens. Aber sie möchten nicht, dass man ihnen ein festes Glaubensgebäude überstülpt. Sie möchten weiterhin Menschen bleiben, die ehrlich suchen und fragen.

Das Selbstwertgefühl kann gelernt werden. Der Glaube ist eine geeignete Schule, in der wir Selbstvertrauen und Selbstwert erlernen können. Aber wie jede Schule braucht es Ausdauer und Übung. Und der Glaube darf die psychologische Wirklichkeit nicht überspringen. Als Glaubender muss ich mich aussöhnen mit meinen Verletzungen, die mein Selbstwertgefühl angekratzt haben. Als Glaubender muss ich auch

Glaubens-räume

all die Hilfen in Anspruch nehmen, die mir die Psychologie anbietet. Aber ich kann im Glauben darüber hinaus einen Weg finden, zu meinem wahren Selbst zu gelangen, zu dem Selbst, so wie Gott es geformt hat. Im Glauben übersteige ich die psychologische Ebene und entdecke in mir die transpersonale Ebene, den Raum in mir, in dem Gott in mir wohnt und in dem ich ganz ich selber bin. Wenn ich mit meinem wahren Selbst in Berührung bin, dann habe ich ein Selbstwertgefühl, das auch durch Versagen und Kränkungen nicht zunichte gemacht werden kann. Es ist ein Gefühl für meinen göttlichen Kern, über den diese Welt keine Macht hat.

> Im Glauben übersteige ich die psychologische Ebene und entdecke in mir die transpersonale Ebene, den Raum in mir, in dem Gott in mir wohnt und in dem ich ganz ich selber bin.

Der Sprung
ins Weite

Vor etwa dreißig Jahren habe ich einmal ein Sensitivity-Training gemacht. Darin kam ich mit meinen eigenen, auch verdrängten Gefühlen – und mit den unerfüllten Bedürfnissen meiner Kindheit in Berührung. Das löste eine Krise bei mir aus. Ich spürte eine tiefe Enttäuschung und hatte das Gefühl, in meinem Leben zu kurz gekommen zu sein. Doch einige Zeit später, als ich im Urlaub einmal allein an einem See saß und auf die Wellen schaute, überkam mich auf einmal ein tiefer Friede. Ich konnte auf einmal einverstanden sein mit all den unerfüllten Bedürfnissen und konnte mir sagen: »Es ist gut, dass du nicht satt geworden bist. Das hält dich wach und lebendig, das hält dich offen auf Gott hin. Vielleicht wärst du sonst verbürgerlicht und hättest halbwegs zufrieden dahingelebt. Aber du hättest deine eigentliche Berufung nie entdeckt.«

Ich sehe meine Berufung heute darin, die Sehnsucht in meinem Herzen wach zu halten, damit ich auf Gott hin offen bleibe und damit mein Herz auch gegenüber den Menschen weit wird. Und es ist die Sehnsucht, die das Herz weit werden lässt. Auch gegenüber den Menschen. Das weite Herz hat Raum für die anderen. Es verurteilt nicht. Es hat das Leben mit seinen Desillusionierungen und Enttäuschungen erfahren und angenommen. Aber es hat sich dabei nicht zusammengezogen. Es hat die Enttäuschungen als Chance genutzt, den Absprung in eine größere Weite zu finden. Es gibt viele Wege, sich mit den Kränkungen der Lebensgeschichte zu versöhnen. Wenn ich die Wunden meiner Lebensgeschichte als Entfacher meiner Sehnsucht verstehe, kann ich mich mit ihnen aussöhnen. Sie bleiben Wunden. Sie werden auch immer wieder wehtun. Aber ich versinke dann nicht in Selbstmitleid, sondern ich sage mir: »Die Wunde schmerzt. Aber im Schmerz komme ich in Berührung mit meiner Sehnsucht nach wirklicher Heilung, nach endgültigem Heilsein und Ganzsein.« Dann bin ich frei von dem Druck, meine Verletzungen so aufzuarbeiten, dass sie nicht mehr auftauchen. Sie dürfen sich in mir zu Wort melden. Sie erinnern mich immer wieder an die Sehnsucht, die in mir ist. Und sie bringen mich in Berührung mit meinem Herzen, in dem diese Sehnsucht lebt und das gerade durch die Sehnsucht lebendig ist und weit und voller Liebe.

Nur wer sich ehrlich seiner Situation stellt, für den wird auch die Sehnsucht wachsen – als Kraft, der eigenen Enge zu entkommen. Nichts anderes ist Spiritualität. Spiritualität besteht für mich darin, der Spur meiner eigenen Lebendigkeit zu folgen, meiner Sehnsucht zu trauen, ihr auf den Grund zu gehen und mich von ihr in die Weite und in die Freiheit, in die Liebe und in die Lebendigkeit führen zu lassen.

Im Schatten
seines Baumes

Nichts ersehnt der Mensch heute mehr, als dass er zur Ruhe kommt, dass er nicht nur äußere, sondern auch innere Ruhe findet. Er leidet an der Unruhe unserer Zeit, am Lärm, der ihn umgibt, an der Hektik, die ihn zu Tode hetzt. Aber in seiner Sehnsucht nach wirklicher Ruhe leidet der Mensch zugleich an seiner Unfähigkeit, wirklich ruhig zu werden. Die wenigen Augenblicke, die er sich gönnt, um einmal von allem abzuschalten, führen ihn nicht zur Ruhe, sondern konfrontieren ihn mit dem inneren Lärm, mit seinen lauten Gedanken, seinen Sorgen, seinen Ängsten,

> Wir brauchen Gott, in dessen Schutz wir geborgen sind, in dessen Liebe wir erahnen dürfen, dass wir bedingungslos angenommen sind, dass alles in uns sein darf, auch die Unruhe, auch die quälenden Sorgen und Ängste.

seinen Schuldgefühlen, seinen Ahnungen, dass sein Leben wohl doch nicht so läuft, wie er es sich einmal erträumt hat. Und so läuft er vor diesen unangenehmen Augenblicken der Stille davon und betäubt sich wieder mit dem Lärm, der von allen Seiten auf ihn einströmt. Er flieht wieder in die Beschäftigung, um seiner so unbequemen Wahrheit aus dem Weg zu gehen. Das Wort des hl. Augustinus vom unruhigen Herzen, das nur in Gott Ruhe findet, ist nicht nur ein frommes Wort, sondern es entspricht unserer tiefsten Erfahrung. Wir selbst können unser unruhiges Herz nicht beruhigen. Wir können unsere Ängste nicht selbst besänftigen, wir können unsere Schuldgefühle nicht selbst entkräftigen, wir können unserem eigenen Schatten nicht davonlaufen. Wir brauchen den Baum, in dessen Schatten wir ausruhen können, ohne von unserem Schatten geängstigt zu werden. Wir brauchen Gott, in dessen Schutz wir geborgen sind, in dessen Liebe wir erahnen dürfen, dass wir bedingungslos angenommen sind, dass alles in uns sein darf, auch die Unruhe, auch die quälenden Sorgen und Ängste. Weil vor Gott alles sein darf, weil wir vor Gott alles zeigen dürfen, was in uns ist, kann in seiner Nähe die tödliche Flucht vor uns aufhören. So können wir uns im Schatten seines Baumes niederlassen und die wahre Ruhe finden, nach der wir uns alle so sehr sehnen.

Selbstfindung, Selbstvertrauen

I
n fast allen Medien ist heute von Selbstfindung und Selbstvertrauen die Rede. Aber je mehr wir darüber sprechen, desto schwerer tun sich die Menschen, ihr wahres Selbst zu finden. Jeder Psychologe sagt uns, dass wir uns selbst annehmen sollen. Aber die Frage ist, wie es gelingt, sich selbst zu akzeptieren. Wir spüren unsere Defizite gerade im Blick auf die oft zu hohen Ideale, die uns in den Medien vor Augen geführt werden. Auf der einen Seite ist es gut, dass wir uns nicht zur Ruhe setzen, sondern uns auf den Weg machen, an uns arbeiten und immer authentischer werden. Auf der anderen Seite müssen wir uns verabschieden von zu hohen Idealen. Diese hinterlassen in uns nur Frustration oder Ruhelosigkeit. Wir arbeiten immer mehr an uns und kommen doch keinen Schritt weiter. Da ist es wichtig, sich mit der eigenen Durchschnittlichkeit auszusöhnen. Das heißt nicht, die Hände in den Schoß zu legen. Aber es heißt, sich von der Illusion zu befreien, ich müsse auch das persönliche Wachstum immer mehr be-

schleunigen. Wir übernehmen auch im persönlichen Bereich der Selbstfindung heute Begriffe der Wirtschaft. Das tut uns nicht gut.

So geht es darum, von der Spiritualität und Psychologie her einen gangbaren Weg zu finden, wie wir in Einklang kommen mit uns selbst, mit unserem Leib, mit unserer Seele, mit unseren Stärken und mit unseren Schwächen, mit unserem Älterwerden und mit unserem Zurückbleiben hinter all den Verheißungen, die uns heute manche therapeutischen oder esoterischen Bewegungen vor Augen halten. Es braucht im Umgang mit uns selbst die alten Haltungen der Demut und des rechten Maßes. Nur dann werden wir einen Weg finden, uns mit uns auszusöhnen, Ja zu sagen zu uns, so wie wir sind, und zugleich die Hoffnung nicht aufgeben, dass wir innerlich weiter wachsen werden und immer mehr in die Gestalt hinein geformt werden, die sich Gott von uns gemacht hat.

Bei den Fragen um die persönliche Selbstfindung wird häufig das Thema der Spiritualität ge-

> Es braucht im Umgang mit uns selbst die alten Haltungen der Demut und des rechten Maßes. Nur dann werden wir einen Weg finden, uns mit uns auszusöhnen, Ja zu sagen zu uns, so wie wir sind.

nannt. Dieser Begriff wird heute gerne gebraucht, aber unscharf. Jeder versteht etwas anderes darunter. Spiritualität meint eigentlich: Leben aus dem Geist. Und als Christen ist es für uns der Heilige Geist, der uns durchdringt und aus dessen Quelle wir leben möchten. Viele verstehen unter Spiritualität heute, sich mit geistigen Dingen zu beschäftigen, sich auf Meditation einzulassen oder spirituelle Kurse zu belegen. Das sind immer konkrete Weisen, wie sich Spiritualität ausdrücken kann. Viele fühlen sich von ihrer Umgebung nicht verstanden, wenn sie einen spirituellen Weg gehen. Sie verunsichern mit ihrer spirituellen Suche ihre Umgebung. Denn in jedem von uns steckt diese tiefere Sehnsucht – letztlich nach einem Leben aus Gott und mit Gott. Aber wir verdrängen diese Sehnsucht häufig. Wenn sich nun jemand in unserer Nähe auf den spirituellen Weg begibt, dann erinnert er uns an diese verdrängte Sehnsucht. Wir wollen unsere Sehnsucht nicht wahrhaben. Dann stehen wir in Gefahr, die spirituelle Suche des anderen zu entwerten. Es sind vor allem Menschen, denen es nur um Geld und Erfolg geht, die die Spiritualität anderer lächerlich machen müssen, um nicht mit dem eigenen schlechten Gewissen in Berührung zu kommen. Denn in ihnen gibt es eine Stimme, die ihnen sagt, dass Geld und Erfolg allein nicht das Leben ausmachen.

Ein spirituell Suchender braucht großes inneres Vertrauen, um sich von diesen Entwertungen nicht bestimmen zu lassen. Umgekehrt gibt es natürlich auch Übertreibungen auf dem spirituellen Weg. Manchmal sind die kritischen Anfragen von außen durchaus berechtigt. Sie mahnen uns, uns zu fragen, ob wir mit unserem spirituellen Weg nicht vor den Herausforderungen des Alltags fliehen. Für die frühen Mönche war die Realitätskontrolle immer ein wichtiges Kriterium. Wenn ich mich der Wirklichkeit stelle und sie mit dem Geist Gottes durchdringe, dann ist es ein guter spiritueller Weg. Wenn ich mich jedoch der Verantwortung in der Familie oder in der Firma durch meine spirituelle Praxis entziehe, dann ist es nicht die Spiritualität, die uns Jesus verkündet hat.

> **Denn in jedem von uns steckt diese tiefere Sehnsucht – letztlich nach einem Leben aus Gott und mit Gott.**

Ein Weg, von der Unruhe zur Ruhe zu kommen, besteht darin, alles, was ist, bewusst wahrzunehmen und in jedem Augenblick achtsam zu leben. Ich kämpfe dann nicht gegen meine Unruhe, sondern ich nehme sie bewusst wahr, ich achte darauf, was sich in der Unruhe in mir abspielt. Dieses behutsame Achtgeben verwandelt schon meine Unruhe. Ich lasse die Unruhe sein, anstatt gegen

Der Weg
der Achtsamkeit

sie anzukämpfen. Dann ist sie noch da, aber sie hat mich nicht mehr im Griff. Ich schaue sie an. Sie darf sein. Aber sie bestimmt mich nicht mehr. Der Punkt in mir, der die Unruhe anschaut, ist selbst nicht mehr von ihr infiziert. Ich freunde mich mit meiner Unruhe an. Das beruhigt sie mehr, als wenn ich sie mit Gewalt bekämpfe. Ich achte darauf, wie sich die Unruhe äußert, in meinen Gedanken, in meinem Leib. Ich beobachte, wie sie aufsteigt, wie sie stärker wird und wie sie wieder verebbt. Ich nehme meine Unruhe bewusst wahr, ohne von ihr bestimmt zu werden. Mitten in der Unruhe bin ich auf diese Weise doch ruhig. Achtsamkeit kommt von achten, aufmerken, überlegen, nachdenken. Ich handle überlegt, aufmerksam, bewusst. Ich bin ganz bei dem, was ich tue. Ich weiß um das, was ich tue. In meinem Tun bin ich mit all meinen Sinnen dabei. Da sind der Leib und der Geist in gleicher Weise tätig. Achtsam sein heißt auch, dass ich

> Ich lasse die Unruhe sein, anstatt gegen sie anzukämpfen. Dann ist sie noch da, aber sie hat mich nicht mehr im Griff.

in jedem Augenblick ganz gegenwärtig bin. Ich spüre das Geheimnis des Augenblicks, das Geheimnis der Zeit, das Geheimnis meines Lebens. Und ich bin mit vollem Wissen und klarer Überlegung bei dem, was ich tue, was ich berühre, womit ich arbeite. Ich nehme bewusst und achtsam mein Handwerkszeug in die Hand, meinen Kugelschreiber, meinen Autoschlüssel. Ich gehe behutsam mit meinem Computer um. Ich bin in meinen Sinnen, in meinem Leib. Ich nehme wahr, was sich in mir regt, aber ohne ängstlich zu grübeln, ob diese oder jene Regung in meinem Leib auf eine Krankheit hinweist. Ich gehe achtsam. Ich bin in meiner Bewegung, in jedem Schritt. Ich spüre meinen Leib, meine Muskeln, meine Haut. Natürlich kann ich nicht jeden Augenblick bewusst leben. Das wäre wieder eine Überforderung. Aber es ist eine gute Übung, täglich einige Zeit bewusst in dieser Acht-

Ein anderes Wort für Achtsamkeit ist Sammlung. Wer gesammelt ist, der bringt in sich das Verschiedene und Zerstreute zusammen. Er ist mit sich selbst vereinigt. Er ist eins mit sich, eins mit dem, was er tut.

samkeit zu leben. Die Achtsamkeit könnte dann auch zu einem kleinen Ritual werden. Ich verlasse achtsam mein Haus, gehe bewusst durch die Straßen, bin in meinen Sinnen und spüre die kalte Luft, den Wind, der mich durchbläst, oder die Sonne, die mich bescheint. Ich genieße jeden Schritt. Ich spüre: Ich gehe jetzt, ich bin ganz in meinem Gehen. Ich bin ganz da. Diese Achtsamkeit darf allerdings nicht zu einer neuen Leistung werden. In der Achtsamkeit werde ich auch sensibel dafür, wie unachtsam ich in vielem bin. Das nehme ich dann auch wahr, ohne es zu bewerten. Wahrnehmen, ohne zu bewerten, das führt zur Ruhe. Die Ursache unserer Unruhe liegt oft darin, dass wir alles, was wir tun, bewerten. Und meistens entspricht es nicht der Messlatte unserer Wertmaßstäbe. So sind wir unzufrieden mit uns und dieser Welt, und es entsteht in uns eine diffuse Unruhe. Wenn ich bewusst wahrnehme, was ist, ohne es zu bewerten, dann kann ich es so lassen, ohne es ändern zu müssen. Und wenn ich es lassen kann, dann verwandelt es sich von alleine. Wenn ich meine Unachtsamkeit lassen kann, ohne dagegen zu kämpfen, dann verwandelt sie sich in Achtsamkeit, ohne dass ich es mit vielen komplizierten Methoden und Techniken selber machen muss. Ich nehme in aller Ruhe meine Unruhe wahr. Ich spüre, dass sich in mir vieles bewegt. Aber dieses Ich, das spürt, ist selbst nicht in der Unruhe. Es ist der unbeobachtete Beobachter, das spirituelle Selbst, von dem die Transpersonale Psychologie spricht. Es bleibt in der Ruhe, auch wenn die Seele noch so sehr in Aufruhr ist, auch wenn die äußere Situation noch so bewegt ist. Ein anderes Wort für Achtsamkeit ist Sammlung. Wer gesammelt ist, der bringt in sich das Verschiedene und Zerstreute zusammen. Er ist mit sich selbst vereinigt. Er ist eins mit sich, eins mit dem, was er tut. Er lässt sich nicht von den verschiedensten Dingen und Tätigkeiten ablenken. Er bringt alles zusammen. Das Wort Sammlung klingt in allen Worten an, die mit dem Suffix »sam«

enden. Der Acht-»same« bringt die Achtung, die Überlegung mit seinem Tun, mit dem Gegenstand, den er berührt, mit dem Augenblick zusammen. Der Behut-»same« verbindet die Hut, den Schutz, mit dem, was er tut. Er breitet über alles, was er tut, seine Fürsorge, seine Obhut, seine Bewachung. Er ist wach bei dem, was er tut. Und das Wort »Sammlung« ist eingegangen in das Wort »sanft«. Sanft ist der, der friedlich zusammen ist mit den Menschen und mit den Dingen, mit denen er umgeht. So führt die Sammlung heraus aus der Zerstreuung, aus der Ablenkung, aus der Unruhe, und hinein in ein gesammeltes, achtsames, sanftes Tun. Wer zusammen ist mit dem, was er berührt, der geht sanft damit um. Wer zusammen ist mit sich selbst, mit seinen verschiedensten Bedürfnissen und Wünschen, mit seinen Leidenschaften und Emotionen, der ist sanft mit sich selbst, der lebt im Frieden zusammen mit den Gegensätzen, die in ihm sind. Und wer beim andern ist, dem er begegnet, der kann nicht grob und hart sein. Wer mit dem andern zusammen ist, wird ihm sanft gegenübertreten.

> Wer zusammen ist mit sich selbst, mit seinen verschiedensten Bedürfnissen und Wünschen, mit seinen Leidenschaften und Emotionen, der ist sanft mit sich selbst, der lebt im Frieden zusammen mit den Gegensätzen, die in ihm sind.

Der Weg
der Meditation

Der klassische Weg zur Ruhe ist der der Meditation. Die christliche Meditation, die seit dem 3. Jahrhundert geübt wird, verbindet den Atemrhythmus mit einem Wort. Schon das Achten auf den Atem lenkt das Bewusstsein nach innen und erzeugt Ruhe. Solange wir im Kopf bleiben, sind wir immer unruhig. Denn der Kopf lässt sich nicht so leicht beruhigen. Da schwirren die Gedanken immer hin und her. Im Ausatmen können wir uns vorstellen, wie wir all die Gedanken, die immer wieder hochkommen, einfach abfließen lassen. Wenn wir das eine Zeitlang tun, werden wir innerlich ruhig. Dann können wir den Atem mit einem Wort verbinden. Wir können z.B. beim Einatmen still sagen: »Siehe« und beim Ausatmen »Ich bin bei dir«. Es ist ein Wort, das Gott uns beim Propheten Jesaja zusagt. Ich muss mich bei dieser Meditation gar nicht konzentrieren. Ich spreche das Wort in all die Gedanken und Gefühle hinein, die auftauchen. Es darf alles hochkommen. Aber ich grüble nicht nach über die Gedanken, sondern ich halte in sie den Atem und das Wort hinein. Dann wandeln sich die Gedanken und Gefühle. Sie sind nicht mehr so bedrängend. Auch wenn sie immer wieder hochkommen, fühle ich mich mitten in der Gedankenflut ruhig. Ich habe einen Anker – das Wort mit dem Atem verbunden –, der das Schiff meines Herzens inmitten der tosenden Gedankenwellen festhält. Der andere Weg besteht darin, dass ich die Gedanken gar nicht beachte, sondern dass ich meinen Geist durch das Wort binde und sammle. Und ich lasse meinen Geist an der Leiter des Wortes hinabsinken in den inneren Raum der Stille. Ich lege in das Wort und in den Ausatem meine ganze Sehnsucht nach der »Sabbatruhe Gottes«, nach dem inneren Ort der Ruhe. Dann kann es sein, dass mich Wort und Atem für einen Augenblick dorthin tragen, wo es in mir ganz still ist, wo aller Lärm verstummt und das unruhige Herumdenken zur Ruhe kommt. Die Mystiker sind davon überzeugt, dass in uns ein Raum des Schweigens ist, in dem Gott wohnt. Dorthin haben die Gedanken und Gefühle, die Pläne und Überlegungen, die Leidenschaften und die Verletzungen keinen Zutritt. Dort haben auch die Menschen mit ihren Erwartungen und Ansprüchen keinen Zutritt. Es ist ein Raum der Stille. Ich muss ihn gar nicht schaffen. Er ist schon in mir. Aber ich bin oft genug davon abgeschnitten. Die Meditation will mich wieder in Berührung bringen mit diesem inneren Ort. Der Kopf ist vielleicht noch weiter unruhig. Da jagen sich die Gedanken weiter hin und her. Aber tief unten ist es still. Da kann ich mich fallen lassen. Ken Wilber vergleicht die Meditation mit dem Eintauchen in das

Meer. Oben ist das Meer unruhig. Da gehen die Wellen und Wogen hin und her. Aber je tiefer wir nach unten tauchen, desto ruhiger wird es. Meditation ist das Eintauchen in die innere Ruhe, die auf dem Grund unseres Herzens in uns verborgen ist. Die Redewendung »zur Ruhe kommen« meint ja, dass die Ruhe schon da ist, dass wir sie nicht erst herstellen müssen. Sie ist in uns als ein Raum, zu dem wir hinkommen dürfen. Die Meditation ist der Weg, auf dem wir zum inneren Ort der Ruhe kommen. Meditation heißt nicht, dass wir immer ganz still sein müssen. Wir dürfen uns da nicht unter Leistungsdruck setzen. Meditation hat nichts mit Konzentration zu tun. Die Gedanken werden weiter auftauchen. Wir können sie nicht abstellen. Aber wenn wir sie nicht beachten, wenn wir durch Wort und Atem immer tiefer in den eigenen Seelengrund gelangen, dann kann es sein, dass es für einen Augenblick ganz still ist in uns. Ich spüre dann: Jetzt berühre ich das Eigentliche. Jetzt bin ich ganz da, ganz bei mir, ganz bei Gott. Jetzt ist in mir der Raum der Stille, den niemand von außen betreten kann, in dem mich niemand erreichen, niemand beunruhigen kann. Dort finde ich wirklich zur Ruhe. Aber ich darf mich nicht ärgern, wenn ich im nächsten Augenblick schon wieder abschweife und irgendwelche Probleme auftauchen. Ich weiß, dass da tief in mir ein Raum ist, wo das alles nicht hindringen kann, in dem ich einfach bin. Es ist der Raum, in dem Gott selbst in mir wohnt. Gott befreit mich von der inneren und äußeren Unruhe. Er befreit mich von den Meinungen, die andere über mich haben, von ihren Erwartungen und Urteilen, von ihrer Eifersucht, von ihren Verletzungen. Allein die paar Augenblicke, in denen ich diesen inneren Raum in mir spüre, genügen, um mir auch für den Rest des Tages das Gefühl zu vermitteln, dass da trotz aller äußeren Hektik etwas Unberührbares in mir ist, ein Raum der Ruhe, der von den äußeren Anforderungen und Konflikten nicht angetastet wird.

> Oben ist das Meer unruhig. Da gehen die Wellen und Wogen hin und her. Aber je tiefer wir nach unten tauchen, desto ruhiger wird es. Meditation ist das Eintauchen in die innere Ruhe, die auf dem Grund unseres Herzens in uns verborgen ist.

In der
Zelle bleiben

Ein wichtiger Weg zur Ruhe ist im Mönchtum das Ausharren im eigenen Kellion. Die Einsiedler, die in ihrem Kellion wohnten und arbeiteten, verspürten häufig die Versuchung, vor ihrer Einsamkeit davonzulaufen und sich in der Welt nützlich zu machen. Dort könnten sie Kranke besuchen, den Armen helfen. Damit würden sie das Gebot Christi erfüllen. Doch in der Wüste verläuft ihr Leben, ohne dass andere davon Notiz nehmen. Das ist doch sinnlos. Die Mönche kennen solche Gedanken, die sie aus dem Kellion treiben möchten. Doch ihr Rat lautet immer wieder: »Geh in dein Kellion und setze dich nieder, und das Kellion wird dich alles lehren« (Apophthegmata 500). Ich muss in meinem Kellion gar nicht fromm sein. Ich muss weder beten noch fasten. Aber ich darf meinen Leib nicht aus den Mauern des Kellions

Schon Pascal hat darüber geklagt, dass heute keiner mehr allein in seinem Zimmer bleiben kann. Darin sieht er die größte Not seiner Zeit. Was würde Pascal wohl heute sagen, wo es noch weit mehr Fluchtmöglichkeiten gibt als im 17. Jahrhundert?

hinauswerfen, wie es in einem Väterspruch heißt. Wenn ich äußerlich in meinem Kellion aushalte, dann kommen auch meine Gedanken in Ordnung. Ich werde meiner eigenen Wahrheit begegnen. Die wird anfangs nicht sehr angenehm sein. Aber wenn ich nicht gleich weglaufe, sondern bleibe und die Gedanken vor Gott anschaue, verlieren sie ihre Macht über mich und werden sich bald verflüchtigen und beruhigen. Die äußere »stabilitas«, das äußere Bleiben, erzeugt allmählich eine innere Stabilität, eine innere Festigkeit und Ruhe. Heute gibt es unzählige Fluchtmöglichkeiten. Wir brauchen uns nur ins Auto zu setzen und woanders hinzufahren. Oder wir setzen uns vor den Fernseher und werden sogar in unseren eigenen vier Wänden in die Fremde geführt, die uns zerstreut, die uns von uns selbst wegführt. Schon Pascal hat darüber geklagt, dass heute keiner mehr allein in seinem Zimmer bleiben kann. Darin sieht er die größte Not seiner Zeit. Was würde Pascal wohl heute sagen, wo es noch weit mehr Fluchtmöglichkeiten gibt als im 17. Jahrhundert? Sich selbst auszuhalten, ohne sich abzulenken, selbst ohne ein Buch zu lesen, das ist gar nicht so einfach. Wir meinen dann vielleicht, wir könnten die Zeit nützen und etwas studieren. Oder wir könnten etwas erledigen, was wir schon lange liegen gelassen haben. Aber im Kellion bleiben meint, dass ich einmal bewusst gar nichts tue, dass ich nur dasitze und mich vor Gott wahrnehme. Was taucht in mir auf? Was beschäftigt mich eigentlich? Was bewegt mich innerlich? Vielleicht spüre ich Ärger oder Angst oder Unzufriedenheit. Die Mönche vergleichen dann ihr Tun mit dem des Fischers. Der sitzt ruhig vor dem Wasser und wartet, bis ein Fisch auftaucht. Dann fängt er ihn und

> Aber wer in der Ruhe das Wasser seines Herzens betrachtet, fängt nicht nur die Fische, die auftauchen, er kann auch sich selbst wie in einem Spiegel sehen.

wirft ihn ans Land. So soll der Mönch wachsam am Meer seines Herzens sitzen und warten, bis die Fische seiner Gedanken und Emotionen auftauchen. Dann kann er sie fangen und sie hinauswerfen. Aber wer in der Ruhe das Wasser seines Herzens betrachtet, fängt nicht nur die Fische, die auftauchen, er kann auch sich selbst wie in einem Spiegel sehen. Das hat ein Einsiedler seinen Besuchern vorgeführt, die ihn provozieren wollten, dass sein Bleiben in der Einsamkeit doch nutzlos sei. Er führt sie an seinen Brunnen. Dann wirft er einen Stein hinein und fordert seine Besucher auf, hineinzusehen. Sie sehen nur Wellen. Dann lässt er sie warten, bis alles ruhig ist. Nun sehen sie sich wie in einem Spiegel. Nur wer den Mut hat, in seinem Kellion zu bleiben und im Schweigen in den Spiegel seiner Seele zu schauen und seine Wahrheit vor Gott auszuhalten, findet den Weg zu wahrer Ruhe.

Oft genug schlafen wir. Wir meinen, wir werden unser Leben bewusst leben. Doch in Wirklichkeit leben wir einfach so dahin, gleichsam im Schlaf. Wir haben uns eingelullt in Illusionen, die wir uns über unser Leben machen. Jesus warnt davor, nicht in den Schlaf zu verfallen, sondern aufzuwachen und wach den Tag zu erleben. Das bezieht sich auch auf unsere geschlossenen Augen. Wir wollen nicht hinsehen, was ist. Wir verschließen die Augen vor der Wirklichkeit, vor der Nähe Jesu, der jeden Augenblick an unsere Tür

Die Augen aufmachen

klopfen könnte. Wir meinen, es würde genügen, anständig zu leben, die Gebote zu erfüllen, nichts Böses zu tun. Doch Christsein heißt: wachsam sein, die Augen aufmachen, um der Wirklichkeit ins Auge zu sehen. Und die Wirklichkeit ist geprägt vom Kommen des Menschensohnes. Das Wachsein ist Zeichen der Erwartung. Wir sind Menschen, die auf das Kommen des Herrn warten. Wenn er kommt, werden wir wahrhaft zu Hause sein, dann wird unser Haus zur Heimat, weil Christus selbst darin wohnt.

Wir meinen, es würde genügen, anständig zu leben, die Gebote zu erfüllen, nichts Böses zu tun. Doch Christsein heißt: wachsam sein, die Augen aufmachen, um der Wirklichkeit ins Auge zu sehen.

Ausbruchs-versuche

In den Sommermonaten meldet der Verkehrsfunk an den Wochenenden regelmäßig kilometerlange Staus. Manchmal erreichen sie eine Länge von 60 Kilometern. Alle Welt scheint dem Alltag entfliehen zu wollen, um sich in südlicheren Gefilden zu erholen. Wonach sehnen sich die Massen, die der Tourismus jährlich in Bewegung setzt? Ist es nur die Erholung vom Alltag? Will man der Kälte entfliehen und die milde Sonne im Süden genießen? Oder möchte man sich in einem anderen Land auch anders fühlen als in der Enge der eigenen Alltagswelt? Es sind tief sitzende Sehnsüchte, die die Menschen zur Reise bewegen.

Ernst Bloch spricht von der Lust des Reisens, die den Menschen lebendig hält und ihn immer neu antreibt: »Neu zu begehren, dazu verhilft die Lust der Reise.« Die großen Epen der Menschheitsgeschichte erzählen davon. Die Fahrten des Jason und des Odysseus sind Teil unserer Kultur. Noch die Romantik war von der Sehnsucht nach dem fernen Ziel, nach Wandern und Reisen getrieben. In Gedichten und Romanen hat das zeitlose Gestalt gewonnen. Doch heute, da durch die Massenmedien die ganze Welt in unsere Wohnzimmer gelangt, da es im Zeitalter des Massentourismus kaum mehr unerreichbare Ziele gibt, hat sich diese Sehnsucht verschoben. Viele Touristen fahren in typische Touristenhochburgen, in denen sie wieder nur der eigenen Welt begegnen: dem heimischen Bier, den eigenen Essgewohnheiten und dem gewohnten Komfort mit deutschen Fernsehprogrammen. Auch wenn sie noch so weit weg fahren, sie sind unfähig, sich auf das Fremde und Unbekannte einzulassen. Sie suchen nicht das Fremde, sondern das Vertraute. Selbst beim exotischen »Abenteuerurlaub« simulieren sie das Abenteuer eigentlich nur.

Andere dagegen machen sich heute immer noch auf den Weg, getrieben von Fernweh. Sie spüren etwas von der urmenschlichen, romantischen

> »Neu zu begehren, dazu verhilft die Lust der Reise.« Die großen Epen der Menschheitsgeschichte erzählen davon.

Sehnsucht nach dem Neuen und Unbekannten. Sie ahnen etwas davon, dass dort in der unbekannten Fremde etwas Neues in ihnen selbst aufbrechen könnte, dass sie sich selbst auf neue Weise erleben dürfen. Es ist die Sehnsucht nach dem Aufbrechen des Gewohnten, nach Verwandlung in eine neue Gestalt, nach Weite, nach neuen Möglichkeiten.

Doch was machen die vielen Reisenden, wenn ihre Sehnsucht nach dem neuen Lebensgefühl im Urlaub nicht erfüllt wird, wenn sich das Ehepaar ständig streitet, weil es unterschiedliche Erwartungen an den Urlaub hat, wenn das Hotel nicht hält, was der Prospekt versprach? Ich erlebe zwei Reaktionen: Die einen kehren zurück in den Alltag, voller Enttäuschung und Groll. Sie haben sich nicht erholt. Ihr Versuch, der tristen Welt ihres Alltags zu entfliehen, ist missglückt. So suchen sie ihr wunschloses Unglück weiter im trostlosen Trott des Alltags. Die anderen versuchen, ihren Urlaub in den schönsten Farben zu schildern. Sie zeigen ihren Freunden Bilder oder Videofilme von ihrem Urlaub, um von anderen bewundert zu werden für das, was sie gewagt und erlebt haben. Sie müssen die Durchschnittlichkeit ihres Urlaubs überspielen, indem sie alles als etwas Besonderes und Außergewöhnliches darstellen. Das Faszinierende, das sie nie erlebt haben, versuchen sie, ihren Zuhörern zu vermitteln. Nicht immer gelingt es.

Es gibt auch Enttäuschungen, wenn Menschen in ihren Vorstellungsräumen eingesperrt bleiben. Ich habe Soldaten getroffen, die in Bosnien stationiert waren. Sie wollten ihren Ehefrauen und ihren Freunden daheim ihre Abenteuer erzählen. Doch niemand interessierte sich dafür. Eine Studentin, die ein Jahr lang in Peru war, um dort ihr soziales Jahr in den Dienst behinderter Kinder zu stellen, machte die bittere Erfahrung, dass niemand sich für ihre oftmals auch schmerzlichen Erfahrungen interessierte. In einer Welt, in der man sich nicht mehr verunsichern und herausfordern lassen möchte, auch nicht durch die Erfahrungen anderer, in einer Welt, in der nur noch interessiert, wie das Wetter ist und was man gerade zu einem günstigen Preis neu erworben hat, da wächst nicht die Lust am Neuen und am Anderen. Da wachsen die Einsamkeit und die Langeweile.

Gottesgeburt im Menschen

Wichtig ist für mich auch, Gott in meinem Innern zu erfahren.
Er ist uns innerlicher, als wir uns selbst sind.
Im Raum der Stille, zu dem kein menschlicher Gedanke vordringt,
da wohnt er in uns. Und manchmal können wir ihn spüren.
Dann sind wir ganz eins mit uns selbst.
In diesen Augenblicken vergessen wir uns selbst.
Da reflektieren wir nicht über unsere Erfahrung,
sondern sind einfach nur da.
Und indem wir da sind, sind wir in ihm und er ist in uns.

Wenn es Gott gibt:
Wo ist er?

Gott ist überall. Und er ist da, wo wir ihn in unser Herz einlassen. Wir dürfen ihn uns nicht wie einen Geist vorstellen, der sich unsichtbar hin und her bewegt und überall auftaucht. Gott ist vielmehr der Grund, der alles durchdringt, der Geist, der alles durchgeistet, die Energie, die in allem fließt, die Liebe, die alles durchwirkt. Er trägt die Welt und durchdringt die Welt. Er ist außerhalb von mir und zugleich in meinem Herzen. Er ist in der Welt und zugleich über der Welt. Manchmal muss ich mich von der Welt zurückziehen, um ihn in der Stille wahrzunehmen. Aber wenn ich achtsam genug bin, kann ich ihn überall wahrnehmen. Das apokryphe Thomasevangelium, ein gnostischer Text aus dem zweiten Jahrhundert, überliefert uns ein Wort Jesu, das lautet: »Ich bin das Licht, das über allem ist. Ich bin das All. Aus mir ist das All hervorgegangen, und zu mir ist das All gelangt. Spaltet ein Stück Holz – ich bin da. Hebt den Stein auf, und ihr werdet mich dort finden.«

Wir können Gott nicht als Bild unter anderen Bildern sehen. Wir können ihn nur als den erkennen, der in allem und über allem ist, der ganz andere, der uns auf einmal in einem Bild anschaut, in einem Wort anspricht, der uns in einer Begegnung aufleuchtet und sich uns in der Schöpfung zeigt.

Wir können die Gegenwart Gottes nur in Gegensätzen denken: Gott ist in mir und außerhalb von mir. Er ist der Schöpfer, der die Welt trägt. Und er ist die Kraft, die alles durchdringt. Gott ist der, der mich begleitet. Und er ist der ferne und unbegreifliche Gott. Er ist der Unfassbare, vor dem ich niederfalle und den ich anbete. Und er ist der, der mich mit seiner Liebe einhüllt, in dessen heilender Gegenwart ich geborgen bin. Er ist der, der mich herausfordert und auf den Weg schickt, und der, der mich trägt und mir Heimat schenkt. Er ist der ganz Andere und doch auch ganz in mir. Dort wo ich ganz ich selbst bin, bin ich auch in Berührung mit Gott, der mich zu meinem wahren Selbst führt.

Ich kann diesen Gott vor allem in der Welt erfahren und zwar durch meine Sinne. Ich kann in der Schönheit der Welt die Schönheit schlechthin schauen. Die Schönheit schlechthin ist Gott. Ich kann in einem menschlichen Wort sein Wort hören und in der Musik das Unhörbare erahnen. Ich kann im Wein Gottes süßen Geschmack schmecken, im Duft des Weihrauchs etwas von seinem Geheimnis

Gott ist in mir und außerhalb von mir.

riechen und in der Blume Gottes Zärtlichkeit ertasten. Aber ich kann ihn nicht direkt greifen. Die Sinne weisen über sich hinaus auf das Unerfahrbare und Unsichtbare und Unhörbare. Wenn ich den Sternenhimmel anschaue, dann geht mir etwas von seiner Größe und Schönheit auf.

Auch die Geschichte ist der Ort, an dem ich Gott erfahren kann. Ich kann in der Weltgeschichte einzelne Ereignisse festmachen, von denen der Glaube sagt: Hier hat Gott sich gezeigt. Da sind die Geburt seines Sohnes, sein geschichtliches Wirken in Palästina und sein Tod und seine Auferstehung. Ich kann geschichtliche Erfahrungen von Befreiung als Erfahrung Gottes deuten und etwa – ein Beispiel der jüngeren Vergangenheit – den Mauerfall ohne blutige Gewalt als Gotteserfahrung verstehen. Und ich kann in meiner eigenen Lebensgeschichte genügend Beispiele aufzählen, wo ich sagen darf: Da habe ich Gottes Nähe, seinen Schutz, seine Fürsorge und Liebe gespürt. Da hat mich etwas Numinoses angerührt, das ich nur mit Gott bezeichnen kann. Die Erfahrung Gottes setzt nicht immer die Erfahrung einer heilen Welt voraus. Und wir erfahren Gott auch nicht immer nur im Guten. Oft ist es gerade so, dass wir dort, wo uns etwas Schweres widerfahren ist, ein Leid uns getroffen hat oder wo jemand uns Böses angetan hat, wir zugleich etwas gespürt haben, was uns trägt, was uns dem Bösen entreißt und was uns mitten im Leid eine Ahnung von Frieden schenkt, der tiefer ist als äußeres Wohlergehen.

Er ist unverfügbar und doch ist er in uns. In dem Raum der Stille, zu dem kein menschlicher Gedanke vordringt, da wohnt er in uns.

Aber genauso wichtig ist für mich auch, Gott in meinem Innern zu erfahren. Augustinus, der große Kirchenvater sagt, dass Gott uns innerlicher ist, als wir uns selbst sind. Wenn wir also in uns gehen, können wir ihn erahnen. Der Gott, der in uns ist, entzieht sich aber unserem Zugriff. Er ist unverfügbar und doch ist er in uns. In dem Raum der Stille, zu dem kein menschlicher Gedanke vordringt, da wohnt er in uns. Und manchmal können wir ihn spüren. Dann sind wir ganz eins mit uns selbst. In diesem Augenblick vergessen wir uns selbst. Da reflektieren wir nicht über unsere Erfahrung, sondern wir sind einfach nur da. Und indem wir da sind, sind wir in ihm und er ist in uns.

Gegensätzliche Bilder von Gott

Unsere Gottesbilder entsprechen oft unseren Lebenserfahrungen. Ein Kind hat naturgemäß andere Gottesbilder als ein Erwachsener. Kinder projizieren ihre Sehnsucht nach Geborgenheit auf Gott. Damit treffen sie durchaus eine wichtige Seite Gottes. Jugendliche sehen Gott als den, der uns herausfordert. Als Erwachsener sehe ich Gott als den, der mich in die Wahrheit führt, vor dem ich nicht ausweichen kann. Aber ich erlebe Gott auch als den, der mich befreit von der Macht der Menschen, der meinem Leben Festigkeit und Halt gibt, der mich in die Weite führt. All diese Gottesbilder, die wir im Laufe des Lebens haben, drücken jeweils etwas vom Wesen Gottes aus, aber sie genügen nicht, um Gott angemessen zu beschreiben.

In der geistlichen Begleitung lasse ich die Menschen oft erzählen, wie sich ihr Gottesbild im Laufe ihres Lebens geändert hat. Dabei ist ihnen das Gottesbild nicht immer bewusst. Als Kind verbindet man mit Gott oft Heimat und Geborgenheit. Aber manche erinnern sich auch, dass Gott für sie immer etwas Bedrohliches war. Sie haben mit Gott vor allem den Strafenden verbunden. Das hängt oft mit der Erziehung zusammen, die sie erlebt haben.

> Auch bei den positiven Bildern sollen wir uns immer bewusst sein, dass sie nur Bilder sind, dass Gott jenseits aller Bilder ist.

Wenn da eine strafende und kontrollierende Tendenz war, dann wurde das auch auf Gott projiziert. Die Arbeit am Gottesbild ist dann immer auch eine Arbeit am Selbstbild. Wir können die verschiedenen Gottesbilder schon im Blick auf unsere eigenen, ganz unterschiedlichen Lebenserfahrungen erklären. Schon die Erfahrungen, die jeder mit sich und mit seinen Eltern, aber auch im Rahmen einer bestimmten – etwa einer patriarchalen – Gesellschaft macht, die Erfahrungen, die wir etwa mit unserem Vater machen, wirken sich darauf aus, was wir mit dem Bild des Vatergottes verbinden. Wichtig ist, die Gottesbilder, die wir uns machen, zu hinterfragen und loszulassen. Allerdings können wir nie ganz ohne Bilder leben. Wir sollen zwar die negativen Gottesbilder durch positive ersetzen. Aber auch bei den positiven Bildern sollen wir uns immer bewusst sein, dass sie nur Bilder sind, dass Gott jenseits aller Bilder ist.

Im Übrigen ist dieses Wissen von der alle Bilder übersteigenden Wirklichkeit Gottes nicht nur etwas, was das Christentum kennt. Es gibt eine berühmte islamische Geschichte, die davon erzählt, wie die blinden Einwohner einer Stadt einen Elefanten untersuchen. Sie betasten ihn, um durch die Berührung seiner Körperteile Aufschluss zu erhalten. Als sie dann Auskunft über das Wesen des Elefanten geben sollen, sagt der Mann, der das Ohr des Tieres betastet hatte: Er ist ein großes raues Etwas, weit und breit wie eine Decke.« Und der den Rüssel betastet hatte, sagt: »Nein, in Wirklichkeit ist er wie eine gerade und hohle Röhre, furchterregend und gefährlich.« Und der die Beine betastet hatte hält dagegen: »Er ist mächtig und fest und gleicht einer Säule.«

Diese Geschichte warnt davor, sich an Teilwahrheiten festzuhalten und sie zu verabsolutieren. Sie bedeutet nicht, dass man in seinem Erkenntnisstreben resignieren sollte. Auch und gerade angesichts der Vielfalt religiöser und spiritueller Erfahrungen und Einsichten ist Offenheit für den Reichtum und die Fülle dieser Erkenntnis wichtig.

Es ist gut, dass es auch in der eigenen Tradition gegensätzliche Bilder von Gott gibt. So legen wir ihn nicht so leicht fest. Durch die Gegensätze hindurch schauen wir auf zu dem ganz anderen Gott:

> Gott ist persönlich und überpersönlich.
> Er ist der Herr, vor dem ich niederfalle.
> Und er ist der Freund, der mir zur Seite steht.
> Er ist der Schöpfer der Welt, und er ist in meinem Herzen.

Ich kann Gott nur in Gegensätzen denken. Die Gegensätze zeigen mir, dass ich ihn auf kein Bild festlegen darf, sondern dass ich durch die vielen Bilder hindurch Ausschau halten soll nach dem letztlich unbegreiflichen Gott.

Jeder Mensch macht Erfahrungen mit der Liebe, beglückende und enttäuschende. Das Ziel all unserer Erfahrungen von Liebe ist, dass wir nicht nur lieben und geliebt werden, sondern letztlich Liebe sind. Als ich einem alten Mönch auf dem Berg Athos die Hand gab, spürte ich, dass dieser Mönch Liebe war. Von seiner Hand ging Wärme

Wie ein
Brunnen

Wer so voller Liebe ist, der – so sagt uns Johannes – ist in Gott. Der hat Gott erfahren.

aus. Sie war wie ein Brunnen, aus dem Liebe strömte. Bei manchen alten Leuten habe ich das Gefühl: Von ihrem Gesicht geht etwas Liebes aus. Da strahlt Liebe aus. Von solchen Menschen kann man sagen, dass sie Liebe geworden sind. Und ich denke, jeder Leser und jede Leserin hat schon einmal die Erfahrung gemacht, dass er oder sie ganz Liebe war. Da war das Herz voll von Liebe. Und diese Liebe galt nicht nur einem ganz bestimmten Menschen, sondern allem, was ist, dem Zimmer, den Blumen, dem Tisch, den Menschen in der Nähe, dem Garten, der Landschaft. Wer so voller Liebe ist, der – so sagt uns Johannes – ist in Gott. Der hat Gott erfahren. Die Liebe ist dann wie eine Kraft, die ihn erfüllt, wie eine Qualität, die seinem Leben einen neuen Geschmack gibt.

Warum kann
ich Gott nicht spüren?

Theologen sagen: Gott ist überall, auch in uns. Damit habe ich meine Schwierigkeiten.«

Wir können die Erfahrung Gottes nicht erzwingen. Sie ist immer ein Geschenk. Gott zeigt sich uns. Aber es gibt Hilfen, damit wir offen sind für die Erfahrung Gottes. Der erste Schritt: Fragen Sie sich, ob Sie sich selber spüren. Wenn ich mich selbst nicht spüre, werde ich auch Gott nicht spüren. Wenn Sie sich selbst spüren, ist das noch keine Gotteserfahrung. Aber es öffnet Sie dafür. Stellen Sie sich vor, dass Sie vor Gott sind, von Gottes Liebe umgeben sind. Vielleicht fühlen Sie sich dann geborgen. Das ist dann eine Weise der Gotteserfahrung.

Dann stellen Sie sich vor: Ich gehe nach innen, spüre mich in meine Gedanken und Gefühle hinein. Aber ich bleibe nicht dabei stehen. Ich gehe immer tiefer in mich hinein, durch alle Gedanken und Gefühle, durch das Bewusste und Unbewusste hindurch auf den Grund meiner Seele. Worauf stoße ich, wenn ich tief in mich hineingelange? Stoße ich da nur auf meine eigenen Emotionen? Oder ist da nicht in mir ein Geheimnis, das mich übersteigt? Ist da nicht auf dem Grund meiner Seele etwas, das sich meinem Zugriff entzieht? Dann kann ich erahnen, dass Gott auf dem Grund meiner Seele in mir wohnt.

Doch dieser Gott, der in mir ist, ist unverfügbar. Er gehört nicht mir. Er ist das Geheimnis, das sich meinem Zugriff entzieht, das sich in mir immer auch verbirgt. Doch vielleicht entsteht dann in Ihnen die Ahnung, dass Sie selbst ein Geheimnis sind. Wenn Sie tief in sich hineinhorchen, dann werden Sie auch Ihr Selbst nicht mehr beschreiben können. Sie können die Frage, wer Sie sind, nicht mehr beantworten. Sie mündet im Geheimnis. Genauso wenig können Sie die Frage nach Gott klar beantworten. Doch Sie ahnen das Geheimnis Gottes auf dem Grund Ihrer Seele. Dann werden Sie still. Sie ergeben sich in diese Stille und ahnen, dass es Gott selbst ist, in dem Sie still werden.

Ein anderer Weg, Gott zu spüren, wäre der über die Natur. Schauen Sie die Schönheit der Schöpfung an. Was sehen Sie da? Sind es nur die Blumen und Wälder und Felder? Oder sehen Sie in all der Schönheit nicht etwas von der Schönheit Gottes, die Sie umgibt. Und was spüren Sie, wenn die Sonne Sie bescheint? Sind es nur die Sonnenstrahlen oder ist es nicht die Liebe Gottes, die Sie durch die Sonne erreicht? Vielleicht ist auch die Musik ein Weg für Sie, Gott zu spüren. Hören Sie sich eine Bachkantate oder eine Mozartmesse an. Vielleicht öffnet Sie die Musik für das Geheimnis Gottes, der in dieser wunderbaren Musik hörbar wird und unser Herz öffnet für das unhörbare und unaussprechliche Geheimnis.

> Dann kann ich erahnen, dass Gott auf dem Grund meiner Seele in mir wohnt.

Ein Stachel
der Liebe

Als ich ins Kloster eintrat, habe ich mir als Namenspatron den heiligen Anselm von Canterbury gewählt. Zu ihm habe ich bis heute eine besonders nahe Beziehung. Anselm heißt: der von den Göttern Beschützte. Nach seinem Biographen, dem heiligen Edmar, galt er als der liebenswürdigste Mensch seiner Zeit. Sein Leben ist geprägt von politischen Konflikten und Unruhen. Er war Bischof, verbrachte aber die meisten seiner Amtsjahre im Exil. Und doch wird hinter allen Konflikten, in die er hineingezogen wurde, immer wieder der eigentliche Antrieb seines Lebens sichtbar: Herz und Verstand aufzuschwingen zum Eigentlichen, zum Grund allen Lebens.

Anselm zeichnet sich aus durch eine betende Theologie – eine Formulierung, die durch ihn zum stehenden Begriff geworden ist. Auch seiner Wissenschaft merkt man diese Grundintention an. Berühmt ist der Beginn des Proslogions: »Auf, du kleiner Mensch, flieh ein wenig deine Geschäftigkeit! Verstecke dich eine kleine Weile vor deinen lauten Gedanken! Wirf die Sorgen ab, die auf dir lasten, und nimm Abstand von dem, was dich zerstreut! Gönne dir Zeit für Gott und ruhe in ihm! Sprich zu Gott: ›Dein Antlitz, o Herr, will ich suchen‹ (Psalm 27,8). Mein Herr und mein Gott, lehre du mein Herz, wo und wie es dich suchen, wo und wie es dich finden kann.« In diesen Worten wird deutlich, welch tiefe Sehnsucht nach Gottes Angesicht Anselm zu seiner Theologie antrieb.

Sein berühmter Wahlspruch ist: »Credo ut intelligam – ich glaube, damit ich einsehe, damit ich verstehe.« Ihm genügte es nicht, die Glaubenssätze nur zu übernehmen. Er wollte sie mit seinem Verstand durchdringen und verstehen. Und doch ist für ihn nicht der Verstand der letzte Maßstab. Vielmehr ist der Glaube der Grund, auf dem der Verstand aufbauen kann. Dieser erst öffnet dem Menschen die Augen, damit er die Wirklichkeit so sehen kann, wie sie ist.

Vielmehr ist der Glaube der Grund, auf dem der Verstand aufbauen kann. Dieser erst öffnet dem Menschen die Augen, damit er die Wirklichkeit so sehen kann, wie sie ist.

Anselms Gestalt ist für mich eine Herausforderung, mein eigenes Leben bewusster zu leben. An ihm fasziniert mich nach wie vor, mit welcher Sehnsucht er danach verlangt, das Antlitz Gottes zu schauen, ihn zu suchen und zu verstehen. Sein Denken ist getrieben von der Sehnsucht, Gott zu finden und seine Nähe zu erfahren. Eines seiner schönsten Gebete lautet: »Herr, lehre mich dich suchen, und zeige dich dem Suchenden; denn ich kann dich ja nicht suchen, wenn du es nicht lehrst, und ich kann dich ja nicht finden, wenn du dich mir nicht zeigst. Sehnsüchtig will ich dich suchen und im Suchen die Sehnsucht steigern; liebend will ich dich finden und beim Finden noch mehr dich lieben.«

Anselm verbindet Sehnsucht mit Suchen. Suchen und Sehnsucht, Finden und Liebe – diese vier Pole der Suche nach Gott gehören für Anselm eng zusammen. Indem ich ihn suche, wird meine Sehnsucht nach ihm immer stärker. Es ist letztlich die Liebe zu Gott, die mich antreibt, Gott zu suchen und ihn zu finden. Und dass ich ihn gefunden habe, treibt mich an, ihn noch mehr zu lieben. Suchen und Finden hören aber nie auf. Ich werde ihn nie so finden, dass ich nicht mehr suchen muss. Indem ich ihn finde, entzieht er sich mir erneut. Aber im Finden, im Ertasten, im Erhaschen Gottes wächst meine Liebe zu ihm. Und die Liebe stachelt meine Sehnsucht an. So beginne ich von neuem, sehnsüchtig nach Gott zu suchen.

Für mich persönlich ist Anselm bis heute eine ständige Herausforderung, nicht abstrakten Sätzen nachzulaufen, sondern eine Theologie des Herzens zu betreiben, der Sehnsucht meines Herzens zu trauen. Er motiviert mich, den suchenden Menschen nicht zu entmutigen, sondern ihm zu zeigen, dass er mit seiner Sehnsucht nach einer tieferen Liebe nicht allein ist. Anselm ist für mich selbst zudem Ansporn, mich nicht von Katastrophenmeldungen bestimmen und von Klagen über die Zeitverhältnisse entmutigen zu lassen, sondern dem Gott zu trauen, der das Herz des Menschen zu wandeln vermag, der auch nach langen Konflikten wieder Frieden möglich macht.

Das ist die Botschaft dieses Lebens: Sehnsucht führt über das eigene begrenzte Ich hinaus und relativiert die Probleme, mit denen wir uns herumschlagen. Sie befreit vom Zwang, alles Schöne und Erfreuliche festhalten zu müssen. Wir können uns daran freuen, aber auch wieder davon trennen. Die Sehnsucht macht uns fähig, mitten in den Konflikten des Lebens – Anselm hatte genügend Streitigkeiten und Verleumdungen durchzustehen – gelassen zu bleiben. Was unsere Erwartungen nicht erfüllt, vermag die Sehnsucht zu vertiefen. Nicht Frustration und Traurigkeit sind dann die Konsequenz, sondern innere Freiheit und Zuversicht.

Alles, was querläuft, kann dem, der seiner Sehnsucht traut, seine Liebe und Liebenswürdigkeit nicht rauben. Es wird sie nur stärken und vertiefen. Wer seiner Sehnsucht traut, wird heitere Gelassenheit erfahren.

> Die Sehnsucht macht uns fähig, mitten in den Konflikten des Lebens gelassen zu bleiben.

Verwandlung
durch Liebe

Dass die Liebe unsere Wunden zu heilen vermag, erzählen uns zahlreiche Märchen. Im Märchen von den sechs Schwänen erlöst die Schwester durch ihre Liebe ihre sechs Brüder von der Verhexung in Schwäne.

Sie bleibt sechs Jahre lang im Schweigen und näht für die Brüder Sternenhemden. Das ist ein schönes Bild für ihre Liebe. Sie denkt über jeden ihrer Brüder betend nach, sie stickt für jeden ein Hemd, das für ihn passt, sie meditiert sich in das je einmalige Bild hinein, das jedem ihrer Brüder entspricht. Und die positive Projektion ihrer Liebe befreit die Brüder von der negativen Projektion, die die Hexe auf sie geworfen hat. Als das Mädchen – inzwischen Königin geworden – durch die Machenschaften der Hexe auf dem Scheiterhaufen verbrannt werden soll, da fliegen gerade noch rechtzeitig die sechs Schwäne vorüber. Die Königin wirft ihre Hemden auf sie, und sie verwandeln sich wieder in Menschen. Die Liebe ihrer Schwester hat sie wieder zu Menschen werden lassen.

Was dieses Märchen beschreibt, entspricht unserer alltäglichen Erfahrung. In der Nähe mancher Menschen fühlen wir uns unwohl, da haben wir den Eindruck, dass Kälte von ihnen ausgeht, die uns frieren lässt. Im Umkreis bestimmter Menschen werden wir zum Tier, zum reißenden Wolf, zum stachligen Igel oder zum Kaninchen vor der Schlange. Manche saugen uns die eigene Kraft weg. Oder wir haben den Eindruck, in ihrer Nähe beschmutzt zu werden. Es geht von ihnen eine negative Projektion aus. Sie haben eine Ausstrahlung, die man im Leib wahrnimmt und vor der man sich körperlich ekelt. Bei andern dagegen fühlen wir uns wohl. Da wird es uns warm ums Herz, da kommen wir in Berührung mit uns selbst, mit unserer Kraft, mit unserer Liebe. Da wird das Tier in uns wieder zum Menschen. Hass und Eifersucht sind negative Projektionen, die eine beinahe magische Wirkung auf uns haben können und uns »verhexen«. Die Liebe ist eine positive Projektion, die uns wieder zum Leben erweckt, die uns wieder zu wahren Menschen werden lässt.

Dass uns menschliche Liebe heilt, können wohl die meisten Menschen nachvollziehen. Aber wie soll uns die Erfahrung von Gottes Liebe heilen?

Dass uns menschliche Liebe heilt, können wohl die meisten Menschen nachvollziehen. Aber wie soll uns die Erfahrung von Gottes Liebe heilen? Viele meinen, Menschen, die durch den Mangel an menschlicher Liebe in ihrer Kindheit krank geworden sind, brauchen die Erfahrung von menschlicher Liebe, damit sie gesund werden. Es ist wie ein Ausgleich. Was sie zu wenig bekommen haben, als sie es brauchten, hat sie krank gemacht. Gesund werden sie nur, wenn sie diese Liebe nachholen, entweder in der Begleitung eines Therapeuten oder Seelsorgers, in der so genannten Nachbemutterung oder Nachbevaterung, oder indem ein Mensch sich in sie verliebt und sie mit seiner Liebe auftaut. Das entspricht durchaus unserer Erfahrung und wird in den meisten Fällen so sein. Aber für mich gibt es genauso gut auch die Heilung unserer Wunden durch die Erfahrung der göttlichen Liebe. Die göttliche Liebe ist ebenso freies Geschenk der Gnade wie die Erfahrung menschlicher Liebe. Wir können uns die Liebe eines Menschen nicht erkaufen, wir können nur auf sie warten, bis sie uns geschenkt wird. So ist es auch mit der Liebe Gottes. Wir können sie weder durch Gebet noch durch Meditation, weder durch Verzichten noch durch Genießen erzwingen. Aber wir können uns dieser Liebe öffnen. Denn sie ist schon da. Sie umgibt uns in allem, in der Blume, die duftet, und im Vogel, der singt. Wir müssen Gottes Liebe nur wahrnehmen. Aber ob wir sie spüren, hängt nicht nur von unserem achtsamen Umgang mit den Dingen ab. Es ist letztlich auch ein Geschenk, auf das wir warten dürfen. Dann kann sie uns genauso heilen wie menschliche Liebe.

> Die göttliche Liebe ist ebenso freies Geschenk der Gnade wie die Erfahrung menschlicher Liebe. Wir können uns die Liebe eines Menschen nicht erkaufen, wir können nur auf sie warten, bis sie uns geschenkt wird.

Mir erzählte eine Frau, der es sehr schlecht ging und die sich selbst immer wieder abgewertet hat, dass sie im Urlaub eine intensive Erfahrung machen durfte. Auf einmal hat sie sich ganz eins gefühlt. Sie hat in sich einen tiefen Frieden gespürt. Sie war eins mit sich selbst, aber auch eins mit Gott. Das hat ihre Unruhe aufgehoben, das hat sie von ihrer krankhaften Selbstentwertung befreit. Diese Frau hatte lange Zeit Therapie gemacht. Sie wusste um alle ihre Verletzungen. Sie konnte sie jedem genau erklären. Aber das Wissen um die Wunden hat sie nicht geheilt. Sie brauchte eine tiefe Erfahrung. Hier war es keine Erfahrung, die durch die Liebe eines Menschen vermittelt worden ist, sondern eine unmittelbare Gotteserfahrung. Sie war allein im Urlaub und erfuhr bei einem Waldspaziergang auf einmal, dass alles gut ist. Sie spürte sich selbst, sie fühlte sich im Einklang mit sich, mit der Natur und mit allem, was um sie herum war, letztlich auch im Einklang mit Gott. Das hat ihre Wunden geheilt. Natürlich sieht diese Heilung nicht so aus, als ob die Frau nie mehr Probleme mit ihrem mangelnden Selbstwertgefühl hätte. Die entwertenden Gedanken werden wieder kommen. Aber sie hat etwas, das sie dagegen setzen kann, nicht eine Einsicht, sondern eine Erfahrung, die sie von Grund auf verwandelt hat.

Ernesto Cardenal hat in seinem berühmten »Buch von der Liebe« eindrücklich beschrieben, wie der Mensch erst wahrhaft frei und heil wird, wenn er liebt, wenn er die Liebe Gottes, die in allem da ist, in seinem Herzen zulässt. Er beruft sich auf Teresa von Avila, die davon spricht, dass in der innersten Kammer unserer Burg Gott als die Liebe wohnt, ja, dass Gott verrückt ist vor Liebe zu uns. »Unsere Seele ist das Prunkgemach, zu dem nur Gott einen Schlüssel hat. Und wenn er nicht eintritt, bleibt es eben leer.« Nur wenn wir uns nach innen wenden und in unserem Innern Gott als die Liebe entdecken, werden wir das, was wir eigentlich sind: Menschen, die nach Gottes Ebenbild geschaffen sind, die nichts sind als Liebe. Die unverfälschte Substanz unseres Wesens ist Liebe. Und nur wenn wir unsere Augen öffnen für diese tiefste Wirklichkeit, werden wir wahrhaft Mensch. Dann werden wir nicht mehr bestimmt von unseren Verletzungen und Kränkungen, sondern von der Liebe, die unsere Wunden verwandelt, die sie zu einem Schrei nach Liebe formt. Immer wieder kommt Cardenal auf die innere Kammer zu sprechen, die in uns ist und in der Gott als die Liebe wohnt: »Im Innern jedes menschlichen Wesens gibt es einen Raum, einen ganz persönlichen Bereich, zu dem nur Gott Zutritt hat. Aber die meisten Menschen ignorieren das Vorhandensein dieses innersten Raumes, und darum ist ihr Herz leer und ohne Liebe.« Erst wenn wir die göttliche Liebe auf dem Grund unserer Seele entdecken, hören wir auf, gehetzt und voller Gier draußen in der Welt die Befriedigung unserer Bedürfnisse zu suchen. Viele bleiben unbefriedigt in ihrer Suche nach einer Liebe, die ihr ganzes Herz erfüllt. »Sie suchen ihr Glück in so lächerlichen Dingen wie im Geld, im Alkohol oder im Vergnügen mit all der Kraft ihrer Sinne, die doch zum Schauen der Seligkeit bestimmt ist.« Sie könnten nur dann wirklichen Frieden in ihrem Herzen erfahren, schreibt Cardenal, »wenn sie sich ihrem eigenen Inneren zuwenden würden, zur Großen, Einzigen Liebe, die in ihnen pulsiert und atmet«. Für Ernesto Cardenal war die Erfahrung der Liebe Gottes heilend. Vor seinem Eintritt bei den Trappisten hat er auf viele Weisen geliebt. Jetzt erfährt er, dass Gott ihn auf unvergleichliche Weise liebt: »Meine früheren Lieben haben mich gelehrt, was diese Liebe bedeutet. Ich weiß, wie du mich liebst, denn auch ich habe geliebt und weiß, was Leidenschaft und Besessenheit ist und Verrücktsein nach jemandem. Und du bist verrückt nach mir und liebst mich mit Besessenheit. Du liebst mich mit allen meinen Schwächen, mit allen Fehlern, geerbten wie dazuerworbenen, mit meinem Wesen, geradeso wie es ist, mit meiner Überempfindlichkeit und meinem Temperament, mit meinen Angewohnheiten und meinen Komplexen. Du liebst mich, wie ich bin.« Das war für Cardenal eine heilende Erfahrung, die seinem Leben eine neue Qualität gab. Früher fühlte er sich trotz der Erfahrung vieler Lieben zu einzelnen Menschen nachts oft einsam und sein Seufzen ging ins Leere. Jetzt aber kann er sagen: »Fast spüre ich in meinem Innern, tiefer innen als ich selbst, Seinen Atem.«

Die Wunden, die jeder von uns mit sich schleppt, sind letztlich bedingt durch den Mangel an Liebe. Wir sind als Kinder in unserer Einmaligkeit nicht angenommen worden. Wir haben keine wirkliche Liebe erfahren. Wir sind benutzt worden, anstatt geliebt zu werden. Die Erwachsenen haben uns dazu gebraucht, ihre eigenen Bedürfnisse zu erfüllen. Aber unsere tiefsten Bedürfnisse haben sie übersehen. Der Mangel an Liebe hat uns krank gemacht. Die Heilung ist nur möglich, wenn wir die Liebe erfahren, wenn Menschen uns bedingungslos lieben und wenn wir in der menschlichen Liebe die unendliche Liebe Gottes erkennen. Aber die Liebe Gottes ist nicht abhängig von der menschlichen Liebe. Sie ist auch in unserem Herzen gegenwärtig. Daher brauchen wir nicht ständig nach Menschen Ausschau zu halten, die uns lieben.

Ich erlebe in Gesprächen oft die Klage darüber, dass sich da einer seit seiner Kindheit nach Liebe sehnt und sie nie bekommen hat. Solche Menschen haben oft eine so maßlose Sehnsucht nach Liebe, dass sich keiner traut, sich ihnen zu nähern. Denn jeder, der ihnen etwas Liebe entgegenzubringen versucht, wird von ihnen völlig in Beschlag genommen und vereinnahmt. Ihre Übererwartung an die Liebe eines Menschen macht es ihnen unmöglich, dass sie die Liebe erfahren, nach der sie sich sehnen. Im Gespräch versuche ich, auf diese Klage in zweifacher Richtung zu antworten. Zum einen lenke ich ihren Blick auf die Liebe, die sie schon erfahren haben, auf die Liebe ihrer Eltern, ihrer Freunde, auf die vielen kleinen Zeichen der Liebe, die sie täglich erleben, in einem freundlichen Blick, in einem Geschenk, in einem guten Gespräch. Wenn sie die Maßlosigkeit ihrer Bedürfnisse ablegen, dann werden sie überall solche Zeichen der Liebe entdecken. Zum andern versuche ich, dem über seinen Mangel an Liebe klagenden Menschen einen Weg zu zeigen in sein Herz, in dem die Liebe wohnt. Er könnte sich gar nicht so nach Liebe sehnen, wenn er sie in sich nicht spüren würde. Statt mit seiner Sehnsucht nach außen zu gehen, sollte er vielmehr in seinem Innersten den Grund seiner Sehnsucht entdecken, die Liebe Gottes, die schon in ihm ist. Wenn er sich vorstellt, dass da in seinem innersten Raum Gott als die Liebe wohnt, dass da Wärme und Milde, Zärtlichkeit und Liebkosung sind, und wenn er sich in diese Liebe hineinfallen lässt, dann erlebt er mitten in seiner Mangelerfahrung eine Ahnung davon, dass schon alles in ihm ist. Die Liebe, nach der er sich so sehnt, erfüllt schon sein Herz. Er müsste sie nur entdecken. Er brauchte nur daran zu glauben und sie im Glauben zu sehen und zu fühlen. Der Glaube befreit ihn von der Blindheit, mit der er die Liebe in seinem Herzen übersehen hat. Wenn ich die Liebe sehe, kann ich sie auch spüren. Dann wird sie ihre heilende Kraft in mir entfalten können.

> Der Glaube befreit ihn von der Blindheit, mit der er die Liebe in seinem Herzen übersehen hat. Wenn ich die Liebe sehe, kann ich sie auch spüren. Dann wird sie ihre heilende Kraft in mir entfalten können.

Eine tiefe
Stille in mir

Ein Weg zu einem gesunden Selbstwertgefühl ist der mystische Weg. Die Mystik ist – ähnlich wie die Transpersonale Psychologie – überzeugt, dass in uns ein Raum ist, zu dem die anderen Menschen keinen Zutritt haben, zu dem die Überlegungen des eigenen Über-Ichs keinen Zugang haben. Es ist der Raum der Stille, in dem Gott selbst in uns wohnt. Dort, wo Gott in uns wohnt, haben die Menschen keine Macht über uns. Die Mystiker glauben, dass dieser Raum der Stille in jedem von uns ist. Viele spüren diesen Raum jedoch nicht, weil sie von ihm abgeschnitten sind durch eine Schicht von Schutt und Geröll, durch eine Schicht voller Sorgen und Probleme, voller Gedanken und Pläne, die sich zwischen ihr Bewusstsein und ihr Selbst gelegt hat.

Der Weg zu diesem inneren Ort des Schweigens geht über das Gebet und die Meditation. Im Mönchtum hat man die Methode des Einwortgebetes entwickelt. Man verbindet mit dem Atem ein Wort aus der Schrift, etwa das Wort: »Siehe, ich bin bei dir« oder das Jesusgebet: »Herr Jesus Christus, Sohn Gottes, erbarme dich meiner«. Ich lenke meine Aufmerksamkeit auf den Atem und binde das Wort an den Atem. Dann lasse ich mich beim Ausatmen von dem Wort in den inneren Raum der Stille führen, in dem Gott in mir wohnt. Isaak von Ninive meint, das Wort, das ich meditiere, werde mir die Türe zum wortlosen Geheimnis Gottes aufschließen, eben zu dem Haus der Stille, zu dem allein Gott Zutritt hat. Wenn ich meditiere, dann spüre ich nicht jedes Mal diesen Raum der Stille. Oft ist es nur eine kurze Ahnung, dass da in mir etwas ganz anderes ist, dass da Gott selbst in mir wohnt. Aber schon diese kurze Ahnung bringt etwas in mir in Bewegung, ich erlebe mich anders. Ich berühre mein wahres Sein, ich komme in meine Tiefe. Ich spüre eine tiefe Stille, von der Friede ausgeht.

Manchmal hilft es mir schon, wenn ich mir den Ort der Stille in mir nur vorstelle.

Manchmal hilft es mir schon, wenn ich mir den Ort der Stille in mir nur vorstelle, wenn ich etwa die Bilder zulasse, mit denen die Bibel diesen inneren Raum der Stille beschreibt. Ich schaue diese Bilder nicht von außen an, sondern ich betrachte mich selbst durch diese Bilder. Im Johannesevangelium sagt Jesus von dem, der glaubt: »Aus seinem

Inneren werden Ströme von lebendigem Wasser fließen« (Joh 7,38). In mir ist eine Quelle, die nie versiegt, die Quelle des Heiligen Geistes. Um sie zu erahnen, kann ich mir vorstellen, wie ich im Aus-atmen die Schuttschichten durchdringe, die sich über diese Quelle gelegt haben, wie es die trüben Wasser meiner dunklen Gefühle vertreibt und mich innerlich erfrischt. Oder ich kann das Bild des Allerheiligsten meditieren, zu dem nach dem Hebräerbrief nur der Hohepriester Jesus Chris-tus Zutritt hat. Wenn ich mir dieses biblische Bild ein-bilde, kann ich in Berührung kommen mit der Wirklichkeit, die es darstellt, mit Jesus Christus, der in mir wohnt. Dort, wo er in mir ist, kann der Lärm auf dem Tempelvorhof nicht hindringen, da kann das Geschäftliche und Weltliche nicht eindringen, da dürfen auch die anderen Priester nicht eintre-ten, da können mich nicht einmal meine eigenen Überlegungen und Pläne stören.

In diesem inneren Raum erahne ich auch, wer ich selbst bin. Da komme ich in Berührung mit mei-nem wahren Selbst. Wo Gott in mir ist, da befreit er mich von der Macht der Menschen, von ihren Erwartungen und Ansprüchen, von ihren Urteilen und Maßstäben. Und da befreit er mich auch von den Bildern, die andere mir übergestülpt haben oder die ich mir selbst von mir gemacht habe. Gott befreit mich zu mir selbst. Ich bin mehr als meine Lebensgeschichte. Ich bin ein einmaliges Bild Got-tes. In mir ist ein unberührtes Bild, das Gott sich von mir gemacht hat, mein wahres Wesen, wie Gott es geformt hat. Der Weg der Meditation führt mich daher auch zu meinem wahren Selbst. Dort, wohin die Meinungen der anderen und wohin die eigenen Maßstäbe nicht hinreichen, dort darf ich ganz ich selbst sein, dort erahne ich meine göttliche Würde, dort kann mir aufgehen, dass ich in meinem In-nersten gottunmittelbar bin.

Ich erlebe immer wieder Menschen, die darun-ter leiden, dass andere sie bestimmen. Sie können kein Selbstvertrauen entwickeln, weil andere es ihnen nehmen. Da kritisiert sie ständig jemand, da werden sie von anderen beeinflusst. Ich versuche den Ratsuchenden dann auf diesen Raum der Stil-le hinzuweisen, der schon in ihm ist. Er sollte sich vorstellen, dass da keiner Macht über ihn hat und dass in diesen Raum niemand eindringen kann.

GOTTESGEBURT IM MENSCHEN

Versöhnung

mit der eigenen Lebensgeschichte

Es ist eine lebenslange Aufgabe, sich mit der eigenen Lebensgeschichte zu versöhnen. Die Versöhnung kann in einer Therapie geschehen. Sie ist aber auch das Thema des geistlichen Weges. Im Kern geht es darum, vor Gott die Verletzungen der Lebensgeschichte anzuschauen und darauf zu vertrauen, dass Gott all diese Wunden in Perlen zu verwandeln vermag. Er wird mir die Wunden nicht wegnehmen. Ich soll darauf vertrauen, dass mein Leben gerade mit diesen Verletzungen wertvoll und einmalig ist. Ich mache weder Gott noch anderen Menschen Vorwürfe, dass ich so verletzt wurde. Mit dem eigenen Leben versöhnt sein heißt vielmehr, dass ich dankbar darauf zurückschaue und in den Wunden meine eigenen Stärken entdecke. Die Wunden halten mich lebendig und bringen mich auf den Weg zu Gott sowie zu mir selbst und zu den Menschen. Jeder kann seine eigenen Rituale finden, um sich mit der eigenen Lebensgeschichte auszusöhnen. Der eine vollzieht dieses Ritual bewusst in der Gegenwart anderer. Wenn er Zeugen für sein Ritual hat, dann bekommt das Ritual für ihn etwas Verpflichtendes. Das bedeutet nämlich: Ich habe mich ausgesöhnt mit meiner Geschichte. Jetzt darf ich nicht wieder damit anfangen, andere anzuklagen, dass mein Leben so verlaufen ist. Ein anderer möchte dieses Ritual lieber allein für sich erleben.

> Mit dem eigenen Leben versöhnt sein heißt vielmehr, dass ich dankbar darauf zurückschaue und in den Wunden meine eigenen Stärken entdecke.

Ich lade dich ein zu einem persönlichen Ritual, ganz allein für dich: Setz dich still vor eine Kerze, vor eine Ikone oder in die Bank einer Kirche. Stell dir vor, dass Gottes heilende und liebende Nähe dich umgibt. Und dann denk vor den wohlwollenden und liebenden Augen Gottes über deine Lebensgeschichte nach. Was fällt dir ein? Wofür bist du dankbar? Welche schmerzlichen Erlebnisse kommen dir hoch? Halte die Wunden Gott hin. Stell dir vor, dass Gottes Liebe in deine Wunden dringt und sie verwandelt. Von

Gottes Liebe berührt, hören die Wunden auf zu schmerzen. Sie dürfen sein. Sie werden zu Perlen, die dich schmücken. Dann bitte um den Geist der Versöhnung, damit du Ja sagen kannst zu dir, so wie du durch deine Lebensgeschichte geworden bist.

Du kannst die Versöhnung mit deiner Lebensgeschichte auch handfester gestalten. Sammle in der Natur Dinge, die dir in die Augen fallen als Symbole für die Verletzungen deiner Lebensgeschichte. Oder schreibe alle deine Selbstvorwürfe auf, von denen du nicht loskommst. Dann nimm einen Eimer Blumenerde und begrabe all diese Gegenstände oder die Zettel, die du beschrieben hast. Es wäre gut, wenn du einen Zeugen oder eine Zeugin dabei hast, deine Frau, deinen Mann oder eine Freundin.

Nimm all diese Symbole in die Hand und sag laut: Ich begrabe mit diesem Stein, mit diesem abgeschnittenen Zweig, mit diesem Stück Papier die Verletzung, die Kränkung durch den und den. Dann säe Blumensamen in die Erde und stell den Blumentopf in deiner Wohnung oder in deinem Garten auf. Natürlich ist das Ritual keine Garantie, dass die alten Selbstvorwürfe nicht wieder hochkommen oder die Verletzung dich nicht wieder schmerzt. Aber dann sage dir: Ich habe sie begraben. Ich lasse sie begraben sein.

Ich lasse all das, was mich belastet, als fruchtbaren Boden, auf dem schöne Blumen blühen.

Es hat keinen Zweck, in der Erde zu wühlen. Sonst können die Blumen nicht wachsen.

Einander
Freude machen

Vor ein paar Jahren starb mit 92 Jahren unser Bruder Coelestin. Er war ein Original. Immer hatte er ein witziges Wort auf der Zunge. Wenn ich Namenstag feierte, dann kam er noch bis in seine letzten Jahre hinein in mein Büro, las mir ein selbst verfasstes Gedicht vor und spielte mir auf seiner Trompete etwas vor. Als es mit dem Trompetenspielen nicht mehr ging, nahm er seine Mundharmonika und tanzte mir zu seinem eigenen Spielen etwas vor. Wenn ich mich dann bedankte, meinte er immer, es sei doch das Schönste, anderen eine Freude zu machen. Da wir in unserer Gemeinschaft etwa hundert Mönche sind, hatte Bruder Coelestin jedes Jahr einige Auftritte ähnlicher Art. Das hielt ihn am Leben und machte ihm Freude. Und es erfreute auch viele Mitbrüder, dass da einer an sie dachte und sich die Mühe machte, ihnen etwas vorzutragen. Aber offensichtlich hatte er selbst die größte Freude daran.

Vielleicht mag da einer einwenden, der Bruder habe uns dazu benutzt, sich in den Mittelpunkt zu stellen und seinen Auftritt zu genießen. Unsere psychologischen Erkenntnisse über den hilflosen Helfer, der den anderen braucht, um sich selber stärker zu fühlen, haben unseren kritischen Blick für solche Situationen geschärft. Aber wir sind damit in Gefahr, in einen neuen Perfektionismus und Puritanismus abzugleiten. Ist es denn so schlimm, wenn es Bruder Coelestin selbst die größte Freude

bereitet, andere zu erfreuen? Wenn da bei beiden Freude wächst, so liegt in diesem Tun doch Segen für alle. Bruder Coelestin blieb bis in sein hohes Alter hinein voller Humor und Lebensfreude. Er hat nicht nur leichte Stunden erlebt. Einmal erzählte er, immer wenn er manches zu tragen hatte, habe er den Rosenkranz gebetet und vor allem immer wieder über das Geheimnis nachgedacht: »Der für uns das schwere Kreuz getragen hat«. Das habe ihm wieder Kraft gegeben. Weil er in seinem Alter nicht nur um sich und seine Krankheiten kreise, weil er nicht dabei stehen geblieben ist zu jammern, dass er nicht mehr so arbeiten konnte, wie er gerne gewollt hätte, sondern seinen Blick auf andere gerichtet hat, blieb er bis zuletzt lebendig. Er hat viel Zeit darauf verwendet zu überlegen, womit er anderen eine Freude machen könnte. Das hat ihn selbst mit Freude erfüllt und ihn offensichtlich auch gesund gehalten.

Die Gefahr unserer Zeit ist, dass wir vor lauter Narzissmus gar nicht mehr sehen, was den Men-

Ich habe auf einmal das Gefühl, für andere noch von Bedeutung zu sein.

schen in unserer Nähe gut täte. Und wir übersehen damit auch, was wir selbst bräuchten. Denn wenn wir nur um unsere Bedürfnisse kreisen, werden wir niemals zufrieden sein. Die Bedürfnisse sind wie ein Fass ohne Boden. Wenn ich aber von mir wegsehe, wenn ich mich in die Menschen um mich herum hineinmeditiere und wenn mir dann spontan einfällt, was dem anderen gut täte und ihm eine Freude bereiten würde, dann bringt mich das von dem dumpfen Gefühl der Wertlosigkeit und Sinnlosigkeit weg. Ich habe auf einmal das Gefühl, für andere noch von Bedeutung zu sein. Ich kann anderen eine Freude machen. Ich kann etwas bewirken. Ich kann die Stimmung um mich herum verbessern. Und damit verwandle ich auch meine eigene Gefühlslage. Indem ich anderen eine Freude mache, wächst auch in mir wieder die Freude am Leben. Ich muss mir dann nicht den Kopf darüber zergrübeln, ob das jetzt egoistisch ist oder nicht, ob ich das nur tue, damit es mir selbst besser geht. Ich darf dem Gefühl trauen, dass es mir und dem anderen gut tut. Das ist wohl ein inneres Gesetz der Freude, dass sie sich ausbreiten möchte, dass sie zum anderen hin strömt. Und indem sie zum anderen fließt, fließt sie auch auf mich zurück. Nach Philipp Lersch gehört zur Freude »wesensmäßig die Gebärde des Sichöffnens, des Umfassens und des Sichverschenkens«. Und das Sprichwort sagt: »Geteilte Freude ist doppelte Freude.«

Eine amerikanische Untersuchung hat festgestellt, dass »Menschen, die anderen Menschen helfen, sich durchweg gesundheitlich besser fühlen als andere Personen ihrer Altersgruppe«. Sie spricht vom »Helfer-Hoch«. Wer anderen hilft und ihnen eine Freude macht, erlebt in sich »plötzliche Wärme, gesteigerte Energie und ein Gefühl der Euphorie«. Offensichtlich wirkt die Bereitschaft, anderen eine Freude zu machen, positiv auf uns selbst zurück. Ich erlebe immer wieder Menschen, die sich grenzenlos freuen können, wenn es ihnen gelungen ist, anderen eine Freude zu machen. Das weckt in ihnen wirklich neue Energie und Phantasie, wie sie auch andere erfreuen könnten. Allerdings machen sie manchmal auch die Erfahrung, dass sie sich viel Mühe gemacht haben, einem etwas zu schenken, von dem sie sicher glaubten, dass es Freude auslösen würde. Und dann erleben sie Beschenkte, die sich über nichts mehr freuen können. Das wirkt frustrierend. Wenn Kinder die Geschenke zum Geburtstag nur noch danach vergleichen, was am meisten gekostet hat, dann haben sie die Fähigkeit verloren, sich wirklich zu freuen. Und dann fühlt man sich als Schenkender in einer misslichen Lage. Ich habe es erlebt, wie sich zwei Nichten am meisten über einen Brief zu ihrem Geburtstag gefreut haben. Dann macht auch das Schenken noch Spaß. Mir hat ein Ordensoberer geklagt, er wisse gar nicht mehr, was er den Mitbrüdern an Weihnachten schenken solle. Die hätten doch schon alles. Er könne ihnen gar keine Freude mehr machen. In so einem Klima, in dem man sich nicht mehr freuen und anderen Freude bereiten kann, stirbt die Lebendigkeit und Kreativität. Da ist von Lust am Leben nichts mehr zu spüren. Lust am Leben erfahren wir, wenn wir die Phantasie aufbringen, anderen eine Freude zu bereiten, und wenn wir uns über eine Aufmerksamkeit anderer zu freuen vermögen.

> Lust am Leben erfahren wir, wenn wir die Phantasie aufbringen, anderen eine Freude zu bereiten.

»Binde deinen Karren an einen Stern«

Wer einen Karren fährt, muss gut auf den Weg achten. Sonst stürzt der Karren um. Wir schieben den Karren vor uns her und schauen nach unten, damit wir die Hindernisse sehen, die auf dem Weg liegen. Leonardo da Vinci gibt uns einen anderen Rat: »Binde deinen Karren an einen Stern!« Was bedeutet es, das Alltägliche, das wir tun, an einen Stern zu binden? Dieser große und geniale Künstler der Renaissance ist überzeugt: Wir müssen uns an den Sternen orientieren, nicht am Boden. Sonst – so meint er – werden wir blind. Leonardo selbst hat seinen Karren an einen Stern gebunden. Das hat ihn dazu befähigt, über den engen Horizont seiner Zeit hinauszusehen. Leonardo war nicht nur ein genialer Maler, dessen Gemälde vom Letzten Abendmahl schon zu seiner Zeit als Wunder galt. Er hat auch mit seiner Fähigkeit, die Wirklichkeit neu zu betrachten, geniale Erfindungen gemacht. Auf allen Gebieten hat er geforscht, als Anatom, als Botaniker und Zoologe, als Geologe, Hydrologe und Aerologe, als Optiker und Mechaniker. Der Stern, an den er seinen »Karren« gebunden hat, führte ihn weit über das damals Bekannte und Erkannte hinaus und machte ihn zum Wegbereiter moderner Naturforschung.

Wenn wir wie Leonardo unseren Karren an einen Stern binden, entgehen wir der Gefahr, nur noch in der Banalität und Durchschnittlichkeit unseres Alltags zu leben. Zwar müssen wir den Karren schieben, damit wir unsere Last dorthin bringen, wo wir sie abladen können. Aber wenn wir in unserem alltäglichen Tun nur auf den Boden starren, wird unser Leben dumpf werden. Wir müssen in der Welt mit einem Herzen leben, das über diese Welt hinausweist. Nur dann können wir es in dieser Welt aushalten. Und nur dann wird uns unsere Arbeit nicht frustrieren. Wer den Karren aus dem Dreck zieht, ist möglicherweise enttäuscht, wenn schon nach kurzer Zeit neue Hindernisse auftauchen.

Wer aber seinen Karren an einen Stern bindet, der sieht über die Hindernisse hinweg und bleibt nicht an ihnen haften. Sein Ziel liegt jenseits des

> Wir müssen in der Welt mit einem Herzen leben, das über diese Welt hinausweist.

Augenscheinlichen und Banalen. Deshalb kann er
seinen Karren in Gelassenheit und Freiheit wei-
terziehen. Weil sein Herz an den Stern geheftet ist,
verliert es die Dumpfheit des Alltags. Es wird leicht.
Es erhebt sich über die täglichen Hindernisse, mit
dem gelassenen Wissen um den Stern, der ihm
leuchtet und der auf einen anderen Horizont hinweist, auf ein jenseitiges Land.

Die Sehnsucht ist keine Flucht vor dem Alltag.
Sie ermöglicht es uns, Ja zu sagen zur Durchschnittlichkeit und Banalität unseres Lebens. Weder unser
Beruf noch unsere Familie, weder unsere Partnerschaft noch unsere Freundschaften müssen unsere Sehnsucht restlos erfüllen. Sie wecken vielmehr
unsere Sehnsucht nach einer Erfüllung, die uns
das Leben hier nie zu bieten vermag. Aber weil wir
die Erfüllung nicht hier suchen, sind wir nicht enttäuscht, wenn wir der Brüchigkeit in unseren Beziehungen und in unserem Tun begegnen. Wir gehen
weiter. Wir genießen, was wir erleben, aber der Weg
führt uns durch Erfüllung und Enttäuschung hindurch weiter an den Ort, an dem wir für immer die
grenzenlose Fülle genießen werden.

Die Sehnsucht ist keine Flucht
vor dem Alltag. Sie ermöglicht
es uns, Ja zu sagen zur Durchschnittlichkeit und Banalität
unseres Lebens.

Annehmen,
loslassen, eins werden

Der Weg der Menschwerdung – oder, wie C. G. Jung es nennt: der Selbstwerdung, der Individuation – geht über die fünf Schritte: Annehmen, Loslassen, Einswerden, Verwandeltwerden, Neuwerden. Jeder, der sich auf den Weg zu seinem wahren Selbst macht, wird diese fünf Schritte durchlaufen. Dabei muss die Reihenfolge nicht immer dieselbe sein. Manchmal ist mehr das Annehmen wichtig, ein andermal das Loslassen oder das Einswerden oder Neuwerden.

Es gibt viele Weisen, diese inneren Schritte zu vollziehen. Ein Weg ist die Meditation. Im Atem erfahren wir das Annehmen, Loslassen, Einswerden, Verwandeltwerden und Neuwerden. Die Rituale der Kirche laden uns ein, diese fünf Schritte zu gehen. Zudem gibt es den persönlichen Reifungsweg, der über alle Erlebnisse und Erfahrungen immer wieder dazu führt, Ja zu sagen zu dem, was ist, Altes loszulassen, damit es uns nicht mehr auf dem Weg belastet, eins zu werden mit Gott und mit uns selbst, verwandelt zu werden in die ursprüngliche und unverfälschte Gestalt, als die Gott uns gewollt hat, und neu zu werden durch den Geist Gottes, der alles neu macht. Ich möchte diese fünf Schritte kurz beschreiben und immer wieder Rituale angeben, die helfen, diese Schritte einzuüben.

Jeder, der sich auf den Weg zu seinem wahren Selbst macht, wird diese fünf Schritte durchlaufen.

Jeder Psychologe und jede geistliche Begleiterin wird uns sagen: Nimm dich an, wie du bist. Erasmus von Rotterdam hat das Glück so definiert: »Der sein zu wollen, der du bist.« Doch die Frage ist: Wie geht das, sich annehmen? Ich schlage folgendes Ritual vor: Setz dich still in deine Meditationsecke oder in eine Kirche. Leg deine rechte Hand auf das Herz und stell dir vor: Ich nehme mich an. Ich nehme mich in die Hand. Alles an mir darf so sein, wie es ist. Ich bin dankbar, dass Gott mich so geschaffen hat, wie ich bin. Ich kenne in mir zwar die Tendenz, so zu sein wie der oder die, die ich bewundere. Doch jetzt versuche ich einmal, dankbar zu sein für mich und für mein Leben, für meine Begabung und für meine Begrenzung, für meine Fähigkeiten und für meine Schwächen. Ich bin so, wie ich bin. Ich möchte auch noch wachsen. Aber jetzt bin ich so, wie ich bin. Und dafür bin ich dankbar. Dazu sage ich Ja, weil ich weiß: Gott hat zu mir Ja gesagt. Dann stell dir vor: Gottes heilende Gegenwart hüllt dich ein. In ihr darfst du sein, wie du bist. In ihr findest du Frieden und Erfüllung. Du musst dich gar nicht annehmen. Du lässt einfach sein, was ist. So kommst du in Einklang mit dir selbst, voller Dankbarkeit, dass Gott dich erwählt hat, dass er ein Auge auf dich geworfen hat, weil du für ihn wertvoll bist, weil er dich als diesen einmaligen und einzigartigen Menschen geschaffen hat. Annehmen und Loslassen gehören zusammen. Sie bilden die ersten beiden Schritte auf dem Weg der Menschwerdung und Selbstwerdung. Nur was ich angenommen habe, kann ich loslassen. Was ich unbedingt loswerden will, das wird mir weiterhin anhaften.

Ein Ritual zum Loslassen ist das Ausatmen: Im Ausatmen kann ich mir vorstellen, dass ich alles loslasse, was immer wieder in meinem Geist auftaucht. Ich lasse Verstaubtes und Vergangenes los. Ich lasse die Gedanken los, die in mir hochkommen. Und letztlich lasse ich mich selbst los. Karlfried Graf Dürckheim meinte, der wichtigste Augenblick beim Atmen sei der Augenblick zwischen Ausatmen und Einatmen. In diesem Augenblick kommt es darauf an, alles loszulassen, sich selbst loszulassen, seinen Drang, alles kontrollieren, alles im Griff haben zu wollen, loszulassen. In diesem Augenblick ist weder Ausatmen noch Einatmen. In diesem Augenblick der Stille geht es darum, sich in Gottes Hände fallen zu lassen.

Ein anderes Ritual des Loslassens ist das Gehen oder das Laufen. Im Laufen kann ich mich freilaufen von allem, was mich bindet, was mich abhängig macht, was mir anhaftet. Ich gehe, ich laufe mich frei von allen Bindungen. Ich laufe in die einmalige Gestalt hinein, die Gott mir zugedacht hat.

Ein drittes Ritual des Loslassens kann sein: Ich werfe mit Kraft und Aggression Steine in den Fluss oder in den See. Mit jedem Stein werfe ich etwas, was mich bestimmen möchte, in das Wasser. Manchmal braucht es auch die körperliche Kraft, um das loszulassen, was an mir zu kleben scheint

– seien es alte Verletzungen, seien es Lebensmuster oder Gedanken und Gefühle, von denen ich einfach nicht freikomme.

Der dritte Schritt der Selbstwerdung ist das Einswerden. Auch das kann in der Meditation erfahren werden. Nach dem Loslassen im Ausatmen stelle ich mir vor, dass im Einatmen Gottes Geist in mich einströmt. Ich werde eins mit Gottes Geist und durch Gottes Geist mit mir selbst. Ich werde eins mit meinem Atem und im Atem mit meiner Seele.

Ein Ritual, das uns die Kirche schenkt, um das Einswerden zu erfahren, ist die Kommunion bei der Eucharistiefeier. Da werden wir im Essen des Brotes mit Christus und durch ihn mit Gott eins. Essen ist seit jeher ein Akt der Integration. Ich integriere das Fremde in mich hinein. In der Kommunion integriere ich den Leib Christi und in ihm seine Liebe, die in seiner Hingabe am Kreuz am sichtbarsten aufgeleuchtet ist. Indem Christi Liebe in der Kommunion in mich eindringt und meinen ganzen Leib durchdringt, werde ich eins mit ihm. Da es nun nichts mehr in mir gibt, das nicht von Christi Liebe durchdrungen und berührt

Im Ausatmen kann ich mir vorstellen, dass ich alles loslasse, was immer wieder in meinem Geist auftaucht.

ist, kann ich nun auch mit mir selbst eins werden, einverstanden sein mit meinem Leben, mit meinem Leib, mit meinem Gewordensein. Im Einswerden mit Christus werde ich zugleich eins mit allen Menschen und mit der ganzen Schöpfung.

Ein anderes Ritual der Einswerdung: Setz dich allein hin und spüre dein Alleinsein. Peter Schellenbaum sagt: Es ist wunderbar, mit allem eins zu sein, all-eins zu sein. Söhne dich aus mit deinem Alleinsein und erahne darin, was es bedeutet, allein zu sein.

Ein weiterer Schritt auf dem Weg der Selbstwerdung ist das Verwandeltwerden. Die Metamorphose war für die griechische Philosophie und Mythologie ein wichtiges Bild für die Menschwerdung. Der Mensch soll immer mehr verwandelt werden in das einmalige Bild, das Gott sich von jedem gemacht hat. Die Bibel berichtet uns von der Verklärung Jesu am Berg Tabor. Da wurde sein Antlitz verwandelt und erstrahlte in hellem Licht. Christus wurde in die Gestalt verwandelt, die er eigentlich von seiner göttlichen Natur her hatte, die aber den Jüngern oft verborgen war.

Das wichtigste Ritual für die Verwandlung ist wieder die Eucharistie. In der Eucharistie halten wir in den Gaben von Brot und Wein unser eigenes Leben Gott hin. Im Brot halten wir unseren Alltag hin mit dem, was uns reibt und aufreibt. Wir halten die Tretmühle unseres Alltags hin und die Zerrissenheit, die in den vielen Körnern zum Ausdruck kommt, aus denen das Brot gebacken ist. Im Kelch halten wir unser Leid und unsere Bitterkeit Gott hin, damit sie durch seine göttliche Liebe verwandelt werden. Und im Kelch mit Wein halten wir unsere Liebe hin, die oft vermischt ist mit aggressiven Gefühlen oder den Gefühlen von Gekränktsein und Verletztsein. Wir vertrauen darauf, dass Gottes Geist in diesen Gaben auch unser Leben verwandelt, so dass das ursprüngliche und unverfälschte Bild Gottes in uns sichtbar wird.

Ein persönliches Ritual der Verwandlung könnte sein: Setz dich hin und halte in der Gebärde der Schale dein Leben Gott hin. In deine Hände hat sich das Leben, so wie es war, hineingeritzt. In deinen Händen hältst du deine Wahrheit Gott hin, damit er die Spur in deine Hände eingräbt, die er für dich reserviert hat, damit du deine eigene Lebensspur in diese Welt eingraben kannst.

Der fünfte Schritt auf dem Weg gelingender Menschwerdung ist das Neuwerden. Auch das kann im Ritual des Atmens geschehen: Wenn du im Einatmen spürst, dass neuer, unverbrauchter Atem und in ihm Gottes neuschaffender Geist in dich einströmt, dann wird in dir etwas Neues, dann wirst du selbst neu. Gott ist immer ein Gott, der alles neu macht. Durch seinen Geist schafft er dich neu. Du kannst dir vorstellen, dass er alles in dir erfrischt und erneuert.

Auch die Eucharistiefeier ist ein Ritual des Neuwerdens. Du hast in der Kommunion Christi Leib gegessen und sein Blut getrunken. Über den Kelch wurde das Wort Jesu gesprochen: »Dieser Kelch ist der Neue Bund in meinem Blut, das für euch vergossen wird« (Lk 22,20). Christus will seinen Wein in neue Schläuche gießen. Wer in Christus ist, ist eine neue Schöpfung, sagt Paulus (2 Kor 5,17). In ihm wirst du neu. Da hat das Alte keine Macht mehr über dich. Du bist nicht festgelegt auf deine Vergangenheit. Christus erneuert dich durch seinen Geist. Du brauchst es nur an dir geschehen zu lassen. Dann fühlst du dich neu. Dann kannst du jetzt in diesem Augenblick von neuem beginnen. Du kannst neu anfangen, dein Leben von neuem in deine Hände nehmen und es so gestalten, wie es dem ursprünglichen Plan Gottes entspricht.

Wenn du im Einatmen spürst, dass neuer, unverbrauchter Atem und in ihm Gottes neuschaffender Geist in dich einströmt, dann wirst du selbst neu.

Mein
Personenkern

Wenn Menschen mit der Spur ihrer Lebendigkeit in Berührung kommen, dann hat das oft eine heilsamere Wirkung, als wenn sie immer nur in den Wunden der Vergangenheit herumwühlen. Dort, wo jemand sich lebendig fühlt, dort ist er auch voller Freude. Freude ist Ausdruck der Lebendigkeit. Es muss nicht immer eine überschäumende Freude sein. Es kann auch das stille Gefühl von Stimmigkeit sein oder ein Sich-Wohlfühlen. Oder es kann eine kraftvolle Lust am Leben sein. Jeder hat in seiner Lebensgeschichte nicht nur Verletzungen und Defizite zu beklagen. Jeder hat irgendwann einmal Lebendigkeit erfahren. Mit dieser Lebendigkeit wieder in Kontakt zu kommen, ist ein eminent therapeutischer Weg und zugleich ein spiritueller Weg. Denn nur auf diesem Weg kann jemand seine eigene religiöse Spur finden.

Für mich ist es in der Begleitung erstaunlich, immer wieder zu beobachten, wie Kinder von sich aus einen Weg zur Lebendigkeit und Freude finden.

Spielerisch entwickeln Kinder ihre Weise der Selbsttherapie. Und spielerisch finden sie ihre eigene Spiritualität.

Sie haben in sich offensichtlich einen gesunden und kreativen Kern und ein Gespür dafür, was ihnen gut tut. Ihr göttliches Kind bleibt bei aller Kränkung unverletzt und weist ihnen den Weg, auf dem ihr ureigenstes Leben gelingen kann. Instinktsicher entwickeln sie auch in noch so verfahrenen Situationen eine Strategie, um sich von der destruktiven Macht alkoholkranker Väter oder depressiver Mütter zu befreien. Sie finden den Ort, an dem sie sich frei fühlen, an dem sie geborgen sind, an dem sie ganz sie selbst sind, einverstanden mit ihrem Dasein. Dort kann niemand sie verletzen, dort kann ihnen niemand Vorschriften machen. Spielerisch entwickeln Kinder ihre Weise der Selbsttherapie. Und spielerisch finden sie ihre eigene Spiritualität. Die Beschäftigung mit der Freude hat mich dafür hellhörig gemacht, solche spirituellen und selbstheilenden Spuren im Leben eines Menschen mehr zu beachten und von da aus Wege zu finden, die ihn heute weiter führen. Ich erlebe in der geistlichen Begleitung oft, dass Menschen sich selbst beschuldigen, dass sie keine Disziplin hätten, dass sie sich jedes Mal vornehmen, morgens zu meditieren. Aber es gelingt ihnen einfach nicht. Sie haben viele Kurse besucht und spirituelle Bücher gelesen. Sie glauben, nun müssten sie das praktizieren, was sie gelesen und geübt haben. Aber sie nehmen oft zu wenig Rücksicht auf die Struktur ihrer eigenen Seele. Wenn jemand zu viel Energie darauf verwenden muss, sein geistliches Programm zu erfüllen, ist das für mich immer ein Kriterium, dass er sich einen spirituellen Weg übergestülpt hat, der für ihn nicht stimmt. Er hat sich in ein spirituelles System hineingezwängt, ohne auf sich und die eigenen Gefühle und Ahnungen zu achten. Der Widerstand, der ihn daran hindert, seine geistlichen Formen zu praktizieren, zeigt, dass er gegen die eigene innerste Struktur lebt. Wer dagegen mit der Spur in Berührung gekommen ist, die er als Kind für sich entdeckt hat, um sich wohl zu fühlen, um Lebensfreude zu erfahren, der wird spirituelle Formen finden, die er ohne große Anstrengung leben kann. Wenn unser ureigenstes Leben in uns aufblüht, dann braucht es zwar auch Achtsamkeit und Disziplin, aber wir müssen uns nicht immer wieder dazu zwingen, etwas zu tun, was unser Herz im Tiefsten gar nicht will. So ist die Freudenspur auch eine Spur hin zu der Spiritualität, die für mich stimmt, die aus meinem eigenen Personkern herauswächst und mich genauso untrüglich zu Gott führen wird, wie sie mich als Kind zum Leben gebracht hat.

> So ist die Freudenspur auch eine Spur hin zu der Spiritualität, die für mich stimmt, die aus meinem eigenen Personkern herauswächst.

Rituale
als Gegenpole

Ich erlebe immer wieder Menschen, die sich hohe spirituelle Ideale machen, an deren Leben man aber nichts wahrnehmen kann, was diesen Idealen entspricht. Die Ideale sind nur im Kopf. Für Benedikt ist es ganz wichtig, dass das geistliche Leben sichtbar wird, dass es sich in ganz konkreten Formen des alltäglichen Miteinanders ausdrückt. Die benediktinische Spiritualität ist eine geerdete Spiritualität. Sie wird sichtbar in der Art und Weise, wie die Mönche leben. Und sie hat die Kraft, diese Erde zu formen. Ein wichtiger Weg, wie sich das geistliche Leben zum Ausdruck bringen kann, sind die Rituale. Dabei meine ich jetzt nicht die kirchlichen Rituale, wie sie in den Sakramenten und in der Liturgie praktiziert werden, sondern die persönlichen Rituale.

Christliches Leben hat sich immer konkret dadurch ausgezeichnet, dass man den Tag gestaltet hat. Es gab täglich bestimmte Rituale, die uns an Gott erinnern sollten. Man begann den Tag mit dem Morgengebet. Der Tag beginnt anders, wenn

> **Ein wichtiger Weg, wie sich das geistliche Leben zum Ausdruck bringen kann, sind die Rituale.**

ich ihn bewusst unter den Segen Gottes stelle. Rituale sind Erinnerungzeichen. Sie erinnern mich daran, dass Gott selbst die eigentliche Wirklichkeit meines Lebens ist. Rituale sind immer etwas Handfestes: Ich nehme eine Kerze in die Hand und zünde sie an. Ich mache eine Gebetsgebärde. Ich stelle mich zum Morgengebet oder ich knie mich nieder. Ich segne den Tag oder den Ehepartner oder die Kinder. Rituale sind eine Selbstvergewisserung, dass mein Leben unter dem Segen und der Verheißung Gottes steht, dass mein Leben gelingt. Natürlich wissen wir, dass das Gelingen nicht vom Ritual abhängt. Aber indem ich eine Kerze anzünde, stelle ich mein Leben bewusst in das Licht Gottes und drücke die Hoffnung aus, dass das Licht Jesu Christi alle Dunkelheit in mir erleuchte.

Heute haben viele das Gefühl, dass sie ständig damit beschäftigt sind, Erwartungen anderer zu erfüllen. Rituale sind ein Gegenpol. Sie vermitteln mir: Ich lebe selber, anstatt gelebt zu werden. Ich gestalte mein Leben, so wie ich es will. Rituale

Ich lebe selber, anstatt gelebt zu werden. Ich gestalte mein Leben, so wie ich es will. Rituale schaffen eine heilige Zeit und einen heiligen Ort.

schaffen eine heilige Zeit und einen heiligen Ort. Während ich etwa mein Morgengebet verrichte oder mich auf den Meditationsschemel setze, hat niemand Zutritt zu mir. Die Zeit gehört Gott und sie gehört zugleich mir. Es ist eine heilige Zeit. Heilig ist das, was der Welt entzogen ist. Die Rituale vermitteln mir: Es gibt in meinem Leben eine heilige Zeit, die dem Terror der Welt, dem Terror der täglichen Termine entzogen ist. Die heilige Zeit, die mir das Ritual verschafft, ist daher etwas Heilsames für mich. Da komme ich in Berührung mit dem Heilen in mir. Da kann ich aufatmen. Da fühle ich mich frei. Die Termine gehen mich in diesem Augenblick nichts an. Und die Menschen mit ihren Sorgen haben keinen Zutritt.

Eine Mutter von kleinen Kindern erzählte mir, die fünf Minuten, in denen sie allein im Bad ist, seien für sie eine heilige Zeit. Da könne sie frei atmen.

Da sei sie ganz bei sich und ganz bei Gott. Wir brauchen täglich einige Augenblicke, die Gott und uns gehören. Sie sind der Ort, an dem wir mit uns selbst in Berührung kommen. Und das ist die Bedingung, dass wir selber leben, anstatt gelebt zu werden.

Rituale sind keine Leistung vor Gott. Gott braucht unsere Rituale nicht. Aber uns tun sie gut. Sie geben uns die Gewissheit, dass unser Alltag von Gott geprägt wird. Sie sind der Ort, an dem wir Gott begegnen, an dem Christus mit seinem Geist in uns eindringen kann. Sie scheinen nur ein äußerer Weg der Spiritualität zu sein. Aber ohne diesen äußeren Weg bleiben die spirituellen Gedanken nur im Kopf. Sie haben keine Auswirkung auf das Leben. Manche flüchten heute in spirituelle Ideen, um dem Chaos ihres Lebens auszuweichen. Je euphorischer eine Spiritualität ist, desto mehr ist sie in Gefahr, dem Leben mit seinen konkreten Anforderungen auszuweichen, anstatt es im Geiste Jesu zu gestalten und zu formen. Nur eine Spiritualität, die sich in die Erde hinein formt, die Fleisch annimmt und sichtbar wird, entspricht der christlichen Spiritualität, die ja von der Inkarnation, von der Fleischwerdung des göttlichen Wortes ihren Ausgang nimmt.

Strecke
dein Herz aus

Heute erleben viele die Adventszeit schon als vorweggenommenes Weihnachten. Aus den Lautsprechern der Kaufhäuser hört man schon seit Wochen gefühlvolle weihnachtliche Klänge, die die Kauflust anheizen und die Konjunktur beleben sollen. Aber wer nicht warten kann, dem geht etwas Wichtiges verloren. Wer jedes Bedürfnis sofort befriedigen muss, der wird abhängig von jedem Bedürfnis. Warten macht innerlich frei. Wenn wir warten können, bis unser Bedürfnis erfüllt wird, dann halten wir auch die Spannung aus, die das Warten in uns erzeugt. Das macht unser Herz weit. Es schenkt uns überdies das Gefühl, dass unser Leben nicht banal ist.

Jede von uns ist erwartet. Jeder Einzelne ist wertvoll. Gott selbst wartet auf uns, um uns aufzurichten, damit wir wahrhaft leben.

Wenn wir auf etwas Geheimnisvolles warten, dann erkennen wir: Wir sind mehr als das, was wir uns selbst geben können. Warten zeigt uns, dass das Eigentliche uns erst geschenkt werden muss.

Auf einen lieben Menschen, der erwartet wird, freut man sich. Vorfreuden bestimmt auch die Adventszeit: Sie will uns einladen, im Warten unsere Herzen zu weiten. Jede von uns ist erwartet. Jeder Einzelne ist wertvoll. Gott selbst wartet auf uns, um uns aufzurichten, damit wir wahrhaft leben. Wer sein Herz für ihn öffnet, wer seine verborgene Anwesenheit in sich wahrnimmt, kann es erfahren. Ganz besonders in der Adventszeit.

Die Wüste
wird ergrünen

Der Advent verheißt: Unsere Wüste wird verwandelt. Sie wird beginnen zu blühen. Wir sprechen von einer Betonwüste in unseren Städten, von der Wüste und Ödnis in den menschlichen Herzen. Wüste ist ein Bild für die Einsamkeit, für das Alleingelassenwerden, für Sinnlosigkeit, Beziehungsferne und Leere. Wir sind unbehaust, in uns sind wilde und ungezügelte Kräfte, die unser Gesicht hässlich erscheinen lassen. Die Wüste ist der Ort, an dem wir schonungslos mit uns und unserer widerwärtigen Wirklichkeit konfrontiert werden.

Um den Weg für Gott bahnen zu können, müssen wir uns zuerst einmal hinauswagen in die eigene Wüste. In dieser Wüste unseres Herzens sollen wir ihm den Weg bereiten. Wir müssen all das Verdrängte, das Unterdrückte, das Schattenhafte in uns anschauen und ihm hinhalten. Gerade dort will Gott zu uns kommen, nicht auf den Straßen unseres Erfolgs und unserer Leistungen. Wir möchten Gott gerne außerhalb von uns begegnen, in erbaulichen Gottesdiensten, in der Gemeinschaft von Gleichgesinnten. Doch er will uns gerade in unserer Wüste entgegenkommen. Dort will er uns antreffen, um mit uns das Fest der Erlösung zu feiern, um mit uns eins zu werden und alles in uns zu verwandeln. Nur wenn wir Gott in unsere Wüste hineinlassen, kann Wirklichkeit werden, was Jesaja uns in den Texten verheißt, die in dieser Zeit gelesen werden.

Am Ende der Wüstenerfahrung wird die Freude stehen.

Der Advent verspricht uns, dass wir in unserer Wüste eine Quelle finden, aus der wir trinken können. Die Wüste ist nicht nur der Ort der Leere und Sinnlosigkeit, der Versuchung und Anfechtung. Die Wüste ist auch der Ort der Gotteserfahrung und Gottesbegegnung. In der Adventszeit können wir den Mut aufbringen, in unsere Wüsten hineinzugehen. Denn dort dürfen wir erfahren, dass Gott uns nahe ist, dass er uns in unseren einsamen Momenten auf seinen Händen trägt. So wie dem Elija, der in der Wüste am liebsten sterben wollte, schickt er jedem seinen Engel. Mitten in der Wüste erfahren wir Gott selbst als den, der auf uns wartet. Die tröstliche Verheißung des Advent: Am Ende der Wüstenerfahrung wird die Freude stehen.

Der Liebe
unendliche Fülle

Der junge Dichter Friedrich von Hardenberg nannte sich selbst Novalis: einer, der Neuland unter den Pflug nimmt. Es liegt ein eigenartiger Glanz auf der Dichtung dieses zu früh verstorbenen romantischen Dichters, des Erfinders der blauen Blume. Als er mit fünfundzwanzig Jahren seine Braut verlor, nahm er innerlich von dieser Welt Abschied und sehnte sich danach, seiner Geliebten in den Tod zu folgen. Seine Dichtung ist geprägt von dieser Sehnsucht nach der anderen Welt:

>»Hätten die Nüchternen
>Einmal gekostet,
>Alles verließen sie,
>Und setzten sich zu uns
>An den Tisch der Sehnsucht,
>Der nie leer wird.
>Sie erkennten der Liebe
>Unendliche Fülle,
>Und priesen die Nahrung
>Von Leib und Blut.«

Novalis lädt also seine Leser ein an den Tisch der Sehnsucht. Am Tisch der Sehnsucht erkennen sie die unendliche Fülle der Liebe, die unserem Leben erst seinen wahren Glanz verleiht. Wer von dieser Liebe gekostet hat, der lässt alles Äußere hinter sich, seinen Beruf, seinen Besitz, um sich an den Tisch der Sehnsucht zu setzen.

Wer die Gedichte und Romanfragmente des Dichters liest, nimmt an dem Tisch der Sehnsucht Platz, den Novalis für uns deckt, damit wir Anteil haben an seiner Sehnsucht nach einer Liebe, die uns verzaubert und uns in das Reich der unendlichen Liebe führt. Die Sehnsucht nach dieser Liebe klingt in vielen Worten auf, die Novalis uns als Fragmente hinterlassen hat. Da sagt er von den Märchen: »Alle Märchen sind nur Träume von jener heimatlichen Welt, die überall und nirgends ist.« Die heimatliche Welt, das ist die Welt der Liebe. In jeder menschlichen Liebe leuchtet die göttliche Liebe auf. Und nur wo diese göttliche Liebe in menschlicher Liebe aufscheint, ist Heimat.

In den Märchen träumen wir von dieser heimatlichen Welt. Sie ist überall und nirgends. Sie ist dort, wo wir sind. Unser Leben wird zur Heimat, wenn wir Märchen lesen. Aber zugleich ist nirgends unsere Heimat. Wir können sie nicht festhalten. Immer wieder entschwindet sie unseren Händen.

Novalis war nicht nur Dichter, sondern auch Philosoph, der sich über viele Themen Gedanken machte. »Die Philosophie ist eigentlich Heimweh – Trieb, überall zu Hause zu sein«, sagt er. Wie die Dichtung ist auch die Philosophie erfüllt von Heimweh nach der Heimat. Novalis nennt sie den Trieb, überall zu Hause zu sein.

Wenn ich über die Welt nachdenke, wenn ich im Denken das Eigentliche entdecke, dann bin ich überall zu Hause. Dort, wo mir im Denken das Geheimnis aufgeht, entsteht Heimat. Denn daheim sein kann man nur, wo das Geheimnis wohnt.

> Wenn ich über die Welt nachdenke, wenn ich im Denken das Eigentliche entdecke, dann bin ich überall zu Hause. Dort, wo mir im Denken das Geheimnis aufgeht, entsteht Heimat. Denn daheim sein kann man nur, wo das Geheimnis wohnt.

In der Nacht
wächst die Sehnsucht

Die Nacht ist für uns Mönche eine heilige Zeit. Im Kloster stehen wir jeden Tag um 4.40 Uhr auf! Wir Mönche wachen, während die Welt schläft, weil wir hoffen, dass die Nachtstille zu einer Zeit der Erfahrung mit Gott wird. Er spricht mit uns während dieser Zeit der großen Stille. Aufgrund der Tiefe dieser Erfahrung ist es auch kein Wunder, dass alle Religionen die Bedeutung der Nacht sehen und unterstreichen. In der Nacht wächst die Sehnsucht. Das Christentum feiert mit Weihnachten und Ostern zwei große Nächte, in denen wir auf Christus warten. Natürlich feierten schon die Heiden am 25. Dezember die Sonnenwende. Aber indem sie Christi Geburt auf die Nacht der Wintersonnenwende datierten, schufen die Christen ein Symbol dafür, dass die Weihnacht den Tag ankündigt. Dieses Symbol ist umso wichtiger, wenn man daran denkt, dass man damals meinte, die Winternächte würden von bösen und fürchterlichen Geistern heimgesucht. Die Wiederkehr des Tages bekundete den Sieg über diese bösen Geister.

Weihnachten markiert den Sieg des Lichts und Ostern den Sieg des Lebens. Und Weihnachten kündigt Ostern an.

Das Symbol der Weihnacht ist aber noch viel stärker: Wenn Gott Mensch wird, entsteht Licht! Die wunderbare Liturgie der Weihnachtsnacht besingt es: Im Augenblick der größten Stille steigt das Wort Gottes auf die Erde herab. Auch im Umfeld von Ostern spielt die Symbolik von Nacht und Licht eine wichtige Rolle. Die drei synoptischen Evangelisten erklären, dass auf den Tod Jesu die ganze Schöpfung reagierte und die Sonne sich drei Stunden verdunkelte. Die Auferstehung ist ein Sieg des Lichts und des Lebens. Für Johannes ist Christus tot, wird in ein Grab gelegt (eine Assoziation der Nacht) und ersteht – alles in einem Atemzug. Johannes ist es wichtig, zu zeigen, dass der tote Jesus sich verwandelt. Die Sehnsucht nach Licht und nach Leben – zwei Ursehnsüchte der Menschheit. In den zwei großen Festen der Christenheit – Weihnachten und Ostern – wird die Erfüllung unserer Hoffnung gefeiert. Weihnachten markiert den Sieg des Lichts und Ostern den Sieg des Lebens. Und Weihnachten kündigt Ostern an. Beide gehören zusammen.

Ich bin bei dir
in deiner Nacht

Wenn Matthäus die Geschichte Jesu immer wieder mit Worten aus der Schrift deutet, dann zeigt er auch uns einen guten Weg, wie wir mit unserem Leben umgehen sollen. Wir verstehen oft nicht, was uns geschieht. Manches erscheint uns dunkel. Es widerspricht unseren Vorstellungen vom Leben und von Gott. Da sollten wir in der Bibel lesen und in dem, was wir lesen, eine Deutung für unser Leben entdecken. Die Worte der Bibel verstehen, heißt: mein eigenes Leben besser verstehen. Nehmen wir die Worte, mit denen Matthäus die Geburt Jesu deutet: Dort, wo wir nicht weiterkommen, wo wir uns in Überlegungen und Grübeleien verstricken, da zeigt Gott einen Weg auf, den wir mit unserem Verstand nicht gefunden hätten. Da verheißt er auch uns ein göttliches Kind, das in uns geboren wird und uns in Berührung bringt mit dem ursprünglichen und unverfälschten Bild, das Gott sich von uns gemacht hat. Wir sind nicht festgelegt durch unsere Vergangenheit. Gott eröffnet uns eine neue Zukunft. Und dort, wo wir auf uns geworfen sind und keinen Ausweg finden, gilt die Verheißung:

Gott ist mit dir. Gerade in dieser verfahrenen Situation deines Lebens ist Gott mit dir. Gerade jetzt, da du dich nicht auskennst vor lauter Ungewissheit über die Zukunft, jetzt, da alles in dir durcheinander geraten ist, darfst du die Zusage Gottes für dich in Anspruch nehmen: »Ich gehe mit dir durch alle Dunkelheiten und Einsamkeiten, durch alle Brüche deines Lebens, durch deine Verzweiflung und dein Versagen. Ich bin bei dir, auch wenn du selbst nicht mehr bei dir bist, weil du dich nicht aushalten kannst. Ich bin bei dir in deiner Nacht, damit auch deine Nacht zur geweihten Nacht, zur Weihnacht wird.«

Die Worte der Bibel verstehen, heißt: mein eigenes Leben besser verstehen.

Wo das
Geheimnis wohnt

Wohl zu keiner anderen Zeit des Jahres sehnen sich die Menschen so nach einer heilen Familie wie an Weihnachten. Sie möchten Weihnachten als Familienfest feiern, aber zugleich spüren sie zu oft, dass es nicht gelingt. Die Erwartungen sind zu hoch. Und so stört jede Meinungsverschiedenheit sofort den Familienfrieden. Die Kinder spüren es, wenn Verlogenheit die Szene beherrscht. Eine heile Familie lässt sich auch nicht nur kurz an Weihnachten herstellen.

Wenn am Sonntag nach Weihnachten die Kirche das Fest der Heiligen Familie feiert, zeigt uns dieses Fest, dass die Bibel kein idyllisch-harmonisches Bild der Familie zeichnet. Die Familie ist von Anfang an bedroht. Die Schwierigkeiten, eine heile Familie zu sein, kommen in der Geschichte von Verfolgung und Flucht, aber auch in der Geschichte vom zwölfjährigen Jesus zum Ausdruck, der im Tempel mit den Schriftgelehrten diskutiert, ohne auf die Ängste der Eltern zu achten. Er ist nicht der brave Bub, der genau tut, was die Eltern von ihm wollen. Er hört auf das eigene Herz, und er tut das, was er darin als richtig erspürt, was er als Willen des Vaters erkennt.

Familie wird nur möglich, wenn sich ihre Mitglieder gemeinsam auf das Geheimnis einlassen, das sie übersteigt. Wenn sie an Weihnachten nicht um sich kreist, sondern das Fest und sein Geheimnis bewusst wahrnimmt.

Daheim sein kann man nur, wo das Geheimnis wohnt.

Weihnachten will uns also keine heile Familie vorspiegeln, sondern es verheißt die Familie, die geheiligt wird, weil sie das Geheimnis Gottes in sich trägt und weil jeder in ihr sein eigenes Geheimnis hat.

Nur wer sein eigenes Geheimnis und das Geheimnis seines Ehepartners und seiner Kinder im Herzen bewegt, kann sich in seiner Familie daheim fühlen. Daheim sein kann man nur, wo das Geheimnis wohnt. Weihnachten kann uns eine Ahnung davon geben, dass auch in unserer konkreten Familie das Geheimnis Gottes wohnt.

Träume
werden wahr

Bei Matthäus haben die Träume um die Geburt Jesu eine entscheidende Bedeutung. Josef erkennt erst im Traum das Geheimnis seiner Braut und ihrer Schwangerschaft. Mit dem Verstand kann er nicht wahrnehmen, was da geschieht. Der Traum gibt ihm die richtigen Weisungen, wie er mit Maria und mit dem neugeborenen Kind umgehen soll. Auch die Magier hören auf ihre Träume. Der Stern und die Träume weisen ihnen den Weg zum neugeborenen Königssohn. Und im Traum erfahren sie, dass sie auf einem anderen Weg wieder heimkehren sollen.

Was an Weihnachten geschieht, ist wie ein Traum – kein Tagtraum, keine Illusion, sondern die Erfüllung all unserer Träume von einem erfüllten neuen Leben. Unsere Träume sprechen die gleiche Sprache wie Matthäus und Lukas, wenn sie von der Geburt Christi berichten. In unseren Träumen gibt es Kinder, die uns auf das Neue hinweisen, das in uns aufbrechen möchte. Da gibt es Sterne, die am Himmel leuchten und vom Himmel zu uns herabsteigen und uns eine Botschaft vermitteln. Da gibt es Könige und Hirten, da gibt es Ochs und Esel. In unseren Träumen gibt es auch die Jungfrau, die ein Kind gebiert. Es wird uns unmittelbar von Gott geschenkt. Das heißt nicht, dass die Bibel nicht Geschehenes erzählt. Aber sie erzählt es in einer Sprache, die der unserer Träume ähnelt. Wenn wir wie Josef unseren Träumen trauen, dann verstehen wir auch das Geheimnis von Weihnachten. Dann brauchen wir nicht mit unserem Verstand zu grübeln, wie das denn wirklich war damals in Betlehem. Das ist nicht so wichtig. Was uns die Träume sagen, wird Wirklichkeit. Gott wird Mensch, unser Leben wird verwandelt. Da geschieht ein neuer Anfang und unsere Nacht wird auf einmal hell. Da singen Engel ihre Lieder.

Weihnachten heißt auch: Träume werden wahr. Wir dürfen unseren Träumen aufs Neue trauen. Träume sind nicht nur Schäume. Sie zeigen, was wirklich in uns geschieht. Es ist immer wieder eine Botschaft der Freude: Gott selbst schafft in dir etwas Neues. Du bist gottunmittelbar. Und wenn Gott tätig wird, heißt das auch: Du musst nicht alles selbst erarbeiten und brauchst nicht alles von anderen zu erwarten. In dir ist die Jungfrau, die das göttliche Kind gebiert. In dir ist ein neuer Anfang. Das ursprüngliche Bild, das Gott sich in deiner Geburt von dir gemacht hat, strahlt mitten in der Nacht deines Lebens so hell auf wie ein Stern. Du bist etwas Einmaliges und Besonderes. Auch in dir geschieht das Wunder der Weihnacht.

Du bist etwas Einmaliges und Besonderes. Auch in dir geschieht das Wunder der Weihnacht.

Das heitere
Licht

Die Tage werden kürzer, und es wird früher dunkel. Es ist die Zeit, da ich mit dem inneren Licht in Berührung kommen möchte, mit dem Licht, das niemals untergeht. Es ist das Licht, das in der Geburt Jesu Christi aufgestrahlt ist. Es ist »ein Licht, das an einem finsteren Ort scheint, bis der Tag anbricht und der Morgenstern aufgeht« in meinem Herzen. Philipp Nicolai nennt dieses Licht den »Freudenschein«, der uns von Gott her kommt. Es ist das heitere Licht, das Gott in mir entzünden will. Es ist das Strahlen der Freude über das Neue, das in mir geboren wird, über die Geburt Gottes in mir, die mich verwandelt und erneuert.

Es ist das heitere Licht, das Gott in mir entzünden will. Es ist das Strahlen der Freude.

Der Geschmack
von Liebe und Frieden

In einem Stall, mitten in der Nacht wird das Kind geboren. Und der Glanz des Engels umstrahlt die Hirten, denen die frohe Botschaft von der Geburt des Retters verkündet wird. Johannes beschreibt uns das Geheimnis der Menschwerdung Gottes in dem geheimnisvollen Satz »Und das Wort ist Fleisch geworden und hat unter uns gewohnt.« Es hat unter uns sein Zelt aufgeschlagen, und in ihm haben wir Gottes Herrlichkeit gesehen, »die Herrlichkeit des einzigen Sohnes vom Vater, voll Gnade und Wahrheit«. Gott hat sich in das hinfällige und sterbliche Fleisch hineinbegeben. Er hat seinen göttlichen Keim in unsere Sterblichkeit eingepflanzt.

Er hat es gewagt, in das schwache, der Vergänglichkeit unterworfene Fleisch zu kommen, damit wir ihn dort finden, wo wir sind. In unserer Schwachheit erfahren wir so Gottes Kraft, in unserer Sterblichkeit seine Unsterblichkeit und in unserer Dunkelheit seine Herrlichkeit. Ein Gebet drückt das Weihnachtsgeheimnis nüchtern und doch zugleich in einer Sprache aus, die uns anrührt: »All-

> Gott hat sich in das hinfällige und sterbliche Fleisch hineinbegeben. Er hat seinen göttlichen Keim in unsere Sterblichkeit eingepflanzt.

mächtiger Gott, du hast den Menschen in seiner Würde wunderbar erschaffen und noch wunderbarer wiederhergestellt. Lass uns teilhaben an der Gottheit deines Sohnes, der unsere Menschennatur angenommen hat.«

An Weihnachten bekennen Christen, dass Gott den Menschen wunderbar erschaffen hat. Als Gott den Menschen schuf, sah er, dass alles sehr gut war. Er hat uns nach seinem Abbild geschaffen, als Mann und Frau. Doch wir Menschen haben dieses reine Bild Gottes in uns verdunkelt. Da sandte Gott seinen Sohn, um dieses Urbild wieder in seiner wahren Schönheit aufleuchten zu lassen. In Jesus erscheint für uns sichtbar der Mensch, wie Gott ihn ursprünglich gedacht hat, ohne Verbiegung, ohne die Trübungen unserer heftigen Emotionen, ohne die Verfälschung durch Maßlosigkeit und Gier. Gerade in unserer Zeit haben wir es nötiger denn je, dass uns Gott in Jesus das wahre Bild des Menschen vor Augen führt. Denn in den Medien werden uns andere Menschenbilder angepriesen: das Bild des

Erfolgreichen, des Coolen, der auf nichts Rücksicht nimmt, der sich durchsetzt, das Bild des kalten Rechners oder das Bild geistloser Selbstdarsteller. In Jesus leuchtet das Bild des liebenden Gottes auf, der es wagt, nicht in Kraft und Stärke, sondern in der Hilflosigkeit eines Kindes zu erscheinen.

Unser Leben ist anders geworden. Wir haben nicht nur die Herrlichkeit göttlichen Lebens im Antlitz Jesu gesehen, sondern wir sind hineingenommen in die Menschwerdung Gottes. Unsere Natur ist anders geworden. Sie ist erfüllt worden mit göttlichem Leben, mit göttlicher Kraft und göttlichem Licht. Das war für die Griechen die frohe Botschaft von Weihnachten. Wir sind nicht mehr nur die sterblichen und hinfälligen, der Krankheit und dem Tode unterworfenen Menschen. Wir haben in uns einen unvergänglichen Keim, das göttliche Leben. Wenn wir in uns hineinschauen, stoßen wir nicht nur auf die Verletzungen unserer Lebensgeschichte, nicht nur auf die eigenen Gedanken und Gefühle, sondern auf dem Grund unserer Seele auf göttliches Leben, auf göttliche Liebe, auf göttliche Klarheit und Schönheit.

Dass wir mit göttlichem Leben erfüllt werden, das ist für die Griechen unsere Heilung, unsere Befreiung und unsere Erlösung. Dieses Leben heilt unsere Wunden.

Dass wir mit göttlichem Leben erfüllt werden, das ist für die Griechen unsere Heilung, unsere Befreiung und unsere Erlösung. Dieses Leben heilt unsere Wunden. Es gibt uns die Kraft, uns von Abhängigkeiten zu befreien, selber zu leben, anstatt gelebt zu werden. Es erlöst uns von der Leere und Sinnlosigkeit unseres Daseins. Es gibt unserem Leben einen neuen Geschmack. Es ist – so sagt uns die Weihnachtsbotschaft – der Geschmack von Liebe und Frieden.

Gott träumt
den Menschen

Gott hatte einen Traum. Er träumte die Schöpfung. Und er schuf sie. Er schuf den Himmel und die Erde, die Blumen und Gräser, die Bäume und Wälder, die Berge und Hügel, die Flüsse und das Meer, die Fische und Vögel, die Insekten und die Säugetiere. Aber es fehlte Gott etwas an seinem Traum. Da träumte er den Menschen, der nach seinem Bild und Gleichnis geschaffen ist. Er schuf den Menschen als Mann und Frau. Doch der Mensch verdunkelte das Bild, das Gott sich von ihm gemacht hatte. Er entfremdete sich von Gott. Er lief vor Gott davon, aber auch vor sich selber. Er trennte sich von seinem eigenen Ursprung. Er lebte nicht vor Gott, sondern versteckte sich vor ihm. Er verkrümmte sich in sich selbst. Er verschloss die Türen seines Herzens und ließ Gott nicht mehr bei sich eintreten. Er gab nicht nur die Gemeinschaft mit Gott auf, sondern wandte sich auch gegen sich selbst und gegen seine Brüder und Schwestern. Er geriet auf Abwege, verstrickte sich im Dickicht seiner eigenen Lügen. Da träumte Gott seinen Traum von neuem. Er träumte, wie der Mensch eigentlich gedacht war. Und er verwirklichte seinen Traum, indem er einen neuen Anfang setzte. Er ließ seinen eigenen Sohn, das Bild seiner Herrlichkeit, Mensch werden. »Der Einzige, der Gott ist und am Herzen des Vaters ruht« (Joh 1,18), er sollte Mensch werden und das Urbild des Menschen wiederherstellen. Er sollte den Menschen vor Augen führen, wie sie sein könnten, wenn sie aus der Einheit mit Gott heraus lebten.

Da träumte Gott seinen Traum von neuem. Er träumte, wie der Mensch eigentlich gedacht war. Und er verwirklichte seinen Traum, indem er einen neuen Anfang setzte.

Er sollte sie an ihren göttlichen Ursprung erinnern, an den göttlichen Kern, den sie noch in sich trugen, aber den sie durch ihre Sünde verdunkelt hatten. An Weihnachten feiern wir den Traum Gottes, wie er in Jesus Christus sichtbar geworden ist. Wir feiern den Menschen, wie er in seinem reinen Wesen in Jesus aufgeleuchtet ist.

Geburt
in der Fremde

Lukas schildert uns die Geburt Jesu als Geburt auf dem Wege, als Geburt in der Fremde. Lukas ist Grieche. Er versteht die Menschwerdung Gottes in Jesus Christus nach Art und Weise der Griechen. Für ihn ist Jesus der göttliche Wanderer, der vom Himmel herabkommt, um mit uns zu wandern und uns immer wieder an unseren göttlichen Kern zu erinnern. Er vermittelt uns, dass wir nicht nur Menschen dieser Erde sind, sondern zugleich Menschen des Himmels, die wie Jesus auf dem Weg sind, bis auch wir in den Himmel aufgenommen werden. Das Bild der Wanderschaft taucht schon bei der Geburt Jesu auf. Die Eltern müssen sich auf Wanderschaft begeben. Aus Nazareth, ihrer Heimat in Galiläa, müssen sie sich aufmachen, um sich in Betlehem in die Steuerlisten eintragen zu lassen. Und dort erfahren sie das Schicksal der Fremden: Es ist kein Platz für sie in der Herberge. Die Häuser der Menschen sind für sie verschlossen. Die Geburt Jesu in der Fremde ist für Lukas ein Bild für unser Menschsein. Wir leben hier auf der Erde, aber wir sind hier letztlich nicht daheim. Unsere Heimat ist im Himmel. Die Häuser der Menschen sind zu eng für uns. Das Haus unserer Seele ist weiter. In uns wohnt Gott, der in keine menschliche Wohnung eingezwängt werden kann. Aber dort, wo Gott in uns wohnt, dort ist Heimat. Die Fremde, die Lukas so drastisch schildert, wird auf einmal zum Mittelpunkt der Welt. Engel erscheinen und singen das Lob von

Aber dort, wo Gott in uns wohnt, dort ist Heimat. Die Fremde, die Lukas so drastisch schildert, wird auf einmal zum Mittelpunkt der Welt.

Gottes Herrlichkeit und das Lied vom Frieden, der auf Erden entsteht, wenn Gott in uns Raum findet. An Weihnachten schmücken wir unsere Häuser, um auszudrücken, dass unsere Fremde zur Heimat geworden ist, weil Gott selbst unter uns wohnt, ja weil Gott in uns selber geboren werden will. Wenn Gott bei uns ist, dann können wir bei uns zuhause sein, dann öffnet sich der Himmel über der Erde, dann berühren sich Himmel und Erde gerade dort, wo wir sind.

Das Kind
in der Krippe

Den Hirten verkündet der Engel: »Ihr werdet ein Kind finden, das, in Windeln gewickelt, in einer Krippe liegt« (Lk 2,12). Während die Menschen ihre Häuser vor dem göttlichen Kind verschließen, treten die Tiere ihre Krippe ab. Die Tiere stehen zurück. Sie spüren, dass da das Geheimnis einer Geburt geschieht, dass eine Mutter eine Liegestelle für ihr Kind braucht. Die Menschen wollen sich nicht verunsichern lassen von dem fremden Paar, das da nach einer Herberge sucht. Es gibt zahlreiche Märchen, in denen einem Menschen der Besuch Gottes angekündigt wird. Der Mann oder die Frau richten eifrig ihr Haus her und kochen das Beste, das sie zu bieten haben. Dann warten sie den ganzen Tag auf das Kommen Gottes. Doch Gott kommt nicht. Stattdessen schaut ein armer Straßenjunge vorbei. Er wird weggeschickt, weil er die schön hergerichtete Tafel durcheinanderbringen würde. Ein Bettler erscheint. Auch er wird abgewiesen, da er den Besuch Gottes stören würde. Und auch die alte, hilfsbedürftige Frau bekommt nichts von den vielen Speisen. Voller Enttäuschung geht der Mann oder die Frau zu Bett. Und im Traum erscheint Gott und zeigt auf, dass er dreimal gekommen sei, aber immer wieder abgewiesen wurde. Menschen, die mit ihrer instinkthaften Seite in Berührung sind, überlegen nicht lange.

Sie nehmen den auf, der gerade Hilfe braucht. Und dann dürfen sie erfahren, dass es Gott war, dem sie ihr Haus geöffnet haben. Das Kind in der Krippe zeigt, wie Gott seinen Traum vom Menschen auf ganz andere Weise geträumt hat, als es die Menschen erwarteten. Das Kind wird nicht im Palast geboren, sondern im Stall. Es hat kein weiches Himmelbett, sondern eine harte Futterkrippe. Man sieht dem Kind nicht seine göttliche Würde an. Es ist hilflos. Es braucht menschliche Zuwendung. Es muss gestillt und genährt werden. Wenn wir auf das Kind in der Krippe schauen, ahnen wir, wie Gottes Traum von uns aussieht. Dort, wo wir am Ende sind, wo wir in eine Sackgasse geraten sind, wo wir uns unverstanden und abgelehnt und ausgestoßen fühlen, gerade dort will Gott in uns geboren werden. Dort, wo wir nicht hinschauen wollen, im Bereich unserer Triebe, in den Abgründen unserer Seele, dort, wo es in uns kalt und hart ist, dort steht in uns die Krippe bereit, in die Gott seinen Sohn legen will, damit er auch in uns geboren wird, damit er für uns zum Messias wird, der uns befreit aus dem Land der Gefangenschaft, aus dem inneren Gefängnis unserer Zwänge und unserer Idealbilder, um uns zu retten, zu befreien zu dem Menschen, den Gott sich von uns erträumt hat.

Heilig-
abend

In unserer Familie war es immer ein berührendes Ritual, wenn wir alle vor dem Christbaum standen, dessen brennende Kerzen das Wohnzimmer in ein warmes Licht tauchten. Der Vater las die Weihnachtsgeschichte aus dem Lukasevangelium vor. Dann sangen wir gemeinsam »Stille Nacht«. Es ist ein einfaches Ritual. Aber es gibt dem Heiligen Abend ein besonderes Gepräge. Wer diesen Abend ohne Rituale feiert, der wird bald spüren, dass das bloße Zusammensitzen und Miteinander-Essen leer werden. Es braucht gerade an diesem Abend Rituale, damit wir wirklich Weihnachten feiern können. Eine adlige Frau erzählte mir, dass in ihrer Familie nach Ritualen gefeiert werde, die seit Jahrhunderten üblich seien. Das ist keine Nostalgie. Die Familie drückt damit aus, dass sie teilhat an der Glaubenskraft und Lebenskraft der vergangenen Geschlechter. Sie spürt in diesen Ritualen die tiefen Wurzeln, aus denen sie lebt. Sie hat teil an dem Glauben, der die Großmutter und den Urgroßvater befähigt hat, ihr Leben in schweren Zeiten zu bewältigen. Aber die Rituale müssen immer wieder mit Sinn erfüllt werden, und sie brauchen ein behutsames Vollziehen. Nur so werden sie für uns stimmig und schenken uns Anteil an der Sehnsucht, die die Menschen seit jeher mit Weihnachten verbunden haben, an der Sehnsucht nach Frieden, nach Liebe, nach Geborgenheit, nach einem neuen Anfang, nach der Nähe des heilenden Gottes.

> **Wer diesen Abend ohne Rituale feiert, der wird bald spüren, dass das bloße Zusammensitzen und Miteinander-Essen leer werden.**

Überlegen Sie sich, welche Rituale in Ihrer Familie üblich waren. Versuchen Sie, diese alten Rituale neu mit Sinn zu füllen.

Oder aber überlegen Sie, welches Ritual für Sie passt.

Wenn in diesem Jahr ein lieber Mensch gestorben ist, den Sie jetzt an Weihnachten vermissen, dann stellen Sie eine Kerze an die Krippe und stellen sich vor, dass er oder sie jetzt im Himmel das

GOTTESGEBURT IM MENSCHEN

... ein schönes Ritual, vom Christbaum einen Zweig abzubrechen und ihn auf das Familiengrab zu legen. Christus, der geboren wurde, damit wir nicht für immer sterben, möge auch den Verstorbenen ewiges, unvergängliches Leben schenken.

Geheimnis der Menschwerdung schaut, während wir es hier im Glauben feiern. Dann geht Ihnen vielleicht auf neue Weise auf, was Weihnachten bedeutet.

Im Hause Bonhoeffer war es ein schönes Ritual, vom Christbaum einen Zweig abzubrechen und ihn auf das Familiengrab zu legen. Christus, der geboren wurde, damit wir nicht für immer sterben, möge auch den Verstorbenen ewiges, unvergängliches Leben schenken.

Überlegen Sie früh genug, wie Sie den Heiligen Abend feiern wollen. Und wenn es in Ihrer Familie verschiedene Vorstellungen darüber gibt, sprechen Sie früh genug darüber. Das Gespräch über die Rituale wird sich nicht nur um die äußeren Formen drehen, sondern letztlich um unsere Beziehungen: Können und wollen wir noch gemeinsam ein Fest wie Weihnachten feiern? Oder müssen wir uns eingestehen, dass wir uns so auseinandergelebt haben, dass ein gemeinsames Fest nicht mehr gelingt?

Bevor wir uns das eingestehen, sollten wir jedoch noch einmal überlegen, was alles uns gemeinsam doch noch trägt und wie wir das an Weihnachten zum Ausdruck bringen können.

Das innere
Kind

Die Psychologie spricht heute vom inneren Kind, das jeder von uns in sich trägt. Jeder wurde als Kind verletzt oder in seinen Erwartungen nach bedingungsloser Liebe enttäuscht. Als Erwachsene müssen wir mit dem verletzten Kind in Berührung kommen und für es Verantwortung übernehmen, indem wir für es sorgen und seine Wunden verbinden. Aber wir dürfen nicht beim verletzten Kind stehen bleiben, sondern sollen uns von ihm zum göttlichen Kind führen lassen, das auch in jedem von uns ist. Das göttliche Kind ist ein Bild für das wahre Selbst. Es weiß genau, was für uns stimmt. Es hat uns schon in der Kindheit Wege gezeigt, wie wir mitten in der Fremde, im Ungeliebtsein und Unverstandensein, einen Ort fanden, an dem wir unverletzlich waren. Weihnachten will an das göttliche Kind in uns erinnern.

Das göttliche Kind ist ein Bild für das wahre Selbst. Es weiß genau, was für uns stimmt.

Es hält mitten in der Kälte und Fremde dieser Welt an meiner Einmaligkeit und Einzigartigkeit fest. Es vertraut darauf, dass es etwas Göttliches gibt, das nur durch mich ausgedrückt werden kann. Das ist die Botschaft von Weihnachten: Im Grunde deines Herzens trägst du ein göttliches Kind. Wenn du auf dein Herz hörst, dann spürst du genau, was für dich gut ist, was für dich stimmt und was du nur übernimmst, weil andere es dir gesagt haben. Nur wenn du mit dem göttlichen Kind in dir in Berührung kommst, wird dein Leben authentisch, und es bekommt etwas von der Leichtigkeit, die Kinder auszeichnet. Du darfst als verletztes Kind dem göttlichen Kind vertrauen, der Spur, die dich auch heute zum Leben – und zum wahren Glück führt. Das ist die frohe Botschaft des Kindes in der Krippe – des in unser Menschenleben gekommenen Gottes.

Boten
der Lebensfreude

Engel spielen in der Weihnachtsgeschichte eine wichtige Rolle. Der Engel Gabriel verkündet Maria die Geburt eines Sohnes. Ein Engel überbringt den Hirten die frohe Botschaft: »Heute ist euch in der Stadt Davids der Retter geboren; er ist der Messias, der Herr« (Lk 2,11). Und ein himmlisches Heer von Engeln stimmt das weihnachtliche Lied an: »Ehre sei Gott in der Höhe und Friede den Menschen auf Erden«. Ein Engel kommt im Traum immer wieder zu Josef und erklärt ihm, was geschehen ist und wie er darauf reagieren soll. Die Weihnachtsbilder sind ohne Engel nicht vorstellbar.

Engel verkünden den Menschen Gottes Wort und zeigen ihnen Gottes helfende und heilende Nähe an. Sie greifen ein in ihr Leben, schützen sie vor Gefahren, behüten sie auf ihren Wegen und sprechen im Traum zu ihnen. Engel verbinden Himmel und Erde miteinander. Sie öffnen für uns

Engel verbinden Himmel und Erde miteinander. Sie öffnen für uns den Himmel, und sie geben unserem Leben einen himmlischen Glanz.

den Himmel, und sie geben unserem Leben einen himmlischen Glanz. Als der Engel des Herrn zu den Hirten trat, da umleuchtet sie der Lichtglanz Gottes. Gottes Herrlichkeit umstrahlt sie. Ihr Leben wird heller und heiler. Aber die Engel sind im Lukasevangelium nicht die niedlichen kleinen Kinder mit Flügeln. Die Reaktion der Hirten ist Furcht, Betroffenheit, Erschrecken. Sie spüren im Engel Gottes glanzvolle, aber auch mächtige Gegenwart. Doch der Engel nimmt ihnen die Furcht.

Er verkündet ihnen eine große Freude. Das ist ein weiterer wichtiger Zug an den Engeln: Sie sind Boten der Freude. Sie bringen in unseren oft tristen Alltag etwas von der Freude, die in Gottes heilender Nähe ihre eigentliche Quelle hat. Neben dem mächtigen Verkündigungsengel erscheint nun »ein großes himmlisches Heer, das Gott lobte« (Lk 2,13). Die Engel verbinden Himmel und Erde miteinander. Sie heben die Grenze auf, die uns hier auf Erden von der himmlischen Herrlichkeit trennt.

Die Engel verrichten den liturgischen Dienst im Himmel. Sie loben allezeit Gott. Und wenn wir Menschen Gottesdienst feiern, dann öffnet sich auch für uns der Himmel, und wir nehmen teil an der himmlischen Liturgie. Die Kunst hat das himmlische Heer der Gott preisenden Engel als eine Schar von kindlichen Engeln dargestellt, die aus vollem Herzen singen und mit allerlei Instrumenten spielen. Die weihnachtlichen Engelbilder atmen den Hauch von Leichtigkeit, Freude, Lust am Leben. Die Kunst hat hier einen wichtigen Aspekt der Engel zum Ausdruck gebracht. Engel öffnen uns den Himmel und heben die Erdenschwere auf. Sie lassen uns teilhaben an der Leichtigkeit des Seins. Sie vermitteln Lust am Leben, eine kindliche Freude, dass wir sind, dass wir vor Gott sein und ihn loben dürfen. Sie drücken Zustimmung zum Sein aus, Einverständnis mit unserem Leben, das durch Gott heil wird und hell.

Engel öffnen uns den Himmel und heben die Erdenschwere auf. Sie lassen uns teilhaben an der Leichtigkeit des Seins. Sie vermitteln Lust am Leben, eine kindliche Freude, dass wir sind, dass wir vor Gott sein und ihn loben dürfen.

Gespür
für Transzendenz

Alle Religionen kennen Engel, die Boten Gottes, die den Menschen seine heilende Nähe verkünden. Bei den Griechen gibt es den geflügelten Götterboten Hermes. Engel sind in den meisten Religionen helfende und heilende Mächte, die Gott den Menschen sendet. Die christliche Theologie hat seit den Kirchenvätern eine Lehre von den Engeln entfaltet – in der modernen Theologie allerdings wurden die Engel jahrelang vernachlässigt. Engel waren für sie nur zeitbedingte Bilder für Gottes Nähe zu den Menschen. Doch seit etwa zwanzig Jahren sind die Engel wieder im Kommen. Eine Umfrage der Zeitschrift Focus vor einigen Jahren hat ergeben: Fast 80 Prozent aller Deutschen, die an Gott glauben, vertrauen auf ihren persönlichen Schutzengel. Und mehr als die Hälfte der gesamten Bevölkerung über vierzehn Jahren sucht bei ihm Trost, Sicherheit, Geborgenheit und Schutz. Die Offenheit des heutigen Menschen für Engel hat ihren Grund vermutlich darin, dass der Mensch ein Gespür für Transzendenz hat. Er sehnt sich danach, dass in seine oft gnadenlose Welt des Ge-

Fast 80 Prozent aller Deutschen, die an Gott glauben, vertrauen auf ihren persönlichen Schutzengel.

schäfts eine andere Dimension einbricht. Er sehnt sich nach einer Welt der Geborgenheit und Leichtigkeit, der Schönheit und Hoffnung. Engel stehen für gelingendes Leben, für eine Liebe und Zärtlichkeit, die nicht die Brüchigkeit menschlicher Liebe aufweist. Engel öffnen den Himmel über den Menschen. Gott ist für viele Menschen eher fern und unverständlich. Engel sind ein konkreter Widerschein Gottes in unserer Welt. Durch die Engel kommt der Mensch in Berührung mit seiner Seele und mit ihren kreativen und heilenden Kräften.

»Engel«, das kommt vom griechischen Wort ángelos, »Bote«. Wir sollten uns, sagt Augustinus, weniger über das Wesen der Engel Gedanken machen, als vielmehr über ihre Aufgabe: Engel sind Boten Gottes. Gott schickt sie uns, um uns eine Botschaft zu verkünden, uns zu schützen, uns in konkreten Situationen zu helfen oder uns in Haltungen einzuführen, die wir brauchen, damit unser Leben gelingt. Natürlich hat sich die Theologie trotz Augustinus auch über das Wesen der Engel Gedanken gemacht. Sie sagt, dass Engel geschaffene Wesen seien und personale Mächte. Wenn wir diese abstrakten Begriffe in unser Leben übersetzen, so bedeutet es: Engel sind als geschaffene Wesen erfahrbar. Sie sind sichtbar. Spürbar. Engel, das können Menschen sein, die im rechten Augenblick in unser Leben treten, die uns auf etwas hinweisen, das für uns zum Segen wird, die rettend und helfend eingreifen, wenn wir nicht mehr weiterwissen. Auch die Traumboten sind in der Tradition immer Engel. In den Träumen spricht ein Engel zu uns – und Träume können wir sehen, aufschreiben, uns vor Augen halten. Engel sind innere Impulse in unserer Seele. Wir wissen nicht, woher der spontane Einfall kommt, einen anderen Weg zu nehmen. Und nachher erfahren wir, dass der andere Weg unser Leben gerettet hat. Solche spontanen Einfälle sind Engel, die Gott uns schickt. Auch Verstorbene können für uns zu Engeln werden, die uns begleiten.

Engel sind personale Mächte: Das heißt, sie sind keine Personen in unserem Sinn, keine individuellen Wesen, die wir klar abgrenzen und beschreiben können. Aber sie sind Mächte und Kräfte, ihr Erscheinen ist keine Einbildung. Sie wirken und sie betreffen unsere Person. Das heißt, sie können uns begegnen, und sie helfen uns auf unserem Weg der Selbstwerdung, der Personwerdung. Engel schützen unsere Person, und Engel bringen uns mit wesentlichen Bereichen unserer Person in Kontakt. Engel bringen uns in Berührung mit unserer Seele, mit dem inneren Raum der Liebe und Freiheit. Das kann im Traum geschehen, in einem Wort, das uns ein Mensch im rechten Augenblick sagt. Das kann der innere Einfall sein, in dem ein Engel zu uns spricht.

Die Bibel erzählt uns von Engeln, die dem Menschen in konkreten Nöten zu Hilfe kommen. Da ist der Engel, der das Schreien des Kindes hört (Genesis 16), der Engel, der den resignierten Elija wieder aufweckt und aufrichtet (1 Könige 19), der Engel, der die Jünglinge im Feuerofen mit einem schützenden Hauch umgibt (Daniel 3). Da gibt es Rafael,

> Engel bringen uns in Berührung mit unserer Seele, mit dem inneren Raum der Liebe und Freiheit. Das kann im Traum geschehen, in einem Wort, das uns ein Mensch im rechten Augenblick sagt.

den Engel, der die Beziehungen zwischen Mann und Frau und zwischen Vater und Sohn heilt (Tobit). Der Erzengel Michael, dessen Name bedeutet »Wer ist wie Gott?«, kämpft für uns, damit keine irdische Macht uns bestimmt, sondern Gott uns zu uns selbst befreit. Gabriel ist der Verkündigungsengel, der uns die Geburt eines Kindes verheißt, der uns hinweist auf das Neue, das in uns aufbricht. Im Neuen Testament der Bibel treten die Engel vor allem bei der Geburt und bei der Auferstehung Jesu in Erscheinung. Ein Engel verkündet die Geburt Jesu und bringt damit Freude in das Leben der Hirten. Die Engel, die Gott loben, vermitteln uns die Leichtigkeit des Seins. So hat sie vor allem die Barockkunst verstanden, die die Wände der Kirchen mit Engeln verzierten, die uns auf das Spielerische unseres Seins hinweisen. Engel kommen zu Jesus in seiner Versuchung (Matthäusevangelium 4, 11). Und ein Engel steht ihm bei in seiner Ohnmacht und Angst am Ölberg (Lukasevangelium 22,43). Engel verkünden den Frauen, dass Jesus von den Toten auferstanden ist. Und Engel sind es, die den toten Lazarus in den Schoß Abrahams tragen. Engel werden auch uns in die liebenden Arme Gottes tragen.

Wir müssen nicht an Engel glauben. Engel lassen sich erfahren. Engel geben unserer Beziehung zu Gott etwas Menschliches. Gott schickt seine Engel in die konkreten Situationen unseres Alltags. Es gibt keine Situation, die ohne Engel ist, in der wir allein gelassen werden. Das ist die tröstliche Botschaft an uns Menschen – die die Dichter und Maler heute auf neue Weise verkünden: »Besser keine Welt als eine Welt ohne Engel« (Ilse Aichinger).

Stille Nacht,
heilige Nacht

Das wohl bekannteste Weihnachtslied, auf jeden Fall das beliebteste in deutscher Sprache, ist das von Josef Mohr im Jahr 1818 gedichtete und von Franz-Xaver Gruber vertonte »Stille Nacht, heilige Nacht«. Es ist für einfache Menschen geschrieben. Und es ist in einer schwierigen Zeit entstanden, nach jahrzehntelangen kriegerischen Konflikten in Europa, in einer Zeit, die von Angst und Unsicherheit, von Hungersnot und schwierigen wirtschaftlichen Umständen bestimmt war. Dem stellt es eine andere Wirklichkeit gegenüber, es erzählt von Frieden, von Glück und »himmlischer Ruh«. Vor allem mit den beiden Worten »still und heilig« deutet Josef Mohr das Geheimnis von Weihnachten – für seine Zeitgenossen, aber auch für uns. In der Stille der Nacht wird Gott geboren, er will auch in der Stille unseres Herzens geboren werden. Daher braucht es in dieser Nacht die Stille, damit sie zur heiligen Nacht wird. Gott hat an Weihnachten unsere Nacht durch die Geburt seines Sohnes geheiligt. Heilig ist für die Griechen das, was der Welt entzogen ist, worüber sie keine Macht hat. Im Schweigen entziehen wir uns dem Lärm dieser Welt. Da berühren wir das Heilige in uns. Die stille Nacht von Weihnachten will den inneren Lärm unserer Ängste, die uns oft in unseren Träumen bedrängen, zum Schweigen bringen, damit Gott in uns geboren werde.

Da wo Nacht zum Symbol für Dunkelheit und Sinnlosigkeit geworden ist, zum Bild eines Zustands der Depression und Lähmung, da ist sie verwandelt durch das Licht von Weihnachten. Das Licht von Weihnachten erleuchtet diese Nacht der Depression, die Nacht der Sinnlosigkeit, die schlaflosen Nächte, die kein Ende nehmen wollen. Weihnachten heißt: mit dem Licht unseres Bewusstseins in der Nacht unseres Lebens den zu erkennen, der unsere Nacht verzaubern, verwandeln, heiligen will.

Dort, wo Gott in uns ist, entsteht ein heiliger und lichter Raum. Und in diesem heiligen Raum sind wir schon heil und ganz. Da ist unsere Nacht, die sonst voller Angst und Dunkelheit ist, still und heilig geworden.

In diesem Sinn ist das Lied von Josef Mohr und Franz Gruber, das um die ganze Welt ging, bleibender Ausdruck unserer tiefen Sehnsucht nach dem wirklichen Glück, nach dem verlorenen Paradies.

> Da ist unsere Nacht, die sonst voller Angst und Dunkelheit ist, still und heilig geworden.

Das Neue
ist schon da

Es geht eine Faszination und ein eigener Glanz aus vom Neuen, Unverfälschten, Unberührten. Einen neuen Anfang setzen, das heißt, dass das Neue im Inneren schon da ist. In uns ist der Geist Gottes, der uns in jedem Augenblick erneuert und Neues in uns bewirkt. Wenn ich in der Stille in mich hineinhorche, dann ahne ich, was da an neuen Möglichkeiten in mir aufbricht. Es tauchen neue Ideen auf, die Ahnung, Neues zu wagen, neue Verhaltensweisen einzuüben. Ich muss nicht alles neu machen, ich soll vielmehr dem Neuen trauen, das schon in mir ist. Es braucht Achtsamkeit, damit das Neue, das Gott in jedem Augenblick in mir wirkt, auch wachsen und Gestalt annehmen kann. Die zweite Bedeutung des neuen Anfangs wird sichtbar, wenn wir die Wörter »anfangen« und »beginnen« genauer anschauen. »Anfangen« kommt von »anpacken, anfassen, in die Hand nehmen«. Weihnachten sagt uns: Wenn du neu anfangen willst, musst du dein Leben selbst in die Hand nehmen. Statt zu jammern, dass du festgelegt bist durch deine Erziehung, durch deine Veranlagung, durch dein Schicksal, musst du die Verantwortung für dein Leben übernehmen und es in die Hand nehmen. Du kannst in jedem Augenblick neu anfangen. Du musst nur dein Leben, so wie es ist, annehmen, anfassen und formen. Das Wort »beginnen« bedeutet ursprünglich »urbar machen«. Beginnen ist mühsam. Da erscheint dein Leben wie ein Land voller Disteln und Steine, von Gehölz und Unkraut übersät, chaotisch, unfreundlich. Wenn du es urbar machen willst, musst du dir erst einmal ein Feld abstecken. Bald nach Weihnachten beginnt ein neues Jahr. Es kann vom Geheimnis der Weihnacht her ein neues Licht auf dein Leben werfen: Du kannst nicht das ganze Land deines Lebens in einem Jahr urbar machen. Entscheide dich, welches Stück deines Landes du in diesem Jahr urbar machen möchtest. Vielleicht ist es der Bereich deiner Beziehungen oder deiner Arbeit oder deines Lebensstils. Und dann gehe daran, das Verwachsene auszureißen, damit dein Boden Frucht bringen kann, damit Neues darauf wachsen kann. Gott wird einen neuen Samen auf dein Feld legen. Deine Aufgabe ist es, es urbar zu machen, damit der Same aufgeht und Neues, Ungeahntes, Unerwartetes, Wunderbares in dir zur Blüte kommen kann.

> Du kannst in jedem Augenblick neu anfangen. Du musst nur dein Leben, so wie es ist, annehmen, anfassen und formen.

Die Liebe
ist in mir

Die Liebe ist zwar in uns, aber wir erfahren sie nicht. Jesus will uns die Augen öffnen für die Liebe, die in uns ist. Und er will uns durch sein Wort und durch sein Tun wieder in Berührung bringen mit der Liebe, die auf dem Grund unseres Herzens bereitliegt. Wenn die Liebe Gottes durch Jesus wieder in uns zu strömen beginnt, dann wird unser Leben heil und ganz. Dann brauchen wir uns nicht zur Liebe zu zwingen. Sie ist keine Forderung, sondern eine Kraft, die in uns ist und uns durchdringt.

»Du bist mein geliebter Sohn, an dir habe ich mein Wohlgefallen« (Markus 1,11). Ich muss es mir immer wieder vorsagen, damit es mich ganz und gar durchdringt.

Die Liebe ist in mir. Das wird für mich Gewissheit, wenn ich das Johannesevangelium und die Johannesbriefe lese. Die Liebe ist wie eine Quelle, aus der ich trinken darf. Aber ich brauche die Erfahrung menschlicher Liebe, damit ich an die Liebe glauben kann, die auf dem Grund meiner Seele strömt. Ich brauche den Blick der Liebe, der mich in Berührung bringt mit der Liebe, die in mir ist. Ich brauche Worte und Gesten der Liebe, damit ich die Kraft der Liebe in mir spüre. Für mich ist es ein guter Weg, Worte der Bibel zu meditieren, sie in mein Herz hineinfallen zu lassen. Diese Worte lassen die Liebe wieder strömen, die Gott in meinem Herzen ausgegossen hat durch den Heiligen Geist, wie Paulus im Römerbrief (Römer 5,5) es formuliert. Ich meditiere immer wieder das Wort, das Gott zu Jesus gesprochen hat, als er bei seiner Taufe aus dem Wasser stieg: »Du bist mein geliebter Sohn, an dir habe ich mein Wohlgefallen« (Markus 1,11). Ich muss es mir immer wieder vorsagen, damit es mich ganz und gar durchdringt, damit ich es nicht nur mit dem Kopf, sondern auch mit dem Herzen glauben kann. Wenn ich es glaube, dann darf ich manchmal die Erfahrung machen: Die Liebe Gottes strömt in mir. Sie erfüllt mich. Und sie verwandelt mich. Es ist die Liebe Gottes, die nie versiegt. Bei ihr brauche ich keine Angst zu haben, dass sie vergeht. Sie ist unendlich, weil sie göttlich ist. Und sie gibt mir in meinen beglückenden und oft genug auch schmerzlichen Erfahrungen von Liebe die Gewissheit einer Liebe, die standhält, auf die ich mich verlassen kann.

Textnachweis

Die Texte dieses Buches sind ausgewählt aus Werken von Anselm Grün, die im Verlag Herder (HV) oder im Kreuz-Verlag (KV) erschienen sind:

Buch der Antworten. Antworten auf die Königsfragen des Lebens. (HV) ISBN 978-3-451-29630-7. – »Plötzlich findet sich so etwas wie der Sinn des Lebens ganz nah neben einer leichten Heiterkeit und einer schlichten Weisheit. Einfach so und wirklich ganz einfach« (Reinhold Beckmann).

Buch der Sehnsucht. (HV) ISBN 978-3-451-28111-2. – Anselm Grüns Botschaft: Hör auf die Stimme des eigenes Herzens. Bleib deinen Träumen auf der Spur. Das verwandelt dein Leben.

Der innere Raum. (KV) ISBN 978-3-7831-2871-0. – Hier spricht der Autor davon, wie wir uns in Zeiten von Erwartungen, von Terminen, von Unsicherheit auf den Raum in uns konzentrieren können, um eins mit uns selbst zu sein,

50 Rituale für das Leben. (HV) ISBN 978-3-451-29843-1. – Rituale können mitten in den Anforderungen des Lebens einen Freiraum schaffen, in dem wir aufatmen, in dem wir Zeit für uns haben, eine heilige Zeit.

Die eigene Freude wiederfinden. (KV) ISBN 978-3-7831-2121-3. – Anselm Grün gibt den Gefühlen, die das Gegenteil von Freude sind, ihr gutes Recht – und zeigt, wie jeder zu den vielleicht verschütteten Quellen seiner Freude wieder Zugang findet.

Geborgenheit finden – Rituale feiern. Wege zu mehr Lebensfreude. (KV) ISBN 978-3-7831-2120-5. – Ohne eine Kultur das Alltags keine Spiritualität. Rituale sind für Anselm Grün tägliche Lebenspraxis, um der Freude immer wieder eine Chance zu geben.

Glückseligkeit. (HV) ISBN 978-3-451-29603-1. – Einer der berühmtesten Texte der Weltliteratur – die Bergpredigt Jesu: aufgeschlüsselt als Weg zu einem sinnvollen, glücklichen Leben.

Im Haus der Liebe wohnen. (KV) ISBN 978-3-7831-2122-1. – Die Sehnsucht nach Liebe findet in spirituellem Tiefgang Erfüllung.

Herzensruhe. (HV) ISBN 978-3-451-04925-5. – Anselm Grün beschreibt konkrete Wege zum Raum der Stille und der Ruhe im eigenen Leben: etwa die Praxis der Meditation, das innre Gespräch der Selbstwahrnehmung, die Übung der Achtsamkeit als Wege zur eigenen Lebenstiefe.

Das Herz des Tages. Mit Anselm Grün durch das Jahr. (KV) ISBN 978-3-7831-2474-3. – Dieser Jahresbegleiter bietet für jeden Tag ein spirituelles Herzstück: Worte, die zur Nachdenklichkeit anregen und so manche Fragen und Sorgen zur Ruhe kommen lassen.

Das kleine Buch der Weihnachtsfreude. (HV) ISBN 978-3-451-07045-6. – Gedanken zu dem Fest, das das Herz und alle Sinne berührt, die Seele verzaubert. Der Himmel trifft die Erde.

Mit ruhigem Herzen. (KV) ISBN 978-3-7831-2871-0. – Jeder trägt in sich einen Raum der Freude und Gelassenheit. Wer ihn betritt, erfährt neue Lebendigkeit und Freiheit.

Quellen innerer Kraft. Erschöpfung vermeiden – Positive Energien nutzen. (HV) ISBN 978-3-451-28659-9. – »Wenn ich an den inneren Kern komme, in dem alle Kraft gesammelt ist, dann fließt neue Energie in all mein Leben« (Anselm Grün).

Die Quellen der Spiritualität. (KV), ISBN 978-3-7831-2538-3. – Echte Spiritualität bezieht sich in ihrer Lebbarkeit bei Anselm Grün immer wieder auf Kernaussagen Jesu: eine echte Fundgrube!

Stationen meines Lebens. Was mich bewegt – was mich berührt. (KV) ISBN 978-3-7831-3394-3. – Hier erzählt Anselm Grün, welche Erfahrungen ihn besonders geprägt haben, wie er persönlich mit Erfolg umgeht und wie es ihm gelingt, bodenständig zu bleiben: eine recht persönliche Inspiration fürs eigene Leben und die eigene Spiritualität.

Selbstwert entwickeln. Spirituelle Wege zum inneren Raum. (KV) ISBN 978-3-7831-3360-8. – Wie kann ich ein gutes Selbstwertgefühl aufbauen und mit Ohnmachtsgefühlen konstruktiv umgehen? Eine Fülle von Anregungen wartet hier auf die Leser/innen.

Verwandle deine Angst. Ein Weg zu mehr Lebendigkeit – Spirituelle Impulse. (HV) ISBN 978-3-451-28980-6. Angst ist eine Kraft. Anselm Grün geht hier der Frage nach, wie Ängste uns daran hindern, der eigenen tiefen Lebenskraft auf die Spur zu kommen.

Weihnachtlich leben. (HV) ISBN 978-3-451-27362-4. – Anselm Grün erschließt und erspürt auf seine eigene Weise die Weihnachtsgeschichte und sät sie ins Hier und Jetzt.

»Was soll ich tun?« Antworten auf Fragen, die das Leben stellt. (HV) ISBN 978-3-451-29985-8 – »Manchmal ist es gut, einen Schritt zurück zu machen und vom Abstand her genau hinzusehen, ob man sein Leben nicht doch in einem ganz anderen Licht sehen kann« (Anselm Grün).